梁啓超 著

飲冰室合集

文集 第四册

中華書局

飲冰室文集之九

新史學

中國之舊史

於今日泰西通行諸學科中。爲中國所固有者。惟史學。史學者學問之最博大而最切要者也。國民之明鏡也、愛國心之源泉也。今日歐洲民族主義所以發達。列國所以日進文明。史學之功居其半焉。然則但患其國之無茲學耳。苟其有之。則國民安有不團結。羣治安有不進化者。雖然。我國茲學之盛如彼。而其現象如此。則又何也。

今請舉中國史學之派別。表示之而略論之。

- 第一　正史
  - （甲）官書　所謂二十四史是也。
  - （乙）別史　如華嶠後漢書、習鑿齒蜀漢春秋、十六國春秋、華陽國志、元祕史等、其實皆正史體也。
- 第二　編年　資治通鑑等是也。
- 第三　紀事本末
  - （甲）通體　如通鑑紀事本末、繹史等是也。
  - （乙）別體　如平定某某方略、三案始末等是也。
- 第四　政書
  - （甲）通體　如通典、文獻通考等是也。
  - （乙）別體　如唐開元禮、大清會典、大清通禮等是也。
  - （丙）小紀　如漢官儀等是也。

史學

第五　雜史
(甲)綜記　如國語、戰國策等是也。
(乙)瑣記　如世說新語、唐代叢書、明季稗史等是也。
(丙)詔令奏議　四庫另列一門、其實雜史耳。

第六　傳記
(甲)通體　如滿漢名臣傳、國朝先正事略等是也。
(乙)別體　如某帝實錄、某人年譜等是也。

第七　地志
(甲)通體　如各省通志、天下郡國利病書等是也。
(乙)別體　如紀行等書是也。

第八　學史　如明儒學案、國朝漢學師承記等是也。

第九　史學
(甲)理論　如史通、文史通義等是也。
(乙)事論　如歷代史論、讀通鑑論等是也。
(丙)雜論　如廿二史劄記、十七史商榷等是也。

第十　附庸
(甲)外史　如西域圖考、職方外紀等是也。
(乙)考據　如禹貢圖考等是也。
(丙)注釋　如裴松之三國志注等是也。

都爲十種二十二類

試一繙四庫之書。其汗牛充棟浩如煙海者。非史學書居十六七乎。上自太史公班孟堅。下至畢秋帆趙甌北。以史家名者不下數百。茲學之發達。二千年於茲矣。然而陳陳相因。一邱之貉。未聞有能爲史界闢一新天地。而令茲學之功德普及於國民者。何也。吾推其病源。有四端焉。

一曰知有朝廷而不知有國家　吾黨常言二十四史非史也二十四姓之家譜而已其言似稍過當然按之作史者之精神其實際固不誣也吾國史家以爲天下者君主一人之天下故其爲史也不過敍某朝以何而得之以何而治之以何而失之而已舍此則非所聞也昔人謂左傳爲相斫書豈惟左傳若二十四史眞可謂地球上空前絕後之一大相斫書也雖以司馬溫公之賢其作通鑑亦不過以備君王之瀏覽（其論語無一非忠告君主者）蓋從來作史者皆爲朝廷上之君若臣而作曾無有一書爲國民而作者也其大蔽在不知朝廷與國家之分別以爲舍朝廷外無國家於是乎有所謂正統閏統之爭論有所謂鼎革前後之筆法如歐陽之新五代史朱子之通鑑綱目等今日盜賊明日聖神甲也天命乙也僭逆正如羣蛆啄矢爭其甘苦狙公賦芧辨其四三自欺欺人莫此爲甚吾中國國家思想至今不能興起者數千年之史家豈能辭其咎耶

二曰知有個人而不知有羣體　歷史者英雄之舞臺也舍英雄幾無歷史雖泰西良史亦豈能不置重於人物哉雖然善爲史者以人物爲歷史之材料不聞以歷史爲人物之畫像以人物爲時代之代表不聞以時代爲人物之附屬中國之史則本紀列傳一篇一篇如海岸之石亂堆錯落質而言之則合無數之墓志銘而成者耳夫所貴乎史者貴其能敍一羣人相交涉相競爭相團結之道能述一羣人所以休養生息同體進化之狀使後之讀者愛其羣善其羣之心油然生焉今史家多於鯽魚而未聞有一人之眼光能見及此者此我國民之羣力羣智羣德所以永不發生而羣體終不成立也

三曰知有陳迹而不知有今務　凡著書貴宗旨作史者將爲若干之陳死人作紀念碑耶爲若干之過去事作歌舞劇耶殆非也將使今世之人鑑之裁之以爲經世之用也故泰西之史愈近世則記載愈詳中國不然非鼎

革之後。則一朝之史不能出現。又不惟正史而已。即各體莫不皆然。故溫公通鑑。亦起戰國而終五代。果如是也。使其朝自今以往。永不易姓。則史不其中絕乎。使如日本之數千年一系。豈不並史之爲物而無之乎。太史公作史記。直至今上本紀。且其記述不少隱諱焉。史家之天職然也。後世專制政體。日以進步。民氣學風。日以腐敗。其末流遂極於今日。推病根所從起。實由認歷史爲朝廷所專有物。舍朝廷外無可記載故也。不然。則雖有忌諱於朝廷。而民間之事。其可紀者不亦多多乎。何並此而無也。今日我輩欲研究二百六十八年以來之事實。竟無一書可憑藉。非官牘鋪張循例之言。則口碑影響疑似之說耳。時或藉外國人之著述。窺其片鱗殘甲。然甲國人論乙國之事。例固百不得一。況吾國之向閉關不與人通者耶。於是乎吾輩乃窮。語曰。知古而不知今。謂之陸沈。夫陸沈我國民之罪。史家實尸之矣。

四曰知有事實而不知有理想　人身者。合四十餘種原質而成者也。合眼耳鼻舌手足臟腑皮毛筋絡骨節血輪精管而成者也。然使採集四十餘種原質。作爲眼耳鼻舌手足臟腑皮毛筋絡骨節血輪精管。無一不備。若是者可謂之人乎。必不可。何則。無其精神也。史之精神維何。曰理想是已。大羣之中有小羣。大時代之中有小時代。而羣與羣之相際。時代與時代之相續。其間有消息焉。有原理焉。作史者苟能勘破之。知其以若彼之因。故生若此之果。鑑既往之大例。示將來之風潮。然後其書乃有益於世界。今中國之史。但呆然曰。某日有甲事。某日有乙事。至此事之何以生。其遠因何在。近因何在。莫能言也。其事之影響於他事或他日者若何。當得善果。當得惡果。莫能言也。故汗牛充棟之史書。皆如蠟人院之偶像。毫無生氣。讀之徒費腦力。是中國之史。非益民智之具。而耗民智之具也。

以上四者，實數千年史家學識之程度也。緣此四蔽，復生二病。

其一能鋪敍而不能別裁　英儒斯賓塞曰：『或有告者曰：鄰家之猫，昨日産一子。以云事實，誠事實也。然誰不知爲無用之事實乎？何也？以其與他事毫無關涉，於吾人生活上之行爲毫無影響也。然歷史上之事蹟，其類是者正多，能推此例以讀書觀萬物，則思過半矣。』此斯氏教人以作史讀史之方也。泰西舊史家，固不免之，而中國殆更甚焉。某日日食也，某日地震也，某日冊封皇子也，某日某大臣死也，某日有某詔書也。滿紙塡塞，皆此等鄰猫生子之事實，往往有讀盡一卷而無一語有入腦之價値者。就中如通鑑一書，屬稿十九年，別擇最稱精善，然今日以讀西史之眼讀之，覺其有用者，亦不過十之二三耳。（通鑑載奏議最多，蓋此書專爲格君而作也。吾輩今日讀之，實嫌其冗。）其他更何論焉。至如新五代史之類，以別裁自命，實則將大事皆刪去，而惟存鄰猫生子等語，其可厭不更甚耶。故今日欲治中國史學，眞有無從下手之慨。二十四史也，九通也，通鑑、續通鑑也，大淸會典、大淸通禮也，十朝實錄、十朝聖訓也。此等書皆萬不可不讀。不讀其一，則罣漏正多。然盡此數書而讀之，日讀十卷，已非三四十年不爲功矣。況僅讀此數書，而決不能足用，勢不可不於前所列十種二十二類者一一涉獵之。（雜史、傳志、劄記等所載，常有有用過於正史者。何則？彼等常載民間風俗，不似正史專爲帝王作家譜也。）人壽幾何，何以堪此。故吾中國史學知識之不能普及，皆由無一善別裁之良史故也。

其二能因襲而不能創作　中國萬事皆取述而不作主義，而史學其一端也。細數二千年來史家，其稍有創作之才者，惟六人：一曰太史公，誠史界之造物主也。其書亦常有國民思想，如項羽而列諸本紀，孔子、陳涉而列諸世家，儒林、游俠、刺客、貨殖而爲之列傳，皆有深意存焉。其爲立傳者，大率皆於時代極有關係之人也。而後世之效顰者，則胡爲也。二曰杜君卿，通典之作，不紀事而紀制度。制度於國民全體之關係，有重於事焉者也。前此所無而杜創之。雖其完備不及通考。然創作之功。馬何敢望杜耶。三曰鄭漁仲、夾漈之史識。卓絕千古。而史才不足以稱之。其通志二十略。以論斷爲主。以記述爲輔。實爲中國史界放一光明也。惜其爲太史公範圍所困。以紀傳十之七八。塡塞全書。支牀疊屋。爲大體玷。四曰司馬溫公、通鑑亦天地一大文也。其結構之宏偉。其取材之豐贍。使後世有欲著通史者。勢不能不據爲藍本。而至今卒未有能逾之者焉。溫公亦偉人哉。五曰袁樞、今日西史大率皆紀事本末之體也。而此體在中國。實惟袁樞創之。其功在史界者亦不少。但其著通鑑紀事本末也。非有見於事與事之相聯屬。而欲求其原因結果也。不過爲讀通鑑之方便法門。著此以代抄錄云爾。雖爲創作。實則無意識之創作。故其書不過爲通鑑之一附庸。不能使學者讀之有特別之益也。六曰黃梨洲、黃梨洲著明儒學案。史家未曾有之盛業也。中國數千年。惟有政治史。而其他一無所聞。梨洲乃創爲學史之格。使後人能師其意。則中國文學史可作也。中國種族史可作也。中國財富史可作也。中國宗教史可作也。諸類此者。其數何限。梨洲既成明儒學案。復爲宋元學案。未成而卒。使假以十年。或且有漢唐學案、周秦學案之宏著。未可料也。梨洲誠我國思想界之雄也。若夫此六君子以外。袁樞實不能在此列則皆所謂公等碌碌。因人成事。史記以後。而二十一部皆刻畫史記。通典以後。而八部皆摹仿通典。何其奴隸性至於此甚耶。若琴瑟之專壹。誰能聽之。以故每一讀輒惟恐臥。而思想所以不進也。

合此六弊。其所貽讀者之惡果。厥有三端。一曰難讀、浩如煙海。窮年莫殫。前既言之矣。二曰難別擇、卽使有暇日。有耐性。徧讀應讀之書。而苟非有極敏之眼光。極高之學識。不能別擇其某條有用。某條無用。徒枉費時日腦力。三曰無感觸、雖盡讀全史。而曾無有足以激厲其愛國之心。團結其合羣之力。以應今日之時勢而立於萬國者。

然則吾中國史學。外貌雖極發達。而不能如歐美各國民之實受其益也。職此之由。今日欲提倡民族主義。使我四萬萬同胞強立於此優勝劣敗之世界乎。則本國史學一科。實爲無老無幼無男無女無智無愚無賢無不肖所皆當從事。視之如渴飲飢食。一刻不容緩者也。然偏覽乙庫中數十萬卷之著錄。其資格可以養吾所欲給吾所求者。殆無一焉。嗚呼。史界革命不起。則吾國遂不可救。悠悠萬事。惟此爲大。新史學之著。吾豈好異哉。吾不得已也。

史學之界說

欲創新史學。不可不先明史學之界說。欲知史學之界說。不可不先明歷史之範圍。今請析其條理而論述之。

第一、歷史者。敍述進化之現象也。　現象者何。事物之變化也。宇宙間之現象有二種。一曰爲循環之狀者。二曰爲進化之狀者。何謂循環。其進化有一定之時期。及期則周而復始。如四時之變遷。天體之運行是也。何謂進化。其變化有一定之次序。生長焉。發達焉。如生物界及人間世之現象是也。循環者。去而復來者也。止而不進者也。凡學問之屬於此類者。謂之天然學。進化者。往而不返者也。進而無極者也。凡學問之屬於此類者。謂之歷史學。天下萬事萬物。皆在空間。又在時間。（空間時間佛典譯語日本人沿用之若依中國古義則空間宇也時間宙也其語不盡通行故用譯語）而天然界與歷史界。實分占兩者之範圍。天然學者。研究空間之現象者也。歷史學者。研究時間之現象者也。就天然界以觀察宇宙。則見其一成不變。萬古不易。故其體爲完全。其象如一圓圈。就歷史界以觀察宇宙。則見其生長而不已。進步而不知所終。故其體爲不完全。且其進步又非爲一直線。或尺進而寸退。或大漲而小落。其象如一螺線。明此理者。可以知歷史之眞相矣。

由此觀之。凡屬於歷史界之學。（凡政治學羣學平準學宗教學等皆近歷史界之範圍）其研究常較難。凡屬於天然界之學。（凡天文學地理學物質學化學等皆天然界之範圍）其研究常較易。何以故。天然界已完全者也。來復頻繁。可以推算。狀態一定。可以試驗。歷史學未完全者也。今猶日在生長發達之中。非逮宇宙之末劫。則歷史不能終極。吾生有涯。而此學無涯。此所以天然諸科學。起源甚古。今已斐然大成。而關於歷史之各學。其出現甚後。而其完備難期也。

此界說既定。則知凡百事物。有生長有發達有進步者。則屬於歷史之範圍。反是者則不能屬於歷史之範圍。又如於一定期中。雖有生長發達。而及其期之極點。則又反其始。斯仍不得不以循環目之。如動植物。如人類。雖依一定之次第。以生以成。然或一年。或十年。或百年。而盈其限焉。而反其初焉。一生一死。實循環之現象也。故物理學生理學等。皆天然科學之範圍。非歷史學之範圍也。

孟子曰。天下之生久矣。一治一亂。此誤會歷史眞相之言也。苟治亂相嬗無已時。則歷史之象當爲循環。與天然等。而歷史學將不能成立。孟子此言蓋爲螺線之狀所迷。而誤以爲圓狀。未嘗綜觀自有人類以來萬數千年之大勢。而察其眞方嚮之所在。徒觀一小時代之或進或退。或漲或落。遂以爲歷史之實狀如是云爾。譬之江河東流以朝宗於海者。其大勢也。乃或所見局於一部。偶見其有倒流處。有曲流處。因以爲江河之行。一東一西。一北一南。是豈能知江河之性矣乎。（春秋家言有三統有三世。三統者循環之象也。所謂三王之道若循環周而復始是也。三世者進化之象也。所謂據亂升平太平。與世漸進是也。三世則歷史之情狀也。三統則非歷史之情狀也。三世之義既治者則不能復亂。藉曰有小亂。而必非與前此之亂等也。苟其一治則復一亂。則所謂治者必非眞治也。故言史學者。當從孔子之義。不當從孟子之義）吾中國所以數千年無良史者。以其於進化之現象見之未明也。

第二歷史者敍述人羣進化之現象也　進化之義既定矣。雖然。進化之大理。不獨人類爲然。卽動植物乃至無機世界。亦常有進化者存。而通行歷史所紀述。常限於人類者。則何以故。此不徒吾人之自私其類而已。人也者。進化之極則也。其變化千形萬狀而不窮者也。故言歷史之廣義。則非包萬有而幷載之。不能完成。至語其狹義。則惟以人類爲之界。雖然。歷史之範圍。可限於人類。而人類之事實。不能盡納諸歷史。夫人類亦不過一種之動物耳。其一生一死。固不免於循環。卽其日用飲食言論行事。亦不過大略相等。而無進化之可言。故欲求進化之跡。必於人羣。使人人析而獨立。則進化終不可期。而歷史終不可起。蓋人類進化云者。一羣之進也。非一人之進也。如以一人也。則今人必無以遠過於古人。語其體魄。則四肢五官。古猶今也。質點血輪。古猶今也。語其性靈。則古代周孔柏（柏拉圖）阿（阿里士多德）之智識能力。必不讓於今人。舉世所同認矣。然往往有周孔柏阿所不能知之理。不能行之事。而今日乳臭小兒知之能之者何也。無他。食羣之福。享羣之利。藉羣力之相接相較相爭相師相摩相盪相維相繫相傳相嬗。而智慧進焉。而才力進焉。而道德進焉。進也者。人格之羣。非尋常之個人也。（人類天性之能力。能隨文明進化之運而漸次增長與否。此問題頗難決定。試以文明國之一小兒。不許受敎育。不許蒙社會之感化沐文明之恩澤。則其長成能有以異於野蠻國之小兒乎。恐不能也。蓋由動物進而爲人。已爲生理上進化之極點。由小兒進爲成人。已爲生理上進化之極點。然則一個人殆無進化也。進化者別超於個人之上之一人格而已。卽人羣是也。）然則歷史所最當注意者。惟人羣之事。苟其事不關係人羣者。雖奇言異行。而必不足以入歷史之範圍也。

疇昔史家。往往視歷史如人物傳者然。夫人物之關係於歷史固也。然所以關係者。亦謂其於一羣有影響云爾。所重者在一羣。非在一人也。而中國作史者。全反於此目的。動輒以立佳傳爲其人之光寵。馴至連篇累牘。臚列無關世運之人之言論行事。使讀者欲臥欲嘔。雖盡數千卷。猶不能於本羣之大勢有所知焉。由不知史之界說限於羣故也。

第三、歷史者敍述人羣進化之現象而求得其公理公例者也　凡學問必有客觀主觀二界。客觀者。謂所研究之事物也。主觀者。謂能研究此事物之心靈也。（亦名所界能界能所二字佛典譯語常用爲名詞）和合二觀。然後學問出焉。史學之客體。則過去現在之事實是也。其主體則作史讀史者心識中所懷之哲理是也。有客觀而無主觀。則其史有魄無魂。謂之非史焉可也。（偏於主觀而略於客觀者則雖有佳書亦不過爲一家言不得謂之爲史）是故善爲史者。必研究人羣進化之現象。而求其公理公例之所在。於是有所謂歷史哲學者出焉。歷史與歷史哲學雖殊科。要之苟無哲學之理想者。必不能爲良史。有斷然也。雖然。求史學之公理公例。固非易易。如彼天然科學者。其材料完全。其範圍有涯。故其理例亦易得焉。如天文學。如物質學。如化學。所已求得之公理公例。不可磨滅者。旣已多端。而政治學羣學宗敎學等。則瞠乎其後。皆由現象之繁賾。而未到終點也。但其事雖難。而治此學者不可不勉。大抵前者史家不能有得於是者。其蔽二端。一曰、知有一局部之史。而不知自有人類以來全體之史也。或局於一地。或局於一時代。如中國之史。其地位則僅敍述本國耳。於吾國外之現象。非所知也。（前者他國之史亦如是）其時代則上至書契以來。下至勝朝之末止矣。前乎此後乎此非所聞也。夫欲求人羣進化之眞相。必當合人類全體而比較之。通古今文野之界而觀察之。內自鄕邑之法團。（凡民間之結集而成一人格之團體者謂之法團亦謂之法人法人者法律上視之與一個人無異也一州之州會一市之市會乃至一學校一會館一公司皆統名爲法團）外至五洲之全局。上自穹古之石史。（地質學家從地底僵石中考求人物進化之跡號曰石史）下至昨今之新聞。何一而非客觀所當取材者。綜是焉以求其公理公例。雖未克完備。而所得必已多矣。問疇昔之史家。有能焉者否也。二曰、徒知有史學。而不知史學與他學之關係也。夫地理學也。地質學也。人種學也。人類學也。言語學也。羣學也。政治學也。宗敎學也。法律學也。平準學也。（即日本所謂經濟學）皆與史學有直接之關係。其他如哲學範圍所屬之倫理學。心理學。論理學。文章學。及天然科學範圍所屬之天文學。物質學。化學。生理學。其理論亦常與史學有間接之關係。何一而非主觀所當憑藉者。取諸學之公理公例。而參伍鉤距之。雖未盡適用。而所得又必多矣。問疇昔之史家。有能焉者否也。

夫所以必求其公理公例者。非欲以為理論之美觀而已。將以施諸實用焉。將以貽諸來者焉。歷史者。以過去之進化。導未來之進化者也。吾輩食今日文明之福。是為對於古人已得之權利。而繼續此文明。增長此文明。孳殖此文明。又對於後人而不可不盡之義務也。而史家所以盡此義務之道。即求得前此進化之公理公例。而使後人循其理。率其例。以增幸福於無疆也。史乎史乎。其責任至重。而其成就至難。中國前此之無眞史家也。又何怪焉。而無眞史家。亦即吾國進化遲緩之一原因也。吾願與同胞國民。篳路藍縷。以闢此途也。

以上說界說竟。作者初研究史學。見地極淺。自覺其界說尚有未盡未安者。視吾學他日之進化。乃補正之。

著者識

歷史與人種之關係

歷史者何。敘人種之發達與其競爭而已。舍人種則無歷史。何以故。歷史生於人羣。而人之所以能羣。必其於內焉有所結。於外焉有所排。是即種界之所由起也。故始焉自結其家族。以排他家族。繼焉自結其鄉族。以排他鄉族。繼焉自結其部族。以排他部族。終焉自結其國族。以排他國族。此實數千年世界歷史經過之階級。而今日則國族相結相排之時代也。夫羣與羣之互有所排也。非大同太平之象也。而無如排於外者不劇。則結於內者不牢結於內者不牢則其羣終不可得合而不能占一名譽之位置於歷史上以故世界日益進步而種族之論亦日益昌明嗚呼後乎此者其有種界盡破萬國大同之郅治乎吾不敢知若在今日則雖謂人種問題爲全世界獨一無二之問題非過言也

有歷史的人種有非歷史的人種等是人種也而歷史的非歷史的何以分焉曰能自結者爲歷史的不能自結者爲非歷史的何以故能自結者則排人不能自結者則排於人排人者則能擴張本種以侵蝕他種駸駸焉壟斷世界歷史之舞臺排於人者則本種日以陵夷衰微非惟不能擴張於外而且澌滅於內尋至失其歷史上本有之地位而舞臺爲他人所占故夫敍述數千年來各種族盛衰興亡之跡者是歷史之性質也敍述數千年來各種族所以盛衰興亡之故者是歷史之精神也

近世言人種學者其論不一或主張一元說而以爲世界只有一人種或主張多元說而區分爲四種（康德）爲五種（布曼伯）爲六種（巴科安）爲七種（韓特）爲八種（亞加智）其多者乃至十一種十五種十六種二十二種六十種其最多者分爲六十三種（巴喀）甚者以言語之分而區爲一千乃至二千餘人種然今所通行則五種之說所謂黃色種白色種棕色種黑色種紅色種是也或以南洋羣島太平洋羣島紐西崙諸土人及中亞美利加之土人合於黃種以澳洲南印度之土人合於黑種而成爲三大種今勿具論要之緣附於此摶摶員輿上之千五百兆生靈其可以稱爲歷史的人種者不過黃白兩族而已今條其派別如下

歷史的人種

- （一）黃種
  - （甲）
    - 中國人
    - 日本人
    - 朝鮮人
    - 暹羅人
    - 其他亞細亞東部之人
  - （乙）
    - 蒙古人
    - 韃靼人
    - 鮮卑人（即今西伯利亞人）
    - 其他亞細亞北部中部之人
  - （丙）
    - 土耳其人
    - 匈加利人
    - 其他在歐洲之黃種人
- （二）白種
  - （甲）哈密忒人種 Hamitic
    - 埃及人
    - 里比亞人
    - 哥士人（居阿剌伯及埃及之南）
  - （乙）沁密忒人種 Semitic
    - 亞西里亞人
    - 巴比倫人
    - 腓尼西亞人
    - 希伯來人（猶太及以色列）
    - 亞剌伯人

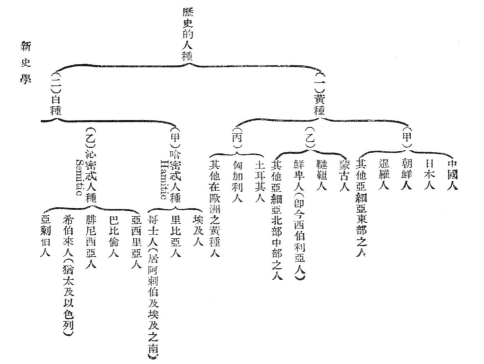

- (丙)阿利安人種 Aryan
  - 亞細亞之部
    - (一)印度人
    - (二)伊蘭人 Iranic
      - 米底亞人
      - 波斯人
  - 歐羅巴之部
    - (一)
      - 希臘人
      - 羅馬人
        - 法蘭西人
        - 伊大利人
        - 西班牙葡萄牙人
    - (二)哦特忒人 Celtic
      - 郜盧人
      - 白里敦人
      - 蘇格蘭人
      - 愛爾蘭人
    - (三)條頓人 Teutonic
      - 那威人
      - 瑞典人
      - 丁抹人
      - 德意志人
      - 荷蘭人
      - 英人
    - (四)斯拉夫人 Slavonic
      - 俄羅斯人
      - 波蘭人
      - 波希米亞人
      - 塞爾維亞人(多居奧大利)
      - 其他

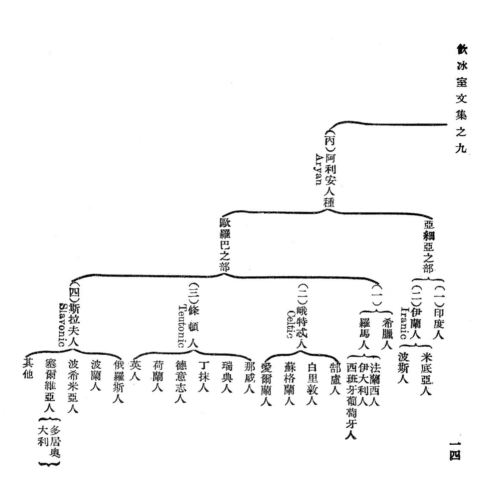

同爲歷史的人種也。而有世界史的與非世界史的之分。何謂世界史的。其文化武力之所及。不僅在本國之境域。不僅傳本國之子孫。而擴之充之以及於外。使全世界之人類受其影響。以助其發達進步。是名爲世界史的人種。吾熟讀世界史。察其彼此相互之關係。而求其足以當此名者。其後乎此者吾不敢知。其前乎此者。則吾不得不以讓諸白種。不得不以讓諸白種中之阿利安種。而於其中復分爲兩大時期。前期爲阿利安種與哈密忒沁密忒兩種合力運動時代。後期爲阿利安種獨力運動時代。前期之中。復分爲三小時期。一哈密忒全盛時代。二沁密忒全盛時代。三阿利安與哈沁融合時代。於後期之中。亦分爲三小時期。一希臘羅馬人時代。二條頓人時代。三斯拉夫人時代。（所謂各時代者非此時代終而彼時代乃始也其界限常不能甚分明往往後時代中仍抱前時代之餘波前時代中已含後時代之種子不過就其大勢略區別之取便稱呼耳觀下文自明）試略論之。夫以狹義言之。歐羅巴文明實爲今日全世界一切文明之母。此有識者所同認也。歐羅巴文明何自起。其發明光大之者爲阿利安民族。其組織而導引之者爲哈密忒與沁密忒之兩民族。若世界文明史而有正統也。則其統不得不託始於哈密忒人。代表哈密忒者曰埃及。埃及文明之花。實現於距今四五千年以前。於金字塔觀其工藝之偉大。（金字塔者埃及古王之墳陵也其最大者容積七千四百萬立方英尺底闊七百六十四英尺側袤四百八十英尺世界最大之石碑也其能運如許重大之石材上舉於數百丈之高處則其時工械力之大可想）於木乃伊想其化學之發明。（木乃伊者埃及古王之屍體以藥物浸裹之使其不朽至今猶有存者則當時之人已明化學可以概見）尼羅河畔。實歷史上最榮譽之紀念場哉。自摩西爲埃及王女所收養。徧學其教術。吸取其智識。既乃率同族以開猶太。（詳見舊約全書出埃及記）是沁密忒文明出於埃及之明證也。（其餘巴比倫敍利亞文明亦得力於埃及不少史家能言其詳）希臘古哲。如德黎。Thales 如畢達哥拉。Pythagoras 如梭倫 Solon 如德謨吉來圖。Democritus 如柏拉圖。Plato 皆嘗受教於埃及僧侶。而德謨吉來圖柏拉圖二氏。且躬自游歷埃土。而遏狄加人。（希臘四大族之一）之宗教及其羣治制度。多承埃及之遺跡。是阿利安文明出於埃及之明證也。故今日歐洲文明。以希臘爲父。以沁密忒爲祖。以哈密忒爲祖之所自出。雖然。哈密忒人能創造之以待人取法者也。沁密忒人能創造之且能傳播之者也。阿利安人能創造之能傳播之且最能取法於人者也。故三族之優劣勝敗於此判焉矣。

哈密忒於世界文明。僅有間接之關係。至沁密忒而始有直接之關係。當希臘人文未發達之始。其政治學術宗教。卓然有牢籠一世之概者。厥惟亞西里亞。（或譯作亞述）巴比倫腓尼西亞諸國。沁密忒人實世界宗教之源泉也。猶太教起於是。基督教起於是。回回教起於是。希臘古代之神話。其神名及其祭禮。無一不自亞西里亞腓尼西亞而來。新舊巴比倫之文學美術影響於後代。其尤著者也。腓尼西亞之政體純然共和政治。爲希臘所取法。其商業及航海術亦然。且以貿易之力傳播其文明直普及於意大利作羅馬民族之先驅。故腓尼西亞國雖小而關係於世界史者最大。若希伯來人之有摩西耶穌兩教主。其勢力浸潤全歐人民之腦中者。更不待論矣。故世界史正統之第二段在沁密忒人。而亞西里亞巴比倫希伯來爲其主腦。腓尼西亞爲其樞機。

其在第三段爲世界史之主人翁者。則希臘也。希臘代表阿利安種之一部。其民族則士著之『畢拉士治』Pelasgi 人與西遷之阿利安人（阿利安分亞洲之部歐洲之部兩者已詳前表希臘之阿利安則自伊蘭高原西來者也）混合而成者也。阿利安族之所長在貴自由重考驗務進步。惟貴自由故其於政治也不甘壓制而倡言平等。惟重考驗故其於學問也不徇現象而探求原理。惟務進步故其於社會一切事物也不泥舊例而日事革新。阿利安族所以亘數千年至今常執全世界之牛耳者。皆此之由。而希臘人其最初之登場者也。希臘之代表。惟雅典與斯巴達。雅典右文。斯巴達尚武。兩者雖不調和。而皆足以發揮阿利安族之特性。故史家或以今世歐羅巴爲古代希臘之放影。以古代希臘爲今世

歐羅巴之縮圖非過言也然其民族之團結力祇能建設市府政治不能成就國家政治故雖握霸權於歷史上者七百年卒服屬於他國以致滅亡

其在第四段爲世界之主人翁者則羅馬也羅馬位於古代史與近世史之過渡時代而爲其津梁其武力旣能揮斥八極建設波斯以來夢想不及之絕大帝國而其立法的智識權利的思想實爲古代文明國所莫能及集無量異種之民族置之中央集權制度之下爲一定之法律以部勒之故自羅馬建國以後而前此之舊民族皆同化於羅馬如蜾蠃之與螟蛉自羅馬解紐以後而後此之新民族皆賦形於羅馬如大河之播九派今日歐洲大陸諸國其言語文學宗敎風俗各不相遠皆由其曾合幷於羅馬一統之下浸潤於同種之澤使然也故希臘能吸集哈密忒沁密忒兩族之文明納諸阿利安族中以成一特色而羅馬則承希臘正統舉其所吸集者所結構者以兵力而播之於世界雖謂羅馬爲希臘之一亢宗子可也雖然羅馬文明其傳襲希臘者固多其獨自結構者亦不少如法律之制定宗敎之傳播其尤著也

自希臘羅馬以後世界史之主位旣全爲阿利安人所占及於羅馬末路而阿利安族中之新支派紛紛出現除拉丁民族(即羅馬族)外則峨特民族、條頓民族、斯拉夫民族其最者也峨特民族在阿利安中以戰勝攻取聞其人爲印度阿利安之一派自西曆紀元前二世紀卽已侵入歐洲發軔於小亞細亞越今之瑞典德意志法蘭西意大利西班牙諸地直至愛爾蘭之西岸蘇格蘭之高原皆有足跡焉後乃自中部歐羅巴蹂躪希臘馬基頓蔓延全陸所至競爭鬬恣殺掠使人戰慄故峨特人在世界史上其影響所及亦不尠雖然其人能冒險而不能忍耐故戰勝之結果無一可表見而其血氣之勇終不足以敵羅馬節制之師卒被征服及羅馬亡後遂服屬於條頓人之軛下。今之蘇格蘭人愛爾蘭人及法蘭西人之一部。實峨特民族性質之代表也。

條頓民族之移住歐洲也。在拉丁峨特兩族之後。而其權力之影響於歷史則過之。自中世以後。歐羅巴歷史之中心點。實條頓人也。其民族移動之原因及其年代。雖不可確考。要之自西曆紀元二三世紀。始出現於歐羅巴東部。而其中有勢力於歷史上者。復分四派。其在東歐者曰高特族。Goth 其在西歐者曰福倫喀族。Frank 其在北歐者曰撒遜族。Saxon 亦稱日耳曼族。其在南歐者曰阿里曼族。Alemanni 茲將千餘年前條頓民族之位置列表如下。

條頓民族之位置

	西曆紀元三世紀	四世紀	五世紀	六世紀以後
高特族之位置		本世紀中葉西高特族始見於多惱河之下流其末葉東高特族自多惱河下流入布加里亞	西高特族建設王國東高特族轉入意大利建國焉	本世紀末葉爲東羅馬帝國所滅其支派占有北日耳曼之地
福倫喀族之位置	居來因河之下流	本世紀中葉入於加利亞建設多數之小王國	本世紀末葉大敗羅馬軍使法蘭西（指今地）境內不留羅馬隻騎復勝高特阿里曼諸族	建設查里曼大帝國成今日歐洲羣雄樹立之勢
撒遜	自埃士河越埃爾比河宅居於今荷斯頓及丁抹諸地		本世紀中葉撒遜人分爲兩派一派越海與盎格魯人共征服英國之	六世紀以來屢與福倫喀族爭鬬至九世紀福倫喀王國建立撒遜人

沿革表

族之位置	阿里曼族之位置
	居多惱厥因兩河間即日耳曼中部也勢力頗强屢挫羅馬軍
大部別成所謂盎格魯撒遜民族者其一派蹂躪大陸諸邦	本世紀之末爲福倫喀族所阻遏其進路
亦全占有北日耳曼之全部十一世紀盎格魯撒遜人全征服英國	

由是觀之，世界文明史之第五段，實惟阿利安族中羅馬人與條頓人爭長時代，而羅馬人達於全盛，爲日中將昃之形，條頓人氣象方新，有火然泉達之觀，峨特人雖奮血氣之勇，偶聳動一世耳目，而其內力不足以敵此兩族，曇花一現，遂爲天演所淘汰，歸於劣敗之數，自六世紀以後，而全歐文明之霸權，漸全歸條頓人矣。躡條頓人之跡，而有大勢力於歷史上者，斯拉夫人也，以冒險之精神，道義之觀念論之，條頓人迥非斯拉夫人所能及，若夫堅實耐久，立於千苦萬難之中，毅然終始不失其特性者，則斯拉夫人殆冠宇內，而無兩也，彼等好戰之心，不如條頓人之盛，若一旦不得已而躍馬執劍，則無論如何之大敵，決不足以懾其前，彼等個人自由之觀念，視條頓人雖大有所缺乏，至其注意公益，服從於一定主權之下，聽其指麾，全部一致，其爲國民的運動，又遠非條頓人所能幾也，故識者謂世界史之正統，其代條頓人以興者，將在斯拉夫人，非虛言也。

條頓民族既興以後，而羅馬民族之力尚未衰，中世史之末葉，意大利自由市府勃興，實爲今世國家之嚆矢，而西班牙葡萄牙法蘭西人，當十四五世紀，國勢且蒸蒸日上，西闢美洲，東略印度，南開南洋，阿利安人之勢力範圍，始磅礴於歐洲以外，其主動者皆羅馬人也，雖然，以物競天擇之公例，羅馬人之老大，終不敵條頓人之少年，未幾而荷蘭人起。與之競爭。未幾而英吉利人起。一舉而代之。近則德意志人復駸駸然凌厲中原矣。故覘羅馬條頓兩族之盛衰。但於其殖民歷史之沿革焉足矣。北阿美利加也。（初爲法人班人所開今全屬盎格魯撒遜族矣）南阿美利加也。（本爲班人葡人所開今爲德意志勢力範圍）印度也。（初爲法人所經營後卒全歸英轄）南洋羣島也。（初亦班葡人航海所覓今全爲英荷屬）皆告我輩以兩民族消長之明效也。今日全地球之土地主權。其百分中之九十分屬於白種人。而所謂白種人者。則阿利安人而已。所謂阿利安人者。則條頓人而已。條頓人實今世史上獨一無二之主人翁也。

論正統

中國史家之謬。未有過於言正統者也。言正統者。以爲天下不可一日無君也。於是乎有統。又以爲天無二日。民無二王也。於是乎有正統。統之云者。殆謂天所立而民所宗也。正之云者。殆謂一爲眞而餘爲僞也。千餘年來。陋儒齗齗於此事。攘臂張目。筆鬭舌戰。支離蔓衍。不可窮詰。一言蔽之曰。自爲奴隸根性所束縛。而復以煽後人之奴隸根性而已。是不可以不辯。

統字之名詞何自起乎。殆濫觴於春秋。春秋公羊傳曰。何言乎王正月。大一統也。此即後儒論正統者所援爲依據也。庸詎知春秋所謂大一統者。對於三統而言。春秋之大義非一。而通三統實爲其要端。通三統者。正以明天下爲天下人之天下。而非一姓之所得私有。與後儒所謂統者。其本義既適相反對矣。故夫統之云者。始於霸者之私天下。而又懼民之不吾認也。乃爲是說以箝制之曰。此天之所以與我者。吾生而有特別之權利。非他人所能幾也。因文其說曰。亶聰明。作父母。曰辨上下。定民志。統之既立。然後任其作威作福。恣睢蠻野。而不得謂之不義。而人民之稍強立不撓者。乃得坐之以不忠不敬大逆無道諸惡名。以鋤之摧之。此統之名所由立也。記曰得乎丘民而爲天子。若是乎無統則已。苟其有統。則創垂之而繼續之者。舍斯民而奚屬哉。故泰西之良史。皆以敍述一國國民系統之所由來。及其發達進步盛衰興亡之原因結果爲主。誠以民有統而君無統也。藉曰君而有統也。則不過一家之譜牒。一人之傳記。而非可以冒全史之名。而安勞史家之嘵嘵爭論也。然則以國之統而屬諸君。則固已舉全國之人民。視同無物。而國民之資格。所以永墜九淵。而不克自拔。皆此一義之爲誤也。故不掃君統之謬見。而欲以作史。史雖充棟。徒爲生民毒耳。

統之義已謬。而正與不正。更何足云。雖然。亦既有是說矣。其說且深中於人心矣。則辭而闢之。固非得已。正統之辨。昉於晉。而盛於宋。朱子通鑑綱目所推定者。則秦也。漢也。東漢也。蜀漢也。晉也。東晉也。宋齊梁陳也。隋也。唐也。後梁後唐後漢後晉後周也。本朝乾隆間御批通鑑從而續之。則宋也。南宋也。元也。明也。清也。所謂正統者。如是如是。而其所據爲理論。以衡量夫正不正者。約有六事。

一曰、以得地之多寡而定其正不正也。凡混一宇內者。無論其爲何等人。而皆奉之以正。如晉、元、等是。

二曰、以據位之久暫而定其正不正也。雖混一宇內。而享之不久者。皆謂之不正。如項羽、王莽、等是。

三曰、以前代之血胤爲正。而其餘皆爲僞也。如蜀漢、東晉、南宋、等是。

四曰、以前代之舊都所在爲正。而其餘皆爲僞也。如因漢而正魏。因唐而正後梁、後唐、後晉、後漢、後周、等是。

五曰、以後代之所承者所自出者爲正。而其餘爲僞也。如因唐而正隋、因宋而正周、等是。

六曰、以中國種族爲正。而其餘爲僞也。如宋、齊、梁、陳、等是。

此六者。互相矛盾。通於此則窒於彼。通於彼則窒於此。而據朱子綱目及通鑑輯覽等所定。則前後互歧。進退失據。無一而可焉。請窮詰之。夫以得地之多寡而定。則混一者固莫與爭矣。其不能混一者。自當以最多者爲最正則苻秦盛時。南至邛僰。東抵淮泗。西極西域。北盡大磧。視司馬氏版圖過之數倍。而宋金交爭時代。金之幅員亦有天下三分之二。而果誰爲正而誰爲僞也。如以據位之久暫而定。則如漢唐等之數百年。不必論矣。若夫拓跋氏之祚。迥軼於宋齊梁陳。錢鏐劉隱之系。遠過於梁唐晉漢周。而西夏李氏。乃始唐乾符終宋寶慶。凡三百五十餘年。幾與漢唐埒。地亦廣袤萬里。又誰爲正而誰爲僞也。如以前代之血胤而定。則杞宋當二日並出。而周不可不退處於簒僭。而明李槃以宇文氏所臣屬之蕭歸爲簒賊。蕭衍延苟全之性命。而使之統陳。以沙陀夷族之朱邪存勖。不知所出之徐知誥。冒李唐之宗。而使之統分據之天下者。將爲特識矣。而順治十八年間。故明弘光隆武永曆。尙存正朔。而視同閏位。何也。而果誰爲正而誰爲僞也。如以前代舊都所在而定。則劉石慕容苻姚赫連拓跋所得之土。皆五帝三王之故宅也。女眞所撫之衆。皆漢唐之遺民也。而又誰爲正誰爲僞也。如以後代所承所自出者爲正。則晉既正矣。而晉所自出之魏。何以不正。前既正蜀。而後復正晉。晉自簒魏。豈承漢而興邪。唐既正矣。且因唐而正隋矣。而隋所自出之宇文。宇文所自出之拓跋。何以不正。前正陳而後正隋。隋豈因滅陳而始有帝號邪。又烏知夫誰爲正而誰爲僞也。若夫以中國之種族而定。則誠愛國之公理。民族之精神。雖迷於統之義。而猶不悖於正之名也。而惜乎數千年未有持此以爲鵠者也。李存勖石敬瑭劉智遠。以沙陀三小族。竊一掌之地。而靦然奉爲共主。自宋至明百年間。黃帝子孫。無尺寸土。而史家所謂正統者。仍不絕如故也。而果誰爲正而誰爲僞也。於是乎而持正統論者。果無說以自完矣。

大抵正統之說之所以起者有二原因（其一）則當代君臣自私本國也溫公所謂『宋魏以降各有國史互相排黜南謂北爲索虜北謂南爲島夷朱氏代唐四方幅裂朱邪入汴比之窮新（原注唐莊宗自以爲繼唐比朱梁於有窮篡夏新室篡漢）運歷年紀棄而不敘此皆私己之偏辭非大公之通論也』（資治通鑑卷六十九）誠知言矣自古正統之爭莫多於蜀魏問題主都邑者以魏爲眞人主血胤者以蜀爲宗子而其議論之變遷恆緣當時之境遇陳壽主魏習鑿齒主蜀壽生西晉而鑿齒東晉也西晉踞舊都而上有所受苟不主都邑說則晉爲僭矣故壽之正魏凡以正晉也鑿齒時則晉既南渡苟不主血胤說而仍沿都邑則劉石苻姚正而晉爲僭矣鑿齒之正蜀凡亦以正晉也其後溫公主魏而朱子主蜀溫公生北宋而朱子南宋也宋之篡周宅汴與晉之篡魏宅許者同源溫公之主都邑說也正魏也凡以正宋也南渡之宋與江東之晉同病朱子之主血胤說也正蜀也凡亦以正宋也蓋未有非爲時君計者也至如五代之亦靦然目爲正統也更宋人之讆言也彼五代抑何足以稱代朱溫盜也李存勖石敬瑭劉智遠沙陀犬羊之長也溫可代唐則侯景李全可代宋也沙陀三族可代中華之主則劉聰石虎可代晉也郭威非夷非盜差近正矣而以黥卒乍起功業無聞乘人孤寡奪其穴以篡立以視陳霸先之能平寇亂猶奴隸耳而況彼五人者所掠之地不及禹域二十分之一所享之祚合計僅五十二年而顧可以聖仁神武某祖某皇帝之名奉之乎其奉之也則自宋人始也宋之得天下也不正推柴氏以爲所自受因而溯之許朱溫以代唐而五代之名立焉（以上採王船山說）其正五代也凡亦以正宋也至於本朝以異域龍興入主中夏與遼金元前事相類故順治二年三月議歷代帝王祀典禮部上言謂遼則宋嘗納貢金則宋嘗稱姪帝王廟祀似不得遺駸駸乎欲僞宋而正遼金矣後雖憚於清議未敢悍然然卒增祀遼太祖太宗景宗聖宗興宗道宗金太祖太宗世宗章宗宣宗哀宗其後

復增祀元魏道武帝明帝孝武帝文成帝獻文帝孝文帝宣武帝孝明帝。豈所謂兎死狐悲惡傷其類者耶。由此言之。凡數千年來嘵嘵於正不正僞不僞之辯者。皆當時之霸者與夫霸者之奴隸。緣飾附會以保其一姓私產之謀耳。而時過境遷之後。作史者猶慷他人之慨。斷斷焉辯得失於鷄蟲。吾不知其何爲也。（其二）由於陋儒誤解經義。煽揚奴性也。陋儒之說。以爲帝王者聖神也。陋儒之意。以爲一國之大。不可以一時而無一聖神焉者。又不可以同時而有兩聖神焉者。當其無聖神也。則無論爲亂臣爲賊子爲大盜爲狗偷爲仇讎爲夷狄。而必取一人一姓焉。偶像而尸祝之曰。此聖神也。此聖神也。當其多聖神也。則於羣聖羣神之中。而探鬮焉。而置棊焉。擇取其一人一姓而膜拜之曰。此乃眞聖神也。而其餘皆亂臣賊子大盜狗偷仇讎夷狄也。不寧惟是。同一人也。甲書稱之爲亂賊偷盜仇讎夷狄。而乙書則稱之爲神聖焉。甚者同一人也。同一書也。而今日稱之爲亂賊偷盜仇讎夷狄。明日則稱之爲神聖焉。夫聖神自聖神。亂賊自亂賊。偷盜自偷盜。夷狄自夷狄。其人格之相去。不可以道里計。一望而知。無能相混者也。亦斷未有一人之身。而能兼兩塗者也。異哉此至顯至淺至通行至平正之方人術。而獨不可以施諸帝王也。諺曰成卽爲王。敗卽爲寇。此眞持正統論之史家所奉爲月旦法門者也。夫衆所歸往謂之王。竊奪殃民謂之寇。既王矣。無論如何變相。而必不能墮而爲寇。既寇矣。無論如何變相。而必不能昇而爲王。未有能相印焉者也。如美人之抗英而獨立也。王也。非寇也。此其成者也。卽不成焉。如菲律賓之抗美。波亞之抗英。未聞有能目之爲寇者也。元人之侵日本。寇也。非王也。此其敗者也。卽不敗焉。如蒙古蹂躪俄羅斯。握其主權者數百年。未聞有肯認之爲王者也。中國不然。兀朮也。完顏亮也。在宋史則謂之爲賊爲虜爲仇。在金史則某祖某皇帝矣。而兩皆成於中國人之手。同列正史也。而諸葛亮入寇。丞相出師等之差異。更無論也。朱溫也。燕王隸也。始而曰叛曰盜。忽然而某祖某皇帝矣。而曹丕司馬炎之由名而公。由公而王。由王而帝。更無論也。準此以談。吾不能不爲匈奴冒頓突厥頡利之徒悲也。吾不能不爲漢吳楚七國淮南王安晉八王明宸濠之徒悲也。吾不能不爲上官桀董卓桓溫蘇峻侯景安祿山朱泚吳三桂之徒悲也。吾不得不爲陳涉吳廣新市平林銅馬赤眉黃巾竇建德王世充黃巢張士誠陳友諒張獻忠李自成洪秀全之徒悲也。彼其與聖神相去不能以寸耳。使其稍有天幸。能於百尺竿頭進此一步。何患乎千百年後贍才博學正言讜論倡天經明地義之史家。不奉以「承天廣運聖德神功肇紀立極欽明文思睿哲顯武端毅弘文寬裕中和大成定業太祖高皇帝」之徽號。而有腹誹者則曰大不敬。有指斥者則曰逆不道也。此非吾過激之言也。試思朱元璋之德。何如竇建德蕭衍之才。何如王莽趙匡胤之功。何如項羽李存勖之强。何如冒頓楊堅傳國之久。何如李元昊朱溫略地之廣。何如洪秀全而皆於數千年歷史上巍巍然聖矣神矣。吾無以名之。名之曰幸不幸而已。若是乎史也者。賭博耳。兒戲耳。鬼蜮之府耳。勢利之林耳。以是爲史。安得不率天下而禽獸也。而陋儒猶囂囂然曰此天之經也。地之義也。人之倫也。國之本也。民之坊也。吾不得不深惡痛絕夫陋儒之毒天下如是其甚也。

然則不論正統則亦已耳。苟論正統。吾敢翻數千年之案而昌言曰。自周秦以後。無一朝能當此名者也。（第一）夷狄不可以爲統。則胡元及沙陀三小族。在所必擯。而後魏北齊北周契丹女眞更無論矣。（第二）簒奪不可以爲統。則魏晉宋齊梁陳北齊北周隋後周宋在所必擯。而唐亦不能免矣。（第三）盜賊不可以爲統。則後梁與明在所必擯。而漢亦如唯之與阿矣。然則正統當於何求之。曰。統也者。在國非在君也。在衆人非在一人也。舍國而求諸君。舍衆人而求諸一人。必無統之可言。更無正之可言。必不獲已者。則如英德日本等立憲君主之國、以憲法而定君位繼承之律。其卽位也。以敬守憲法之語誓於大衆。而民亦公認之。若是者。其猶不謬於得邱民爲天子之義。而於正統庶乎近矣。雖然。吾中國數千年歷史上。何處有此。然猶斷斷於百步五十步之間。而曰統不統正不正。吾不得不憐其愚惡其妄也。後有良史乎。盍於我國民系統盛衰強弱主奴之間。三致意焉爾。

論書法

新史氏曰。吾壹不解夫中國之史家。何以以書法爲獨一無二之天職也。吾壹不解夫中國之史家。何以以書法爲獨一無二之能事也。吾壹不解夫中國之史家。果據何主義以衡量天下古今事物。而敢囂囂然以書法自鳴也。史家之言曰。書法者。本春秋之義。所以明正邪。別善惡。操斧鉞權。褒貶百代者也。書法善則爲良史。反是則爲穢史。嘻、此讆言也。春秋之書法。非所以褒貶也。夫古人往矣。其人與骨皆已朽矣。孔子豈其不憚煩。而一一取而褒貶之。春秋之作。孔子所以改制。而自發表其政見也。生於言論不自由時代。政見不可以直接發表。故爲之符號標識焉以代之。書尹氏卒。非貶尹氏也。借尹氏以譏世卿也。書仲孫忌帥師圍運。非貶仲孫忌也。借仲孫忌以譏二名也。此等符號標識。後世謂之書法。惟春秋可以有書法。春秋經也。非史也。明義也。非記事也。使春秋而史也。而記事也。則天下不完全無條理之史。孰有過於春秋者乎。後人初不解春秋之爲何物。胸中曾無一主義。摭拾一二斷爛朝報。而規規然學春秋。天下之不自量。孰此甚也。吾敢斷言曰。有春秋之志者。可以言書法。無春秋之志者。不可以言書法。

問者曰。書法以明功罪。別君子小人。亦使後人有所鑒焉。子何絕之甚。曰、是固然也。雖然。史也者。非紀一人一姓之事也。將以述一民族之運動變遷進化墮落。而明其原因結果也。故善爲史者。必無暇斷斷焉褒貶一二人。亦決不肯斷斷焉褒貶一二人。何也。褒貶一二人。是專科功罪於此一二人。而爲衆人卸其責任也。上之啓梟雄私天下之心。下之墮齊民尊人格之念。非史家所宜出也。吾以爲一民族之進化墮落。其原因決不在一二人。以爲可褒則宜俱褒。以爲可貶則宜俱貶。而中國史家。只知有一私人之善焉惡焉功焉罪焉。而不知有一團體之善焉惡焉功焉罪焉。以此牖民。此羣治所以終不進也。吾非謂書法褒貶之必可厭。吾特厭夫作史者以爲舍書法褒貶外無天職。無能事也。

今之談國事者。輒曰恨某樞臣病國。恨某疆臣殃民。推其意若以爲但能屏逐此一二人。而吾國之治即可與歐美最文明國相等者然。此實爲舊史家謬說所迷也。吾見夫今日舉國之官吏士民。其見識與彼一二人者相伯仲也。其意氣相伯仲也。其道德相伯仲也。其才能相伯仲也。先有無量數病國殃民之人物。而彼一二人乃乘時而出焉。偶爲其同類之代表而已。一二人之代表去。而百千萬億之代表者。方且比肩而立。接踵而來。不植其本。不清其源。而惟視進退於一二人。其有濟乎。其無濟乎。乃舉國之人。莫或自譏自貶。而惟譏貶此一二人。吾不能不爲一二人呼冤也。史也者。求有益於羣治也。以此爲天職爲能事。問能於羣治有絲毫之影響焉否也。

且舊史家所謂功罪善惡。亦何足以爲功罪善惡。彼其所紀載。不外君主與其臣妾交涉之事。大率一切行誼。有利於時君者。則謂之功。謂之善。反是者。則謂之罪。謂之惡。其最所表彰者。則死節之臣也。其最所痛絕者。叛逆及事二姓者也。夫君子何嘗不貴死節。雖然。古人亦有言。君爲社稷死則死之。爲社稷亡則亡之。苟爲己死而爲己亡。非其親暱。誰敢任之。若是乎死節之所以可貴者。在死國。非在死君也。試觀二十四史所謂忠臣。其能合此資格者幾何人也。事二姓者。一奴隸之不足。而再奴隸焉。其無廉恥不待論也。雖然。亦有辯焉。使其有救天下之志。而欲憑藉以行其道也。則佛肸召而子欲往矣。公山召而子欲往矣。伊尹且五就湯而五就桀矣。未見其足以爲聖人病也。苟不爾者。則持祿保位富貴驕人以終身於一姓之朝。安用此斗量車載之忠臣爲也。綱目書莽大夫揚雄死。後世言書法者所最津津樂道也。吾以爲揚雄之爲人。自無足取耳。若其人格之價值。固不得以事莽不事莽爲優劣也。新莽之治。與季漢之治。則何擇焉。等是民賊也。而必大爲鴻溝以劃之曰。事此賊者忠義也。事彼賊者奸佞也。吾不知其何據也。雄之在漢。未嘗得政。未嘗立朝。卽以舊史家之論理律之。其視魏徵之事唐罪固可末減焉矣。而雄獨蒙此大不韙之名。豈有他哉。李世民幸而王莽不幸。故魏徵幸而揚雄不幸而已。吾非欲爲儇薄卑靡之揚雄訟冤。顧吾見夫操斧鉞權之最有名者。其衡量人物之論據。不過如是。吾有以見史家之與人羣渺不相涉也。至於叛逆云者。吾不知泗上之亭長。何以異於漁陽之戍卒。晉陽之唐公。何以異於宸濠之親藩。陳橋之檢點。何以異於離石之校尉。乃一則夷三族而復被大憝之名。一則履九五而遂享神聖之號。天下豈有正義哉。惟權力是視而已。其間稍有公論者。則犯顏死諫之臣。時或表彰之是已。雖然。然所謂敢諫者。亦大率爲一姓私事十之九。而爲國民公義者十之一。卽有一二。而史家之表彰之者。亦必不能如是其力也。噫。吾知其故矣。覇者之所最欲者。則臣妾之爲之死節也。其次則匡正其子孫之失德。而保其祚也。所最惡者。臣妾之背之而事他人也。其尤甚者。則發難而與己爲敵也。故其一賞一罰。皆以此爲衡。漢高豈有德於雍齒而封之。豈有憾於丁公而殺之。所謂爲人婦則欲其和我。爲我婦則欲其爲我詈人耳。而彼等又知夫人類有尚名譽之性質。僅以及身之賞罰而不足以懲勸也。於是鼎革之後。輒命其臣妾修前代之史。持此衡準以賞罰前代之人。因以示彼羣臣羣妾曰。爾其效此。爾其毋效彼。此霸者最險最黠之術也。當崇禎順治之交。使無一洪承疇。則本朝何以有今日。使多一史可法。則本朝又何以有今日。而洪則爲國史貳臣傳之首。史則爲明史忠烈傳之魁矣。夫以此兩途判別洪史之人格。夫誰曰不宜。顧吾獨不許夫霸者之利用此以自固而愚民也。問二千年來史家之書法。其有一字非爲霸者效死力乎。無有也。霸者固有所爲而爲之。吾無責焉。獨不解乎以名山大業自期者。果何德於彼。而必以全力爲之擁護也。故使克林威爾生於中國。吾知其必與趙高董卓同訴。使梅特涅生於中國。吾知其必與武鄉汾陽齊名。何也。中國史家書法之性質則然也。

吾非謂史之可以廢書法。顧吾以爲書法者當如布爾特奇之英雄傳。以悲壯淋漓之筆。寫古人之性行事業。使百世之下。聞其風者。贊歎舞蹈。頑廉懦立。刺激其精神血淚。以養成活氣之人物。而必不可妄學春秋。侈袞鉞於一字二字之間。使後之讀者。加注釋數千言。猶不能識其命意之所在。吾以爲書法者當如吉朋之羅馬史。以偉大高尚之理想。褒貶一民族全體之性質。若者爲優。若者爲劣。某時代以何原因而獲强盛。某時代以何原因而致衰亡。使後起之民族讀焉。而因以自鑑曰。吾儕宜爾。吾儕宜毋爾。而必不可專獎勵一姓之家奴走狗。與夫一二矯情畸行。陷後人於狹隘偏枯的道德之域。而無復發揚蹈厲之氣。君不讀龍門史記乎。史公雖非作史之極軌。至其爲中國史家之鼻祖。盡人所同認矣。史記之書法也。豈嘗有如盧陵之新五代史。晦菴之通鑑綱目。咬文嚼字。矜愚飾智。斷斷於緦小功之察。而問無齒決者哉。

論紀年

或問新史氏曰。子之駁正統論辯矣。雖然昔之史家說正統者。其意非必皆如吾子所云云也。蓋凡史必有紀年。而紀年必藉王者之年號。因不得不以一爲主。而以餘爲閏也。司馬溫公嘗自言之矣。（資治正鑑卷六十九）新史氏曰。審如是也。則吾將更與子論紀年。

紀年者何義也。時也者。過而不留者也。立乎今日以指往日。謂之去年。謂之前年。謂之前三年前十年。再推而上之。則詞窮矣。言者既淩亂而難爲之名。聽者亦瞀惑而莫知所指矣。然人生在世。則已閱數十寒暑。其此年與彼年交涉比較之事。不一而足。而人之愈文明者。其腦筋所容之事物愈多。恆喜取數百年數千年以前之事而記誦之討論之。然而年也者。過而不留者也。至無定而無可指者也。無定而無可指。則其所欲記之事。皆無所附麗。故不得不爲之立一代數之記號。化無定爲有定。然後得以從而指名之。於是乎有紀年。凡天地間事物之名號。其根原莫不出於指代。而紀年亦其一端也。

凡設記號者。皆將使人腦筋省力也。故記號恆欲其簡。不欲其繁。當各國之未相通也。各自紀年。蓋記號必不能暗同。無可如何也。及諸國既已相遙。交涉之事日多。而所指之年。其代數記號。各參差不相符。則於人之腦筋甚勞。而於事甚不便。故孔子作春秋。首據其義曰。諸侯不得改元。惟王者然後改元。所以齊萬而爲一。去繁而就簡。有精意存焉也。（孔子前皆各國各自紀元。詳見紀年公理）

既明紀年之性質。及其公例矣。然則一地之中。而並時有數種紀年。固爲不便。百年之內。而紀年之號屢易。其不便亦相等。明矣。何也。一則橫繁。一則豎繁也。是故欲去繁而就簡者。必不可不合橫豎而皆一之。今吾國史家之必以帝王紀年也。豈不以帝王爲一國之最巨物乎哉。然而帝王在位之久。無過六十年者。（康熙六十一年。在中國數千年中。實獨一無也二其短者或五年或三年或二年一年乃至半年加以古代一帝之祚改元十數棼亂繁雜不可窮詰故以齊氏紀元編所載年號合正統僭僞計之不下千餘卽專以史家所謂正統者論計自漢孝武建元以前無年號以迄今光緒二千年間而爲年號者三百十有六今試於此三百十六之中任舉其一以質諸學者雖極淹博者吾知其不能具對也於是乎强記紀元遂爲談史學者一重要之學科其糜腦筋於無用亦甚矣試讀西史觀其言幾千幾百年或言第幾世紀吾一望而知其距今若干年矣或有譯本以中國符號易之而曰唐某號某年宋某號某年則棼然不知其何指矣譯西書而易以中國年號最爲無理非惟淆亂難記亦乖名從主人之義若言中國事而用西曆其謬更不待辯矣夫中國人與中國符號相習宜過於習他國矣然難若天淵焉者何也一極簡一極繁也苟通此義則帝王紀年之法其必不可以久行於今日文明繁備之世復何待言

西人之用耶穌紀元亦自千四百年以來耳古代之巴比倫人以拿玻納莎王爲紀元在今西曆紀元前七百四十七年希臘人初時以執政官或大祭司在位之年紀之其後改以和靈之大祭爲紀元當紀元前七百六十七年羅馬人以羅馬府初建之年爲紀元當紀元前七百五十三年回敎國民以敎祖摩哈麥德避難之年爲紀元當紀元前六百二十二年猶太人以舊約創世記所言世界開闢爲紀元當紀元前三千七百六十一年自耶穌立敎以後敎會以耶穌流血之年爲紀元至第六世紀羅馬一敎士倡議改用耶穌降生爲紀元至今世界用之者過半此泰西紀年之符號逐漸改良由繁雜而趨於簡便之大略也要之苟非在極野蠻時代斷無以一帝一號爲紀年者有之其惟亞洲中之中國朝鮮日本諸國而已日本近亦以神武天皇開國爲紀元

曰、然則中國當以何紀、曰、昔上海强學會之初開也大書孔子卒後二千四百七十三年當時會中一二俗士聞之舌撟汗下色變曰、是不奉今王正朔也。是學耶穌也。而不知此實太史之例也。史記於老子列傳大書孔子卒後二百七十五年。而其餘各國世家皆書孔子卒。此史公開萬世紀元之定法也。近經學者討論。謂當法其生不法其死。以孔子卒紀。不如以孔子生紀。至今各報館用之者旣數家。達人著書亦往往採用。此號殆將易天下矣。用此爲紀。厥有四善。符號簡。記憶易。一也。不必依附民賊紛爭正閏。二也。孔子爲我國至聖。紀之使人起尊崇教主之念。愛國思想亦油然而生。三也。國史之繁密而可紀者。皆在孔子以後。故用之甚便。其在孔子前者。則用西歷紀元前之例。逆而數之。其事不多。不足爲病。四也。有此四者。則孔子紀元。殆可以俟諸百世而不惑矣。或以黄族鼻祖之故。欲以黄帝紀。或以孔子大同托始故。欲以帝堯紀。或以中國開闢於夏后故。欲以大禹紀。或以中國一統於秦故。欲以秦紀。要皆以事理有所窒。於公義無所取。故皆不足置辯。然則以孔子生紀元。殆後之作史者所宜同認矣。

紀元之必當變也。非以正統閏統之辯而始然也。然紀元旣不以帝號。則史家之爭正統者。其更無說以自文矣。不然。以新莽之昏虐。武后之淫暴。而作史者勢不能不以其始建國天鳳地皇光宅垂拱永昌天授長壽延載天册登封神功聖歷久視長安等年號。厠之於建元之下。光緒之上。其爲我國史汚點也。不亦甚乎。況汚點國史者。又豈直新莽武后乎哉。

教育政策私議

今日爲中國前途計。莫亟於教育。卽常道之言維新。草野之談時務者。亦莫不汲汲注意於教育。然而此議之興。旣已兩年。而教育之實。至今不

舉。殆非盡由奉行之不力。或亦由所循之政策有未當者耶。鄙人既非教育家。於此中得失之林。固不能言之曲折詳盡。但有一二見及者。不敢自默。輒書之以備任茲事者之採擇云。其言皆至粗極淺。稍游外國讀外籍者皆所共稔。不值大雅君子之覆瓿也

教育次序議第一

頃者朝廷之所詔勅。督撫之所陳奏。莫不有州縣小學府中學省大學京師大學之議。而小學中學至今未見施設。惟以京師大學堂之成立。聞各省大學堂之計畫亦紛紛起。若循此以往。吾決其更越十年而卒無成效者也。求學譬如登樓。不經初級。而欲飛昇絕頂。未有不中途挫跌者。今勿論遠者。請以日本留學生證之。吾國之游學日本者。其始亦往往志高意急。驟入其高等學專門學大學等。講求政治法律經濟諸學。然普通學不足。諸事不能解悟。卒不得不降心以就學於其與中學相當之功課。苟其能降心焉者。卽其他日能大成者也。不爾。則雖有所成。終亦寡也。吾見夫坐此之故。而中途輟業以歸者。不知幾何人矣。夫其人嘗數年前乃肯輕千里越重洋負笈而東來。則必其志氣學識有以秀絕於常人矣。然其困難猶若此。況在內地遽焉集所謂翰林部曹舉貢生監者。而欲授之以大學之課程。是何異强扶牀之孫。而使與龍伯大人競走也。當十八世紀以前。歐美各國小學之制度未整。至十九世紀以後。巨眼之政治家始確認教育之本旨。在養成國民。普之皮里達埒法夏哥士等。首倡小學最急之議。自茲以往。各國從風。德將毛奇於師丹戰勝歸國之際。指小學校生徒而語曰。非吾儕之功。實彼等之力。蓋至言也。今中國不欲興學則已。苟欲興學。則必自以政府干涉之力。强行小學制度始。今試取日本人所論教育次第。撮為一表以明之。

教育期區分表（兒童身心發達表）

	廿二歲至廿五歲 大學校期（成人期）	十四歲至廿一歲 中學校期（少年期）	六歲至十三歲 小學校期（兒童期）	五歲以下 家庭教育期 幼稚園期（幼兒期）
身體	體格已定全爲大人之型	此期之始性欲萌芽體格漸成大人之型音聲一變其自身體所起之欲望較前期益發達	此期之始腦髓稍堅能就一定之課業身體發育之盛在於此時	一歲前後乳齒生習步行學言語始與他動物全別具人類之特性有營養之求有欲望之起感覺之力漸臻敏捷
知	推理之力漸强能尋求眞理自構理想	前半期偏於想像後半期長於推理	記憶想像之動機最强其推理也每有持一端以概全體之弊	感覺知識之動機極爲銳敏
情	情操發達	前半期雖動於情緒後半期則情操漸發達	情緒始動	其感情皆起於感覺恐怖之情甚强
意	理性的意志發達	前半期只有悟性的意志後半期漸爲理性的意志	前半期只有感覺的意志後半期漸入於悟性的意志	只有感覺的意志
自觀力	成自治之品性且能人我協同成爲一羣內之我	前半期我相之觀念益强幾知有我不知有人後半期始認他相知人我協同之爲急	模倣長上而好自屈漸欲通己意於人我相之觀念始生	未自知有我純然沌渾未繫境界

教育制度表

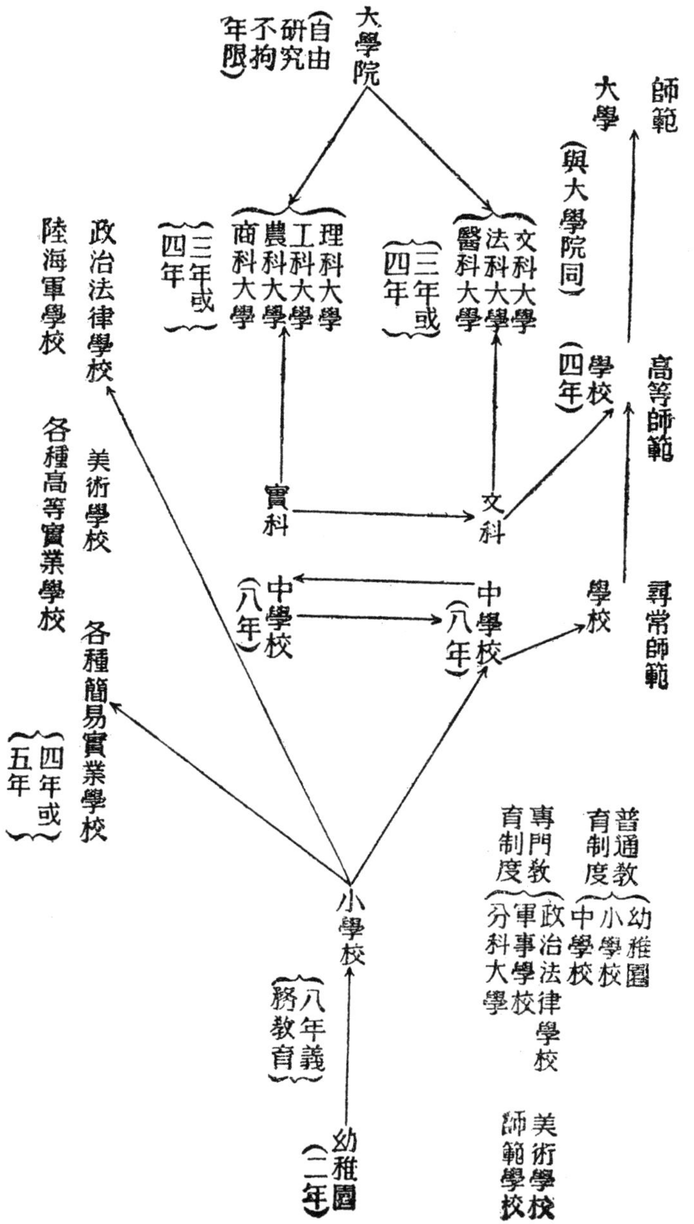

由此觀之。教育之次第。其不可以躐等進也明矣。夫在教育已興之國。其就學之級。自能與其年相應。若我中國

今日之學童。則當其前此及年之日。未獲受相當之教育。其德知情意之發達。自比文明國之學童。低下數級。而欲驟然授之。烏見其可。然則中國最速。非五年後不可開大學。雖其已及大學之年者。寧減縮中學之期限。而使之兼程以進。而決不可放棄中學之程度。而使之躐級以求也。至於小學。今論者亦既知其急。然徧觀各國小學。皆行義務教育。義務教育者何。凡及年者皆不可逃之謂也。故各國之興小學。無不以國家之力干涉之。蓋非若此則所謂義務者必不能普及也。而今之當事者。只欲憑口舌勸說。使民間自立之而已。非惟紊亂不整。他日不能與官立之中學高等學相接。且吾恐十年以後。而舉國之小學猶如星辰也。

學校經費議第二

抑學校之議。所以倡之累年。而至今不克實施。或僅經營一省會學堂。而以自足者。殆亦有故焉。則經費無出是也。夫欲舉全國之中學小學。而悉以國帑辦之。無論財政極窘之中國所不能望也。卽極富如英美。蓋亦不給焉矣。各國小學皆行義務教育。義務云者其一、則及年之子弟。皆有不得不入學之義務也。其二、則團體之市民。皆有不得不擔任學費之義務也。日本明治二十三年所頒法律號稱地方學事通則者。其第二條云

凡一區或數區相合所設之小學校。其設立費及維持費。由居寓本區之人。有實業（有土地家宅者）及營業（無鋪店之行商不在內）者共負擔之。若其區原有公產。則先以公產之所入充之。

此制蓋斟酌各國法規所定也。

普國制度。凡小學校之設立費維持費。自昔惟以直接受其利益者負擔之。卽有子弟之家長是也。近年以來。則政府設立小學校規條。頒諸各鄉市使擔任其經費。若所收脩金。不敷校用。則別徵學校稅以補之。

英國以一千八百七十年至七十三七十四等年。制定小學會。凡小學校之設立費維持費。由各市各鄉各區自負擔之。其徵稅約與恤窮稅率相等。不足則以國庫金補助之。又建築學校時。若其費不給。則政府時或貸與之。

法國自停收小學校脩金以後。學校益增加。前所收鄉稅市稅。尙不足給。於是舉土地窗戶人頭家屋營業等諸直接稅附增若干爲學校稅。不足則以一省公產補助之。再不足則以國庫金補助之。

此各國籌辦小學校經費之大略也。由是觀之。凡小學校者。大率由國家監督。立一定之法。而徵地方稅以支辦其財政者也。今中國不欲廣開學校則已。如其欲之。則必當依如左之辦法。

一下令凡有千人以上之市鎭村落。必須設小學校一所。其大鎭大鄉。則劃爲數區。每區一所。大約每二千或三千人。輒遞增一校。其小村落不足千人者。則合數村共設一校。

一學校經費。皆由本校本鎭本區自籌。其有公產者。則以公產所入支辦之。其無公產或公產不足者。則徵學校稅。如田畝稅、房屋稅、營業稅、丁口稅等。或因其地所宜之特別稅法。以法律徵收之。以爲創設學校及維持學校之用。惟其稅目不得過兩項以上。（其仍有不足者則禀請地方官酌由官費補助）其有餘者。則積爲學校公產。

一凡每一學校之區域。（或市或鄉或大鄉鎭內所分之小區）皆設一教育會議所。由本地居民公舉若干人爲教育議員。公司功課財政庶務等學校主權。及財政出納。一切歸本會議所管理。長官不干預之。

一國家須速制定小學章程。詳定其管理法及所授課目。頒之各區域使其遵行。
一教科書無論爲官纂爲民間私纂。但能一依國家所定課目者。皆可行用。
一學校皆收脩金。惟必須極廉。國家爲定一額。不得逾額收取。其有貧窶子弟無自備脩金之力。經教育會議所查驗屬實者。則豁免之。子弟及歲不遣就學。則罰其父母。
一既定徵學校稅。如有抗不肯納者。則由教育會議所稟官究取。
一每省置視學官三四員。每年分巡全省各學區。歲徧視學官之職。當初辦時。則指授辦法。既立校後。則查察其管理法及功課。教師之良者。學生之優等者。時以官費獎賞之。其學校所有公產之數及出納表。皆呈繳視學官驗視。但劃其權限。不許干涉校中款項。

此其大較也。至詳細規則。他日當悉心考索。爲一專書。以備當道采擇。苟依此法。其利有四。

(一)不勞公帑而能廣開學風也。今日司農仰屋之時。欲以國費興學。其事既不可望。然政府以責諸疆吏。疆吏以責諸守令。亦有何術能羅掘巨款。以徧興其所屬之學校。故雖明詔敦迫。一日十下。亦不過視爲一紙空文。終不奉行。而疆吏亦無辭以責之也。何也。其力之不逮。上下所同認也。故非用此法。則雖更歷十年二三十年。而決無全國興學之日。惟因勢利導。而使之自謀。則不兩三歲。而絃誦之聲。徧於阪澨矣。

(二)學制整齊。而可與高等學級相接也。官費既不克辦。勢不得不望民間之自開。夫人有子弟。莫不欲敎之爲將來計。加以功令所詔。利祿所趨。則雖不立定制。而民間自創者。固當所在多有。雖然。其不整齊甚矣。其校舍或此地有而彼地無。其課目或此地多而彼地減。勞而少功。雖辦之數十年。決無成效。苟用此法。則全國之分配。無

或偏毗全國之學級無或參差若網在綱遞進愈上十年以往而普通之才可徧天下

(三)可以强民使就義務教育也既以造就國民爲目的則不可不舉全國之子弟而悉教之故各國通制及年不學罪其父母蓋子弟者一國所公有非父母所能獨私也然國家學制未定使民何所適從故必用此法先使學校普及然後教育可以普及其有力者出其所入之一小部分以維持公益其窶貧者亦可豁免學費以成就其前途如是而猶不樂學焉未之有也

(四)養成地方自治之風爲强國之起點也今日欲立國於大地舍公民自治其無術矣雖然驟舉今日歐美日本所謂地方自治之權利義務悉以畀之責之於我國民無論爲政府所不欲恐吾民亦未能受之而推行盡善也故莫如先從教育著手凡一區域内關涉教育之事悉歸會議所之自治人民借此閱歷得以練習團體行政之法此後漸次授以他事使自經理自可不迷厥途而政府亦可以知地方自治之事雖屬民權而於君權國權不特無傷且能爲國家分任艱鉅興舉庶務而此後集權分權之政治可以確立此又不徒爲教育計亦爲一切政體之本原計也

或曰今日中國租賦名目既已繁重矣加以賠款頻仍軍事屢作朘削悉索鼠雀俱窮復欲益以學校税民其樂輸之乎曰是又不然凡取諸民而入諸官者民不知其所用之目的與其出納之會計雖然薄而猶怨焉取諸民而用諸民且明示以所用之目的使自司其出納之會計雖極重而民猶樂也中國之賦税比較列國最稱輕減即合以汙吏之婪索中飽猶不能及歐美文明國三之一也然而民滋怨者何也謂其未嘗一用之以治民事也中國有國税而無地方税然試問各省之市鎮村落何一不自有其財團自徵課於其地以爲公益之用者乎其

所徵時或倍蓰於國稅而莫或以爲病況以國家之監督勸導使之出其財以誨養其子弟自徵之自管之自用之自察之長吏一無所過問惟助其定章程稽功課匡所不逮耳彼任議員者功在桑梓而享榮名於鄉邑有子弟者安坐成學而獲厚實於前途有不令下如流水者耶方今之世爲興學計無以易此

釋革

「革」也者含有英語之 Reform 與 Revolution 之二義 Reform 者因其所固有而損益之以遷於善如英國國會一千八百三十二年之 Revolution 是也日本人譯之曰改革曰革新 Revolution 者若轉輪然從根柢處掀翻之而別造一新世界如法國一千七百八十九年之 Revolution 是也日本人譯之曰革命革命二字非確譯也「革命」之名詞始見於中國者其在易曰湯武革命順乎天而應乎人其在書曰革殷受命皆指王朝易姓而言是不足以當 Revo.（省文下仿此）之意也人羣中一切有形無形之事物無不有其 Ref. 亦無不有其 Revo. 不獨政治上爲然也卽以政治論則有不必易姓而不得不謂之 Revo. 者亦有屢經易姓而仍不得謂之 Revo. 者今以革命譯 Revo. 遂使天下士君子拘墟於字面以爲談及此義則必與現在王朝一人一姓爲敵因避之若將浼己而彼憑權藉勢者亦將曰是不利於我也相與窒遏之摧鋤之使一國不能順應於世界大勢以自存若是者皆名不正言不順之爲害也故吾今欲與海內識者縱論革義

Ref. 主漸 Revo. 主頓 Ref. 主部分 Revo. 主全體 Ref. 爲累進之比例 Revo. 爲反對之比例其事物本善而體未完法未備或行之久而失其本眞或經驗少而未甚發達若此者利用 Ref. 其事物本不善有害於

羣有窒於化。非芟夷蘊崇之。則不足以絕其患。非改絃更張之。則不足以致其理。若是者。利用 Revo. 此二者皆大易所謂革之時義也。其前者吾欲字之曰改革。其後者吾欲字之曰變革。

中國數年以前。仁人志士之所奔走所呼號。則曰改革而已。比年外患日益劇。內腐日益甚。民智程度亦漸增進。浸潤於達哲之理想。逼迫於世界之大勢。於是咸知非變革不足以救中國。其所謂變革云者。卽英語 Revolution 之義也。而倡此論者多習於日本。以日人之譯此語爲革命也。因相沿而順呼之曰革命革命。又見乎千七百八十九年法國之大變革。嘗馘其王。刈其貴族。流血徧國內也。益以爲所謂 Revo. 者。必當如是。於是近今泰西文明思想上所謂以仁易暴之 Revolution。與中國前古野蠻爭鬩界所謂以暴易暴之革命。遂變爲同一之名詞。深入人人之腦中而不可拔。然則朝貴之忌之。流俗之駭之。仁人君子之憂之也亦宜。

新民子曰。革也者。天演界中不可逃避之公例也。凡物適於外境界者存。不適於外境界者滅。一存一滅之間。學者謂之淘汰。淘汰復有二種。曰「天然淘汰」曰「人事淘汰」。天然淘汰者。以始終不適之故。爲外風潮所旋擊。自澌自斃。而莫能救者也。人事淘汰者。深察我之有不適焉者。從而易之。使底於適。而因以自存者也。人事淘汰。卽革之義也。外境界無時而不變。故人事淘汰無時而可停。其能早窺破於此風潮者。今日淘汰一部分焉。明日淘汰一部分焉。其進步能隨時與外境界相應。如是則不必變革。但改革焉可矣。而不然者。蟄處於一小天地之中。不與大局相關係。時勢既奔軼絕塵。而我猶瞠乎其後。於此而甘自澌滅。則亦已耳。若不甘者。則誠不可不急起直追。務使一化今日之地位。而求可以與他人之適於天演者並立。夫我既受數千年之積痼。一切事物。無大無小。無上無下。而無不與時勢相反。於此而欲易其不適者以底於適。非從根柢處掀而翻之。廓清而辟闢之。烏乎可哉。烏乎可哉。此所以 Revolution 之事業。（即日人所謂革命今我所謂變革）爲今日救中國獨一無二之法門。不由此道而欲以圖存。欲以圖强。是磨甎作鏡炊沙爲飯之類也。

夫淘汰也。變革也。豈惟政治上爲然耳。凡羣治中一切萬事萬物。莫不有焉。以日人之譯名言之。則宗教有宗教之革命。道德有道德之革命。學術有學術之革命。文學有文學之革命。風俗有風俗之革命。産業有産業之革命。即今日中國新學小生之恆言。固有所謂經學革命、史學革命、文界革命、詩界革命、曲界革命、小說界革命、音樂界革命、文字革命、等種種名詞矣。若此者。豈嘗與朝廷政府有豪髮之關係。而皆不得不謂之革命。聞革命二字則駭。而不知其本義實變革而已。革命可駭。則變革其亦可駭耶。嗚呼。其亦不思而已。

朝貴之忌革也。流俗之駭革也。仁人君子之憂革也。以爲是蓋放巢流彘懸首太白係組東門之謂也。不知此何足以當革義。革之云者。必一變其羣治之情狀。而使幡然有以異於昔日。今如彼而可謂之革也。則中國數千年來。革者不啻百數十姓。而問兩漢羣治有以異於秦。六朝羣治有以異於漢。三唐羣治有以異於六朝。宋明羣治有以異於唐。本朝羣治有以異於宋明否也。若此者。只能謂之數十盜賊之爭奪。不能謂之一國國民之變革。昭昭然矣。故泰西數千年來各國王統變易者以百數。而史家未嘗一予之以 Revolution 之名。其得此名者。實自千六百八十八年英國之役始。千七百七十五年美國之役次之。千七百八十九年法國之役又次之。而十九世紀。則史家乃稱之爲 Revolution 時代。蓋今日立於世界上之各國。其經過此時代者。皆僅各一次而已。而豈如吾中國前此所謂革命者。一二豎子。授受於上。百十狐兔。衝突於下。而遂足以冒此文明崇貴高尚之美名也。故妄以革命譯此義。而使天下讀者認仁爲暴。認羣爲獨。認公爲私。則其言非徒誤中國。而汚辱此名詞亦甚矣。

易姓者固不足爲 Revolution。而 Revolution 又不必易姓。若十九世紀者。史家通稱爲 Revo. 時代者也。而除法國主權屢變外。自餘歐洲諸國。王統依然。自皮相者觀之。豈不以爲是改革非變革乎。而詢之稍明時務者。其誰謂然也。何也。變革云者。一國之民。舉其前此之現象而盡變盡革之。所謂『從前種種。譬猶昨日死。從後種種。譬猶今日生。』（袁了凡語）其所關係者。非在一事一物一姓一人。若僅以此爲舊君與新君之交涉而已。則彼君主者何物。其在一國中所占之位置。不過億萬分中之一。其榮也於國何與。其枯也於國何與。一堯去而一桀來。一紂廢而一武興。皆所謂『此朕家事。卿勿與知。』上下古今以觀之。不過四大海水中之一微生物耳。其誰有此閑日月以掛諸齒牙餘論也。故近百年來世界所謂變革者。其事業實與君主渺不相屬。不過君主有順此風潮者。則優而容之。有逆此風潮者。則鋤而去之云爾。夫順焉而優容。逆焉而鋤去者。豈惟君主。凡一國之人。皆以此道遇之焉矣。若是乎國民變革與王朝革命。其事固各不相蒙。較較然也。

聞者猶疑吾言乎。請更徵諸日本。日本以皇統綿綿萬世一系自夸耀。稍讀東史者之所能知也。其天皇今安富尊榮神聖不可侵犯。又曾遊東土者之所共聞也。曾亦知其所以有今日者。實食一度 Revolution 之賜乎。日人今語及慶應明治之交。無不指爲革命時代。語及尊王討幕廢藩置縣諸舉動。無不指爲革命事業。語及藤田東湖吉田松陰西鄉南洲諸先輩。無不指爲革命人物。此非吾之讕言也。旅其邦讀其書接其人者所皆能徵也。如必以中國之湯武泰西之克林威爾華盛頓者。而始謂之革命。則日本何以稱焉。而烏知其明治以前爲一天地。明治以後爲一天地。彼其現象之前後相反。與十七世紀末之英十八世紀末之法無以異。此乃眞能舉 Revolution 之實者。而豈視乎萬夫以上之一人也。

由此言之。彼忌革駭革憂革者。其亦可以釋然矣。今日之中國。必非補苴掇拾一二小節。模擬歐美日本現時所謂改革者。而遂可以善其後也。彼等皆曾經一度之大變革。舉其前此最腐敗之一大部分。忍苦痛而拔除之。其大體固已完善矣。而因以精益求精。備益求備。我則何有焉。以云改革也。如廢八股爲策論。可謂改革矣。而策論與八股何擇焉。更進焉。他日或廢科舉爲學堂。益可謂改革矣。而學堂與科舉又何擇焉。一事如此。他事可知。改革云改革云。更閱十年。更閱百年。亦若是則已耳。毒蛇在手。而憚斷腕。豺狼當道。而問狐狸。彼尸居餘氣者又何責焉。所最難堪者。我國民將被天然淘汰之禍。永沈淪於天演大圈之下。而萬劫不復耳。夫國民沈淪。則於君主與當道官吏。又何利焉。國民尊榮。則於君主與當道官吏。又何損焉。吾故曰。國民如欲自存。必自力倡大變革實行大變革。始。君主官吏。而欲附於國民以自存。必自勿畏大變革。且贊成大變革始。嗚呼、中國之當大變革者。豈惟政治。然政治上尚不得變不得革。又遑論其餘哉。嗚呼。

論宗教家與哲學家之長短得失

天下事理。有得必有失。然所得即寓於所失之中。所失即在於所得之內。天下人物。有長必有短。然長處恆與短處相緣。短處亦與長處相麗。苟徒見其所得焉所長焉。而偏用之。及其缺點之發現。則有不勝其敝者矣。苟徒見其所失焉所短焉。而偏廢之。則去其失去其短。而所得所長亦無由見矣。論學論事論人者。皆不可不於此深留意焉。

宗教家言與哲學家言。往往相反對者也。吾嚋昔論學。最不喜宗教。以其偏於迷信而爲眞理障也。雖然。言窮理則宗教家不如哲學家。言治事則哲學家不如宗教家。此徵諸歷史而斑斑者也。歷史上英雅豪傑。能成大業轟轟一世者。殆有宗教思想之人多。而有哲學思想之人少。（其兩思想幷無之人雖尤多。然僅恃哲學以任者則殆絕也。）其在泰西。克林威爾再造英國者也。其所以犯大不韙而無所避。歷千萬難而不渝者。宗教思想爲之也。女傑貞德再造法國者也。其人碌碌無他長。而惟以迷信以熱誠感動國人而摧其敵。宗教思想爲之也。維廉濱開闢美洲者也。其所以以自由爲性命。視軀殼爲犧牲者。宗教思想爲之也。美國之華盛頓林肯。皆豪傑而聖賢也。皆富於宗教思想之人也。瑪志尼加富爾皆孕育意大利者也。瑪志尼欲建新國。而先倡新宗教。其『少年意大利』實據宗教之地盤以築造之者也。其所以團結而不渙。忍耐而不渝者。宗教思想爲之也。加富爾之治國。首裁抑教權。然敵教會非敵教旨也。其迷信之力亦頗强。故不治產而以國爲產。不娶妻而以國爲妻。宗教思想爲之也。格蘭斯頓。十九世紀英國之傑物也。其迷信之深。殆絕前古。（格公每來復日必往禮拜堂。終身未嘗間斷。又格公嘗與達爾文對談終日。達氏娓娓語其生物學新理。格公若毫不領略其趣味者然。）其所以能堅持一主義。感動輿論。革新國是者。宗教思想爲之也。其在日本。維新前諸人物。如大鹽中齋、橫井、小楠之流。皆得力於禪學者也。西鄉隆盛其尤著也。其所以蹈白刃而不悔。前者仆後者繼者。宗教思想爲之也。其在我國。則近世哲學與宗教兩者皆銷沈極焉。然若康南海若譚瀏陽。皆有得於佛學之人也。兩先生之哲學固未嘗不戛戛獨造。淵淵入微。至其所以能震撼宇宙。喚起全社會之風潮。則不恃哲學而仍恃宗教思想之爲之也。若是乎宗教思想之力果如此其偉大而雄厚也。

哲學亦有兩大派。曰唯物派。曰唯心派。唯物派只能造出學問。唯心派時亦能造出人物。故拿破崙、倬士麥皆篤好斯賓挪莎之書。受其感化者不少焉。而俄羅斯虛無黨人。亦崇拜黑智兒學說。等於日用飲食。夫斯黑二子之書皆未嘗言政治言事功也而其感染人若此蓋唯心哲學亦殆近於宗教矣吾昔讀歐洲史見其爭自由而流血者前後相接數百年如一日而其人物類皆出於宗教迷信竊疑非以迷信之力不能奪人生死之念及考俄國虛無黨歷史其人不信耶穌教者十而八九（其首領女傑蘇菲亞臨刑時教士持十字架爲之祈禱蓋景教國俗通例也蘇菲亞斥退之曰吾不信耶教毋以此相聒云云他多類是）而何以能甘鼎鑊如飴無罣礙無恐怖若此吾深求其故而知彼有唯心派哲學以代之也唯心哲學亦宗教之類也吾國之王學唯心派也苟學此而有得者則其人必發強剛毅而任事必加勇猛觀明末儒者之風節可見也本朝二百餘年斯學銷沈而其支流超渡東海遂成日本維新之治是心學之爲用也心學者實宗教之最上乘也

夫宗教思想何以宜於治事而哲學思想何以不宜（此指狹義之哲學卽唯心派以外之哲學也）吾深思之得五因焉

一曰、無宗教思想則無統一　今日世界衆生根器薄弱未能有一切成佛之資格未能達羣龍无首之地位故必賴有一物焉從而統一之然後不至隨意競爭軼出範圍之外散漫而無所團結統一之之具不一而宗教其最要者也故人人自由之中而有一無形之物位於其上者使其精神結集於一團其遇有不可降之客氣也則此物足以降之其遇有不可制之私欲也則此物可以制之其遇有不可平之黨爭也則此物可以平之若此者莫善於宗教宗教精神一軍隊精神也故在愈野蠻之國則其所以統一民志者愈不得不惟宗教是賴使今日世界而已達文明之極點也則人人有自治力誠無待於宗教而無如今猶非其時也故曰無宗教思想則無統一

二曰、無宗教思想則無希望　希望者人道之糧也人莫不有兩境界一曰現在界二曰未來界現在界屬於實

事未來界屬於希望人必常有一希望焉懸諸心目中然後能發動其勇氣而驅策之以任一切之事雖然有一物焉常與希望相緣而最爲希望之蠹者曰『失望』當希望時其氣盛數倍者至失望時其氣沮亦數倍故有形之希望希望中之頗危險者也若宗教則無形之希望也此七尺之軀殼此數十寒暑之生涯至區區眇小不足道也吾有靈魂焉吾之大事業在彼不在此故苦我者一時而樂我者永劫苦我者幻體而樂我者法身得此希望則有安身立命之地無論受何挫折遇何煩惱皆不至消沮而其進益厲苟不爾者則一失意而頹然喪矣故曰無宗教思想則無希望

三曰無宗教思想則無解脫　人之所以不能成大業者大率由爲外境界之所束縛也聲焉色焉貨利焉妻孥焉名譽焉在在皆可沾戀一有沾戀則每遇一事之來也雖認爲責任之所不容諉而於彼乎於此乎一一計度之而曰如此且不利於吾名譽則任事之心減三四焉矣而曰如此且不利於吾身家則任事之心減六七焉矣而曰如此且不利於吾性命則任事之心減八九焉矣此所以知非艱而行惟艱也宗教者導人以解脫者也此器世間者業障之所成耳此頑軀殼者四大之所合耳身且非我有而身外之種種幻象更何留戀焉得此法門則自在游行無罣無礙舍身救世直行所無事矣而不然者雖日日强節之而臨事猶不能收其效也故曰無宗教思想則無解脫

四曰無宗教思想則無忌憚　孔子曰小人而無忌憚也人至於無忌憚而小人之量極矣今世所謂識時俊傑者口中摭拾一二新學名詞遂吐棄古來相傳一切道德謂爲不足輕重而於近哲所謂新道德者亦未嘗窺見其一指趾自謂盡公德吾未見其公德之有可表見而私德則早已蔑棄矣聞禮運大同之義他無所得而先已

不親其親。讀邊沁功利之書。他無所思。而惟知自樂其樂。受斯密原富之篇。不以之增公益。而以之殖私財。覩達爾文物競之論。不以之結團體。而以之生內爭。耳洛克康德意欲自由之論。則相率於踰閑蕩檢。而曰我天賦本權。覩加富爾俾士麥外交應敵之策。則相競於機械詭詐。而曰我辦事手段。若此者。皆所謂無忌憚者也。夫在西國。此等學說盛行而無流弊者。何也。有謹嚴迂腐之宗教以劑之也。泰西教義雖甚淺薄。然以末日審判天國在邇等論。日日相聒。猶能使一社會中中下之人物。各有所懾。而不敢決破藩籬。（若上智則自能直受高義。不至有流弊）雖然。此等教旨。與格致學理不相容。殆不可以久立。至如我佛業報之說。謂今之所造。卽後之所承。一因一果之間。其應如響。其印如符。絲毫不能假借。此則無論據何學理。而決不能破之者也。苟有此思想。其又安敢放恣暴棄。造惡業於今日。而收惡果於明日耶。孔子曰。狷者有所不爲。又曰。克己復禮爲仁。凡諸教門。無論大小。莫不有戒。戒也者。進民德之一最大法門也。吾視日本近三十年來。民智大進。而民德反下。其所以雖受西人之學。而效不及彼者。其故可深長思矣。故曰無宗教思想則無忌憚。

五曰、無宗教思想則無魄力　甚矣。人性之薄弱也。孔子曰。知及之。仁不能守之。若是者比比然矣。故佛之說教也。曰大雄。曰大無畏。曰奮迅勇猛。曰威力。括此數義。而取象於師子。夫人之所以有畏者。何也。畏莫大於生死。有宗教思想者。則知無所謂生。無所謂死。死者死吾體魄中之鐵若餘金類木類炭小粉糖鹽水若餘雜質氣質而已。而吾自有不死者存。曰靈魂。旣常有不死者存。則死吾奚畏。死且不畏。餘更何有。故眞有得於大宗教良宗教之思想者。未有不震動奮厲而雄强剛猛者也。若哲學家不然。其用算學也極精。其用名學也極精。目前利害。剖析毫釐。夫天下安有純利而無害之事。千鈞之機。閣以一沙。則不能動焉。哲學家往往持此說。三思四思五六思。

而天下無一可辦之事矣。故曰無宗教思想則無魄力。

要而論之。哲學貴疑。宗教貴信。信有正信有迷信。勿論其正也迷也。苟既信矣。則必至誠。至誠則能任重。能致遠、能感人。能動物。故尋常人所以能爲一鄉一邑之善士也。常賴宗教。大人物所以能爲驚天動地之事業者。亦常賴宗教。仰人之至誠。非必待宗教而始有也。然往往待宗教而始動。且得宗教思想而益增其力。宗教其顧可蔑乎、記曰。至誠而不動者。未之有也。爲有宗教思想者言也。又曰。不誠未有能動者也。爲無宗教思想者言也。

曰。然則宗教長而哲學短。宗教得而哲學失乎、曰。又不然。宗教家言。所以立身也。所以治事也。而非所以講學。何以故。宗教與迷信常相爲緣。故一有迷信。則眞理必掩於半面。迷信相續。則人智遂不可得進。世運遂不可得進。故言學術者不得不與迷信爲敵。敵迷信則不得不並其所緣之宗教而敵之。故一國之中。不可無信仰宗教之人。亦不可無摧壞宗教之人。生計學公例。功愈分而治愈進焉。不必以操術之殊而相非也。

雖然。摧壞宗教之迷信可也。摧壞宗教之道德不可也。道德者天下之公。而非一教門之所能專有也。苟摧壞道德矣。則無忌憚之小人。固非宗教。而又豈足以自附於哲學之林哉。

曰、天下之宗教多矣。吾誰適從、曰。宗教家言。皆應於衆生根器而說法也。故時時不同。地地不同。一時一地。亦復人人不同。吾聞某教之言而生感者。卽吾應以某某爲得度也。故今日文明國最重信教自由。吾烏敢而限之。且吾今之言。言宗教也。非言宗教學也。若言宗教學。則固有優劣高下之可言。今以之立身。以之治事。則不視其教之優劣高下何如。而視其至誠所感所寄之程度何如。雖劣下如袁了凡之宗教。有時亦能產人物。他無論也。若夫以宗教學言。則橫盡虛空。豎盡來劫。取一切衆生而度盡之者。佛其至矣。佛其至矣。

凡迷信宗教者必至誠。而至誠不必盡出於迷信宗教。至誠之發。有誠於善者。亦有誠於惡者。但使既誠矣。則無論於善於惡。而其力量常過於尋常人數倍。至誠與發狂二者之界線。相去一杪黍耳。故其舉動之奇警也。猛烈也。堅忍也。銳入也。常有爲他人之所不能喻者。以爲彼何苦如是。其至誠之惡焉者。如至誠於色而爲情死。至誠於貨而攫市金。其善焉者。如至誠於孝而割股。至誠於忠而漆身。至誠於國。至誠於道。而流血成仁。若此者皆不誠之人所百思不得其解者也。故天地間有一無二之人物。天地間可一不可再之事業。罔不出於至誠。知此義者可以論宗教矣。

保教非所以尊孔論

此篇與著者數年前之論相反對。所謂我操我矛以伐我者也。今是昨非。不敢自默。其爲思想之進步乎。抑退步乎。吾欲以讀者思想之進退決之。

緒論

近十年來。憂世之士。往往揭三色旗幟。以疾走號呼於國中。曰保國。曰保種。曰保教。其陳義不可謂不高。其用心不可謂不苦。若不佞者。亦此旗下之一小卒徒也。雖然。以今日之腦力眼力。觀察大局。竊以爲我輩自今以往。所當努力者。惟保國而已。若種與教。非所亟亟也。何則。彼所云保種者。保黃種乎。保華種乎。其界限頗不分明。若云保黃種也。彼日本亦黃種。今且浡然興矣。豈其待我保之。若云保華種也。吾華四萬萬人居全球人數三分之一。

即爲奴隸爲牛馬。亦未見其能滅絕也。國能保則種自莫强。國不存。則雖保此奴隸牛馬。使孳生十倍於今日。亦奚益也。故保種之事。即納入於保國之範圍中。不能別立名號者也。至倡保教之議者。其所蔽有數端。一曰不知孔子之眞相。二曰不知宗教之界說。三曰不知今後宗教勢力之遷移。四曰不知列國政治與宗教之關係。今試一一條論之。

第一　論教非人力所能保

教與國不同。國者積民而成。舍民之外更無國。故國必恃人力以保之。教則不然。教也者。保人而非保於人者也。以優勝劣敗之公例推之。使其教而良也。其必能戰勝外道。愈磨而愈瑩。愈壓而愈伸。愈束而愈遠。其中自有所謂一種烟士披里純 Inspiration 者。以噓吸人之腦識。使之不得不從我。豈其俟人保之。使其否也。則如波斯之火教。印度之婆羅門教。阿剌伯之回回教。雖一時藉人力以達於極盛。其終不能存於此文明世界。無可疑也。此不必保之說也。

抑保之云者。必其保之者之智慧能力。遠過於其所保者。若慈父母之保赤子。專制英主之保民是也。（保國不在此數。國者無意識者也。保國實人人之自保耳。）彼教主者。不世出之聖賢豪傑。而人類之導師也。吾輩自問其智慧能力。視教主何如。而漫曰保之保之。何其狂妄耶。毋乃自信力太大而褻教主耶。此不當保之說也。然則所謂保教者。其名號先不合於論理。其不能成立也固宜。

第二　論孔教之性質與羣教不同

今之持保教論者聞西人之言曰支那無宗教輒怫然怒形於色以爲是誣我也是侮我也此由不知宗教之爲何物也西人所謂宗教者專指迷信宗仰而言其權力範圍乃在軀殼界之外以靈魂爲根據以禮拜爲儀式以脱離塵世爲目的以涅槃天國爲究竟以來世禍福爲法門諸教雖有精粗大小之不同而其概則一也故奉其教者莫要於起信（耶教受洗時必誦所謂十信經者即信耶穌種種奇蹟是也佛教有起信論）莫急於伏魔起信者禁人之懷疑窒人思想自由也伏魔者持門戶以排外也故宗教者非使人進步之具也於人羣進化之第一期雖有大功德其第二期以後則或不足以償其弊也孔子則不然其所教者專在世界國家之事倫理道德之原無迷信無禮拜不禁懷疑不仇外道孔教所以特異於羣教者在是質而言之孔子者哲學家經世家教育家而非宗教家也西人常以孔子與梭格拉底並稱而不以之與釋迦耶穌摩訶末並稱誠得其眞也夫不爲宗教家何損於孔子孔子曰未能事人焉能事鬼未知生焉知死子不語怪力亂神蓋孔子立教之根柢全與西方教主不同吾非必欲抑羣教以揚孔子但孔教雖能有他教之勢力而亦不至有他教之流弊也然則以吾中國人物論之若張道陵（即今所謂張天師之初祖也）可謂之宗教家若袁了凡（專提倡太上感應篇文昌帝君陰騭文者）可謂之宗教家（宗教有大小有善惡埃及之拜物教波斯之拜火教可謂之宗教則張袁不可不謂之宗教）而孔子則不可謂之宗教家宗教之性質如是如是

持保教論者輒欲設教會立教堂定禮拜之儀式著信仰之規條事事摹仿佛耶惟恐不肖此靡論其不能成也即使能之而誣孔子不已甚耶孔子未嘗如耶穌之自號化身帝子孔子未嘗如佛之自稱統屬天龍孔子未嘗使人於吾言之外皆不可信於吾教之外皆不可從孔子人也先聖也先師也非天也非鬼也非神也强孔子以學佛耶以是云保則所保者必非孔教矣無他誤解宗教之界說而豔羡人以忘我本來也

第三　論今後宗教勢力衰頹之徵

保教之論何自起乎。懼耶教之侵入。而思所以抵制之也。吾以爲此之爲慮亦已過矣。彼宗教者，與人羣進化第二期之文明。不能相容者也。科學之力日盛。則迷信之力日衰。自由之界日張。則神權之界日縮。今日耶穌教勢力之在歐洲。其視數百年前。不過十之一二耳。昔者各國君主。皆仰教皇之加冕以爲尊榮。今則帝制自爲也。昔者教皇擁羅馬之天府。指揮全歐。今則作寓公於意大利也。昔者牧師神父皆有特權。今則不許參與政治也。此其在政界既有然矣。其在學界。昔者教育之事。全權屬於教會。今則改歸國家也。歌白尼等之天文學興。而教會多一敵國。達爾文等進化論興。而教會又多一敵國。雖竭全力以擠排之。終不可得。而至今不得不遷就其說。變其面目以彌縫一時也。若是乎耶穌教之前途。可以知矣。彼其取精多用物宏。誠有所謂百足之蟲。至死不僵者。以千數百年之勢力。必非遽消磨於一旦。固無待言。但自今以往。耶穌即能保其餘燼。而亦非數百年前之面目。可斷言也。而我今日乃欲摹其就衰之儀式。爲效顰學步之下策。其毋乃可不必乎。

或曰。彼教雖寖衰於歐洲。而寖盛於中國。吾安可以不抵制之。是亦不然。耶教之入中國也。有兩目的。一曰眞傳教者。二曰各國政府利用之以侵我權利者。中國人之入耶教也。亦有兩種類。一曰眞信教者。二曰利用外國教士以抗官吏武斷鄉曲者。彼其眞傳教眞信教者。則何害於中國。耶教之所長。又安可誣也。吾中國汪汪若千頃之波。佛教納之。回教納之。乃至張道陵袁了凡之教亦納之。而豈其有靳於一耶穌。且耶教之入我國數百年矣。而上流人士從之者稀。其力之必不足以易我國明矣。而畏之如虎。何爲者也。至各國政府與鄉里莠民之利用此教以侵我主權撓我政治此又必非開孔子會倡言保教之遂能抵抗也但使政事修明國能自立則學格蘭斯頓之予愛蘭教會以平權可也學俾斯麥嘉富爾教之予山外教徒以限制亦可也主權在我誰能侵之故彼之持保教抵制之說者吾見其進退無據也

第四　論法律上信教自由之理

彼持保教論者自謂所見加流俗人一等而不知與近世文明法律之精神適相刺謬也今此論固不過一空言耳且使其論日盛而論者握一國之主權安保其不實行所懷抱而設立所謂國教以強民使從者果爾則吾國將自此多事矣彼歐洲以宗教門戶之故戰爭數百年流血數十萬至今讀史猶使人毛悚股栗焉幾經討論幾經遷就始以信教自由之條著諸國憲至於今日各國莫不然而爭教之禍亦幾熄矣夫信教自由之理一以使國民品性趨於高尚（若特立國教非奉此者不能享完全之權利則國民或有心信他教而爲事勢所迫強自欺以相從者是國家導民以棄其信德也信教自由之理論此爲最要）一以使國家團體歸於統一（昔者信教自由之法未立國中有兩教門以上者恆相水火）而其尤要者在畫定政治與宗教之權限使不相侵越也政治屬世間法宗教屬出世法教會不能以其權侵政府固無論矣而政府亦不能濫用其權以干預國民之心魂也（自由之理凡一人之言論行事思想不至有害於他人之自由權者則政府不得干涉之我欲信何教其利害皆我自受之無損於人者也故他人與政府皆不得干預）故此法行而治化大進焉吾中國歷史有獨優於他國者一事即數千年無爭教之禍是也彼歐洲數百年之政治家其心血手段半耗費於調和宗教恢復政權之一事其陳跡之在近世史者班班可考也吾中國幸而無此轇轕即孔子所以貽吾儕以天幸也而今更欲循泰西之覆轍以造此界限何也今之持保教論者其力固不能使自今以往耶教不入中國

昔猶孔自孔耶自耶。各行其自由。耦俱而無猜。無端而劃鴻溝焉。樹門牆焉。兩者日相水火。而教爭乃起。而政爭亦將隨之而起。是爲國民分裂之厲階也。言保教者不可不深長思也。

第五　論保教之說束縛國民思想

文明之所以進。其原因不一端。而思想自由。其總因也。歐洲之所以有今日。皆由十四五世紀時。古學復興。脫教會之樊籬。一洗思想界之奴性。其進步乃沛乎莫之能禦。此稍治史學者所能知矣。我中國學界之光明。人物之偉大。莫盛於戰國。蓋思想自由之明效也。及秦始皇焚百家之語。坑方術之士。而思想一窒。及漢武帝表章六藝。罷黜百家。凡不在六藝之科者。絕勿進。而思想又一窒。自漢以來。號稱行孔子教二千餘年於兹矣。而皆持所謂表章某某。罷黜某某者。以爲一貫之精神。故正學異端有爭。今學古學有爭。言考據則爭師法。言性理則爭道統。各自以爲孔教。而排斥他人以爲非孔教。於是孔教之範圍。益日縮日小。寖假而孔子變爲董江都何邵公矣。寖假而孔子變爲馬季長鄭康成矣。寖假而孔子變爲韓昌黎歐陽永叔矣。寖假而孔子變爲程伊川朱晦菴矣。寖假而孔子變爲陸象山王陽明矣。寖假而孔子變爲紀曉嵐阮芸臺矣。皆由思想束縛於一點。不能自開生面。如羣猨得一果。跳擲以相攫。如羣嫗得一錢。詬駡以相奪。其情狀抑何可憐哉。夫天地大矣。學界廣矣。誰亦能限公等之所至。而公等果何爲者。無他。暖暖姝姝。守一先生之言。其有稍在此範圍外者。非惟不敢言之。抑亦不敢思之。此二千年來保教黨所成就之結果也。曾是孔子而乃如是乎。孔子作春秋。進退三代。是正百王。乃至非常異義可怪之論。闓溢於編中。孔子之所以爲孔子。正以其思想之自由也。而自命爲孔子徒者。乃反其精神而用之。

此豈孔子之罪也嗚呼居今日諸學日新思潮橫溢之時代而猶以保敎爲尊孔子斯亦不可以已乎

抑今日之言保敎者其道亦稍異於昔彼欲廣孔敎之範圍也於是取近世之新學新理以緣附之曰某某者孔子所已知也某某者孔子所曾言也其一片苦心吾亦敬之而惜其重誣孔子而益阻人思想自由之路也夫孔子生於二千年以前其不能盡知二千年以後之事理學說何足以爲孔子損梭格拉底未嘗坐輪船而造輪船者不得不尊梭格拉底阿里士多德未嘗用電線而創電線者不敢菲薄阿里士多德此理勢所當然也以孔子之聖智其所見與今日新學新理相暗合者必多多此奚待言若必一一而比附之納入之然則非以此新學新理釐然有當於吾心而從之也不過以其暗合於我孔子而從之耳是所愛者仍在孔子非在眞理也萬一偏索之於四書六經而終無可比附者則將明知爲鐵案不易之眞理而亦不敢從矣萬一吾所比附者有人從而剔之曰孔子不如是斯亦不敢不棄之矣若是乎眞理之終不能餉遺我國民也故吾最惡乎舞文賤儒動以西學緣附中學者以其名爲開新實則保守煽思想界之奴性而滋益之也我有耳目我有心思生今日文明燦爛之世界羅列中外古今之學術坐於堂上而判其曲直可者取之否者棄之斯寧非丈夫第一快意事耶必以古人爲蝦而自爲其水母而公等果胡爲者然則以此術保敎者非誣則愚要之決無益於國民可斷言也

第六　論保敎之說有妨外交

保敎妨思想自由是本論之最大目的也其次焉者曰有妨外交中國今當積弱之時又值外人利用敎會之際而國民又夙有仇敎之性質故自天津敎案以迄義和團數十年中種種外交上至艱極險之問題起因於民敎

相爭者殆十七八焉。雖然。皆不過無知小民之起釁焉耳。今也博學多識之士大夫。高樹其幟曰保教保教。則其所著論所演說。皆不可不昌言何以必要保教之故。則其痛詆耶教必矣。夫相爭必多溢惡之言。保無有抑揚其詞。文致其說。以聳聽者。是恐小民仇教之不力。而更揚其波也。吾之爲此言。吾非勸國民以媚外人也。但舉一事必計其有利無利有害無害。並其利害之輕重而權衡之。今孔教之存與不存。非一保所能致也。耶教之入與不入。非一保所能拒也。其利之不可遏也如此。而萬一以我之叫囂。引起他人之叫囂。他日更有如天津之案。以一教堂而索知府知縣之頭。如膠州之案。以兩教士而失百里之地。喪一省之權。如義和之案。以數十西人之命。而動十一國之兵。償五萬萬之幣者。則爲國家憂。正復何如。嗚呼。天下事作始也簡。將畢也鉅。持保教論者。勿以我爲杞人也。

第七　論孔教無可亡之理

雖然。保教黨之用心。吾固深諒之而深敬之。彼其愛孔教也甚。愈益愛之。則愈憂之。懼其將亡也。故不復權利害。不復揣力量。而欲出移山塡海之精神以保之。顧吾以爲抱此隱憂者。乃眞杞人也。孔教者。懸日月。塞天地而萬古不能滅者也。他教惟以儀式爲重也。故自由昌而儀式亡。惟以迷信爲歸也。故眞理明而迷信替。其與將來之文明。決不相容。天演之公例則然也。孔教乃異是。其所教者。人之何以爲人也。人羣之何以爲羣也。國家之何以爲國也。凡此者。文明愈進。則其研究之也愈要。近世大教育家多倡人格教育之論。人格教育者何。考求人之所以爲人之資格。而教育少年。使之備有此格也。東西古今之聖哲。其所言合於人格者不一。而最多者莫如孔子。

孔子實於將來世界德育之林占一最重要之位置此吾所敢豫言也夫孔子所望於我輩者非欲我輩呼之爲救主禮之爲世尊也今以他人有救主世尊之名號而我無之遂相驚以孔教之將亡是烏得爲知孔子矣乎夫梭格拉底亞里士多德之不逮孔子也亦遠矣而梭氏亞氏之教猶愈久而愈章曾是孔子而顧懼是乎吾敢斷言曰世界若無政治無教育無哲學則孔教亡苟有此三者孔教之光大正未艾也持保教論者盍高枕而臥矣

第八　論當採羣教之所長以光大孔教

吾之所以忠於孔教者則別有在矣曰毋立一我教之界限而關其門而恢其域採羣教而入之以增長榮衞我孔子是也彼佛教、耶教、回教乃至古今各種之宗教皆無可以容納他教教義之量何也彼其以起信爲本以伏魔爲用從之者殆如婦人之不得事二夫焉故佛曰天上地下惟我獨尊耶曰獨一無二上帝眞子其範圍皆有一定而不能增減者也孔子則不然鄙夫可以竭兩端三人可以得我師蓋孔教之精神非專制的而自由的也我輩誠尊孔子則宜直接其精神毋拘墟其形跡孔子之立教對二千年前之人而言者也對一統閉關之中國人而言之也其通義之萬世不易者固多其別義之與時推移者亦不少孟子不云乎孔子聖之時者也使孔子而生於今日吾知其教義之必更有所損益也今我國民非能爲春秋戰國時代之人也而已爲二十世紀之人非徒爲一鄉一國之人而將爲世界之人則所以師孔子之意而受孔子之賜者必有在矣

故如佛教之博愛也大無畏也勘破生死也普度衆生也耶教之平等也視敵如友也殺身爲民也此其義雖孔教固有之吾採其尤博深切明者以相發明其或未有者吾急取而盡懷之不敢廉也其或相反而彼爲優者吾

舍己以從之不必吝也。又不惟於諸宗教爲然耳。即古代希臘近世歐美諸哲之學說。何一不可以兼容而并包之者。若是於孔教爲益乎。爲損乎。不待智者而決也。夫孔子特自異於狹隘之羣教。而爲我輩尊孔教者開此法門。我輩所當自喜而不可辜此天幸者也。大哉孔子。大哉孔子。海闊從魚躍。天空任鳥飛。以是尊孔而孔之眞乃見。以是演孔而孔之統乃長。又何必齦齦然猥自貶損。樹一門。劃一溝。而曰保教保教爲也。

結論

嗟乎嗟乎。區區小子。昔也爲保教黨之驍將。今也爲保教黨之大敵。嗟我先輩。嗟我故人。得毋有惡其反覆。誚其模稜。而以爲區區罪者。雖然。吾愛孔子。吾尤愛眞理。吾愛先輩。吾尤愛國家。吾愛故人。吾尤愛自由。吾又知孔子之愛眞理。先輩故人之愛國家愛自由。更有甚於吾者也。吾以是自信。吾以是懺悔。爲二千年來翻案。吾所不惜。與四萬萬人挑戰。吾所不懼。吾以是報孔子之恩我。吾以是報羣教主之恩我。吾以是報我國民之恩我。

中國專制政治進化史論

緒論

進化者。向一目的而上進之謂也。日邁月征。進進不已。必達於其極點。凡天地古今之事物。未有能逃進化之公例者也。

中國者。世界中濡滯不進之國也。今日之思想。猶數千年前之思想。今日之風俗。猶數千年前之風俗。今日之文字猶數千年前之文字，今日之器物猶數千年前之器物。然則進化之跡，其殆絕於中國乎。雖然，有一焉，專制政治之進化，其精巧完滿，舉天下萬國，未有吾中國若者也。萬事不進，而惟於專制政治進焉，國民之程度可想矣。雖然，不謂之進化焉不得也。知其進而考其所以獨進之由，而求使他途與之競進之道，斯亦史氏之責任也。作中國專制政治進化史。

第一章　論政體之種類及各國政體變遷之大勢

中國自古及今，惟有一政體，故政體分類之說，中國人腦識中所未嘗有也。今請先述泰西分類之說及其變遷發達之形，以資比較焉。

（第一）　理論上之分類

以理論分別政體種類者，起於希臘大哲亞里士多德，因主權者之人數而區爲三種，每種復爲正變二體。今以表示之如左。

政體	君主政體 Monarchy	正體
		變體（暴君政體）Tyranny
	貴族政體 Aristocracy	正體
		變體（寡人政體）Origarchy
	民主政體 Democracy	正體
		變體（暴民政體）Demogogy or Othlocracy

於此正變各三體之外，復有一焉，號曰混合政體 Mixed State，卽和合君主貴族民主三者而爲一者也。此論

傳數千年至今學者誦法之，雖小有損益，然大端無以易也。十八世紀法國大哲孟德斯鳩之分類如左。

一、主權者以名譽爲主義，謂之君主政體。
二、主權者以道德爲主義，謂之民主政體。
三、主權者以溫和爲主義，謂之貴族政體。
四、主權者以脅嚇爲主義，謂之專制政體。

此分類法後人多有駁之者。其實第一類與第二類，蓋同物而二名耳。近儒墺斯陳之分類如下。

- 政體
  - 一人政體（主權在一人者）（甲）
  - 數人政體（主權在二人以上者）
    - 少數政體
      - 同質（寡人政體）（乙）
      - 異質（少數共和政體）（丙）
    - 多數政體
      - 同質（民主政體）（丁）
      - 異質（君民共主政體）（戊）

日本博士一木喜德郎復爲如左之分類。

- 政體
  - 獨任政體
    - 獨任君主政體
      - 專制獨任君主政體（中國　俄國）（一）
      - 立憲獨任君主政體（英國　日本　普國）（二）
    - 獨任共和政體（法國　美國）（三）
  - 合議政體
    - 合議君主政體
      - 專制合議君主政體（無）（四）
      - 立憲合議君主政體（德意志帝國）（五）
    - 合議共和政體（瑞士　德意志聯邦內之三共和國）（六）

此分類者，蓋就近世之國家言之，故貴族政體不另爲一種云。

（第二）歷史上之分類

法國博士喇京所著政治學。就歷史上區別政體如左。

- 政體
  - 古代政體
    - 族制政體（一）
    - 神權政體（二）
    - 市府政體（三）
    - 封建政體（四）
  - 近世政體
    - 近世專制君主政體（五）
    - 立憲君主政體（六）
    - 代議共和政體（七）
    - 聯邦政體（八）

綜以上五表論之。則我中國所曾有者。第一表之第一（君主政體變體）第二（貴族政體變體）兩種也。第二表之第一（君主）第三（貴族）第四（專制）三種也。第三表之第一（一人政體）第二（寡人政體）兩種也。第四表之第一種（專制獨任君主政體）也。第五表之第一（族制政體）第二（神權政體）第四（封建政體）第五（近世專制君主政體）四種也。

以羣學公例考之。凡人羣必起於家族。中國之宗法。實政治之最初級。而各國所皆曾經者也。故政治學者常言國家者家族二字之大書也。是族制政體。實萬國政治之起原。吾命為政治進化之第一級。家族者各自發生。而日寖龐大者也。此族與彼族相遇。則不能無爭。爭則一族之中。必須有人焉起而統率之。於是臨時酋長之制起。斯賓塞羣學云『譬有一未成規律之羣族於此。一旦或因國遷。或因國危湧出一公共之問題。則其商量處置之情形如何。必集民衆於一大會場。而會場之中自然分為二派。其甲派則老成者。有膂力者。閱歷深而有智謀者。為一領袖團體。以任調查事實討議問題之役。其乙派則年少者。老羸者。智勇平凡者。為一隨屬團體。占全族之大部分。其權利義務。不過傍聽甲派之議論。爲隨聲附和之可否而已。又於領袖團體之中。必有一二人有超羣拔萃之威德。如老成之狩獵家。或狡獪之妖術家。專在會場決策而任行之。即被舉爲臨事之首領云云』。是臨時酋長政體之所由起也。吾命爲政治進化之第二級。於斯時也。一羣之中自劃然分爲三種人物。其一、即最多數之隨屬團體。即將來變成人民之胚胎也。其二、則少數之領袖團體。即將來變成貴族之胚胎也。其三、則最少數之事務委員。即將來變成君主之胚胎也。當其初也。人人在本羣爲自由之競爭。非遇外敵。則領袖團體殆爲無用。其後因外敵數見。於是臨時首領漸變爲常任首領。常任首領之有大功於本羣者。威德巍巍。慴服羣類。及其死也。以爲神而祀之。而其子孫又利用野蠻時代之宗敎迷信也。以爲吾之祖若父實天鬼之所命。而非他人所能及者也。於是一變爲神權政體。吾命爲政治進化之第三級。臨時酋長者。不過領袖團體中之最優者耳。外敵既數見。則領袖團體全部之勢力必與之俱進。又非臨時酋長所能專也。於是乎此團體之魁傑者。或在中央政府而司選舉君主之權。則貴族政體所由起也。或分屬於諸部落而爲諸侯割據之勢。則封建政體所由立也。吾命爲政治進化之第四級。自茲以往。有英明雄鷙之君主出。憑藉固有之權力。著著務擴充之。殺貴族之權。削封建之制。務統一之於中央政府。或一蹴而幾焉。或六七作而後幾焉。其積之也。或以數十年。或以數百年千年。及其成也。則能役屬羣族。以一人而指揮全國。然後君主專制之政體乃成。吾命爲政治進化之第五級。凡地球上君主專制之國。未有不經由此諸級來者也。及專制權力之既鞏固也。則以國土爲私產。以國民爲家奴。虐政憔悴。民不堪命。而世運日進。民智日闢。彼林林總總者。終不能自爲芻狗以受踐棄。自爲犬馬以服驅役。自爲牛羊以待豢養也。於是乎自由自治之議紛起。君主之智焉者。則順其勢而予之。此立憲君主政體所由生也。其愚者則逆其勢而抗之。此革命民主政體所由成也。吾命爲政治進化之第六級。以上六級。歐洲數千年來政治消長之林略具於是矣。

吾中國政治之發達。與歐西異。一曰、歐洲六級已備。中國則有前五級。而無第六級也。二曰、歐洲諸級之運長短不甚相遠。中國則第五級之成立最早。而其運獨長也。三曰、歐洲於第四級最占權力。當百年前。餘燄未衰。中國則二千年前。已剗除殆盡也。四曰、第一級之族制。歐人早已不存。中國則數千年與第五級並行也。其間證據碎繁。原因深遠。今請得上下千古而綜論之。

第二章　封建制度之漸革（由地方分權趨於中央集權）

人羣之治。皆濫觴於部落酋長。酋長之强有力者。則能服屬諸酋。或自封親藩。以參伍舊酋。仍晝土以各率其部落。若是者。謂之封建。酋長封建。皆羣治所必經之階級。而天下萬國所莫能外者也。顧其制之發達。或遲或早。其運之推移。或久或暫。則隨其特別之原因以爲差。歐洲自羅馬解紐以後。而封建之制始極盛。及近世史之初年。約距今四五百年前始漸削侯封而建王國。然其餘運。猶綿延數百年。直至十九世紀之末。意大利再造。日耳曼一統。然後封建之跡幾絕。其運之遲生而統之久駐也如彼。中國不然。自秦以來。天下幾一家矣。以二萬餘里之大地。而二千年來常統制於一王。此實專制政體發達之最明著者也。雖然、其間逐漸變革之跡。亦有非偶然者。請次而論之。

穹古以前。不可徵矣。董子稱九皇六十四民。莊子所述有大庭氏、柏皇氏、中央氏、栗陸氏、驪連氏、赫胥氏、尊盧氏、祝融氏、混沌氏、昊英氏、有巢氏、葛天氏、無懷氏等。老子稱鄰國相望。雞犬之聲相聞。其民老死不相往來。蓋古者舟車未通。一山之障。一河之隔。輒自成一部落。其時酋長之多。不知紀極。是爲第一期。

黃帝既克炎帝。禽蚩尤。四征八討。披山通道。史稱諸侯有叛者。黃帝從而伐之。平者去之。然則以兵力交通諸部落者。黃帝之功也。雖然、其所兼幷翦滅者蓋寡。黃帝以巍巍威德。讋服宇內。爲諸酋長之長。子孫襲其廕者數百年。逮至堯舜。號稱郅治。然而天子。（卽酋長之長）稱元后。諸侯（卽諸酋長）稱羣后。其勢位相去。殆不甚遠。元后率由羣后所選立。有四岳等操廢置之柄。殆如近世日耳曼之司選侯。（日耳曼有司選侯司推戴共主之權古代四岳頗同此制余所著中國通史詳論之）觀帝摯之立而旋廢。舜禹受禪。必待諸侯朝覲謳歌訟獄之所歸。然後卽位。其明證矣。故堯舜以前。仍純爲酋長政治。是爲第二期。

神禹既成大功。聲敎四訖。統一之業。實始於此。塗山一會。執玉帛者萬國。酋長之盛。可以概見。然中央之權。已進一級。選侯之職不設。傳子之局大定。防風後至。禹則戮之。有扈怠侮。啓則滅之。羲和弗率。胤則征之。元后之權力。與羣后稍殊絕矣。自夏迄殷。凡歷千歲。綜其政體。大率相同。大抵以朝諸侯爲有天下之證據。（孟子言武丁朝諸侯有天下然則武丁前諸侯不朝卽天下不爲商家所有明矣）其間王權雖漸張。而霸者亦屢起。如有窮后羿、昆吾氏、大彭氏、豕韋氏等。皆嘗代夏殷而有天下之人也。於斯時也。酋長之數漸少。而封建之制尚未興。是爲第三期。

封建何自起。起於周。封建云者。以其既得之土地。而分與其人之謂也。故封建之行。實專制政體進化之一現象也。武王觀兵孟津。諸侯會者八百。此外未與會者猶多可知。然則其時酋長尚以千數矣。周初滅國五十。天下既定。大封親賢。彼時土廣人稀。其地固非必盡由侵略所得。然爪牙腹心。徧布宇內。與向來土著之部落酋長相錯處。據要害而制其命。復有王室爲之應援。有同封者相與聯絡。於是土著部落之勢力日殺。中央集權之治日鞏固矣。是爲第四期。

封建羣侯既占優勢。則兼幷盛行。而土著部落。馴至不能自立。故有周七百餘年間。爲封建政治全盛時代。孟津之會爲國八百。加以未會及新封者。數當盈千。降及春秋。而見於紀載者。僅百六十三國。（其中同姓者三十八異姓者三十六姓具而爵不明者二十四爵明而姓不具者八姓爵俱不明者二十六戎狄諸種三十一）春秋二百四十年中。被滅之國六十有五。曾幾何時。及戰國之末。而僅餘七雄矣。天下大勢。趨於一統。運會所迫。如湯沃雪。如風捲雲。秦漢之混一海宇。非秦漢所能爲也。其所由來漸矣。

自周之既衰。已非復一王專制之政體。而實爲封建專制之政體。齊桓晉文。實朝諸侯。有天下之共主也。（詩稱赫赫宗周褒姒滅之孟子稱三代之失天下也以不仁偏觀先秦古書無不以周爲亡於幽厲者特後儒不敢昌言耳齊桓之專地而封晉文之致王而朝謂非行天子之事而何哉）雖然、自戰國以前。無論爲王爲霸。皆與羣后分土分民。俱據南面。有不純臣之義。其所專制者。僅及於境內。（周禮之制亦僅治畿內者耳）若境外屬國之治。雖時或以半外交的政策干涉之。其權限亦不過與數十年前奧大利之待日耳曼。意大利諸小邦相等。非能如後世帝者之力之完備也。是爲第五期。

及秦始皇夷六國。置郡縣。而封建之跡一掃。雖然、郡縣非自始皇始也。史記秦武公十年。伐邽冀戎。初縣之。十一年初縣杜鄭。左傳楚莊王滅陳。殺夏徵舒。因縣陳。又稱晉分祁氏之田爲七縣。羊舌氏之田爲三縣。其後秦孝公用商鞅變法。集小鄉邑聚爲縣。秦惠文十年。魏納上郡。十三年。秦取漢中地。置漢中郡。是郡縣之興。已數百年。而常與國邑相錯處。蓋春秋戰國間。實封建與郡縣過渡時代。而中國數千年來政治界變動最劇之秋也。有郡縣。然後土地人民。直隸於中央政府。而專制之實乃克舉。亦惟以如此廣漠遼廓之土地。而悉爲郡縣。以隸於中央政府。則非大行專制不能爲功。故自始皇置三十六郡。而專制政體之精神形質。始具備焉矣。立乎之罘刻石之歲。追遡塗山會計之年。由萬國而八百國而百六十三國而十餘國而七國以漸歸於一國。進化程度歷歷在目。雖曰天運。豈非人事哉。是爲第六期。

經此六期。專制之局既定矣。雖然、積數千年之舊習。其勢固非可以驟革。於是反動力起。餘波復沿襲若干年。而後乃大定。譬猶法國大革命開十九世紀民權之幕。而忽有拿破崙崛起。繼以俄普奧三帝神聖同盟。反動力大作。幾盡復革命前之舊觀。又加甚焉。雖然、回陽反照。勢不可久。經此波折。而新時代出現焉矣。秦漢之際。有類於是。始皇既殂。四海鼎沸。六國各自立後。於是有楚懷王心、趙王歇、魏王豹、韓王成、韓王信、齊王田儋、田榮等。及楚漢相持。而酈食其說漢王復立六國後。印已鑄矣。張良一言而解。豈所謂天之所廢。誰能興之者耶。項羽以宰割分封而亡。漢高以力征混一而帝。一順時勢。一逆時勢而已。然高帝既定天下。猶且裂地以王韓彭。分國以侯絳灌。蓋人情習見前世故事。未得而遽易也。乃異姓八王。不旋踵而誅亡者七。夫以戰國七雄。據土各數百歲。猶不能自存。而況於新造者乎。此外尚有分封子弟諸國。亦僅傳兩葉。逮文景時。鼂賈之徒。已畏其偪。卒有吳楚七國之反。大難既定。遂嚴諸侯王禁制。至是封建之餘波乃平。後此雖有爵國名存。而實去矣。是爲第七期。

至是而上古封建之治。全爲一結束。雖然、其暗潮波折。屢起屢伏。更歷千年。然後銷聲匿影。以至於盡也。試略舉其梗概。漢代封建有兩特色。其一、郡國雜處。帝國分地與諸侯王國分地。犬牙交錯。以相牽制也。（漢書諸侯王表序云。諸侯比境周帀三垂外接胡越天子自有三河東郡潁川南陽自江陵以西至巴蜀北自雲中至隴西與京師內史凡十五郡公主列侯頗邑其中而藩國大者夸州兼郡連城數十宮室百官同制京師）其二、則天子爲諸侯國置傅相。管其政治。諸侯不得有爲於其國也。（漢初漢廷惟爲置丞相其御史大夫以下皆自置之百官悉如漢朝後景帝懲之遂令諸侯王不得治民令內史治之改丞相

(曰相省御史大夫廷尉少府宗正博士官凡員職皆不得自置)凡此兩者。其法度之外形。皆相予盾。似封建非封建。似郡縣非郡縣。亦封建亦郡縣。亦過渡時代不得不然也。兩者交戰。而興廢必有所趨。其日趨於中央集權。天運然矣。漢制貴爵爲三等。曰諸侯王。(惟宗親得封)曰列侯。(或王之子或功臣或外戚恩澤)曰關內侯。(有爵無國邑)而關內侯之制。直行之千餘年以至今日。(文獻通考封建考十云秦漢以來所謂列侯者非但食其邑入而已可以臣吏民可以布政令若關內侯則惟以虛名受廩祿而已然西都景武以後始令諸侯王不得治民漢置內史治之自是以後雖諸侯王亦無君國子民之實況列侯乎然所謂侯者尚裂土以封之也至東都始有未與國邑先賜美名之例如靈壽王征羌侯之類是也此後類此者不可勝數則列侯有同於關內侯者矣云云兩漢封建名實消長之機於此可見)是爲第八期。

兩漢强幹弱枝之策大行。中央政府之權。達於極點。皇子之國。其勢不敵漢廷一宦豎。及其衰世。而小小反動力起焉。曰州牧。晚漢州牧。實中唐藩鎮之先聲也。其土地初本受諸帝室。然非封建也。其後乃傳諸子孫。與封建無異矣。故前此諸侯王列侯。無封建之實而有其名。後此州牧。無封建之名而有其實。是爲第九期。

魏承漢舊。又加甚焉。袁宏謂雖有王侯之號。而乃儕於匹夫。縣隔千里之外。無朝聘之儀。鄰國無會同之制。諸侯游獵。不得過三十里。又爲設防輔監國之官以伺察之。王侯皆思爲布衣而不可得。(文獻通考引)蓋至是而封建之運幾盡矣。及晉而反動力大作。晉鑒漢魏亡於孤立。乃廣建宗藩。而八王之亂。喋血京邑。卒覆其宗。蓋自秦以來。中央專制之成積之數百年。既深既劇。其勢固不可以復散於枝葉。苟有所倚於外。則其「求心力」仍常趨於中。互攙互奪。而主權如弈碁矣。晉之不綱。抑豈不以是耶。洎及六朝。南朝率循晉法。北朝多倣漢制。而其結果亦復相類。是爲第十期。

初唐之治。數千年來專制君主之最良者也。其封建也。有親王。郡王。國公。郡縣開國公侯伯子男等九等之號。而無官土。其加實封者。則食其所封。分食諸郡。以租調給之。然漢魏制。凡王侯皆例須之國。唐則在京師衣食租稅而已。此又其勢更殺之徵也。雖然、中葉以後。反動力又起。釀成方鎮之習。中央政府實權。既墜於地。山東河朔。皆擅署吏。以賦稅自私。以土地傳子孫。至合縱以抗天子。卒百餘年。與唐相終始。延至五季。猶諸雄角立。蓋自秦以降。其反動力之鉅且劇。此爲最矣。何也。晉八王之亂。其所共爭者。仍中央之權也。唐之方鎮。則務自鞏其地方之權。與中央分勢者也。是爲第十一期。

宋制地方之權大衰。而中央之權亦不見其盛。蓋文弱之極。與外患相終始。無足云者。女眞蒙古。以部落羶俗之制治中國。於沿革大勢所關亦寡焉。至明而封建之死灰又復小燃。燕王棣以之篡。宸濠以之叛。雖然、以視漢七國。晉八王。蓋其微矣。是爲第十二期。

及至本朝。以外族入主中夏。寵異降將。尙有孔吳耿尙等四王之封。此實爲中國有史以來四千年間封建制度最後之結局也。自三藩戡定後。迄今二百餘年無封建。豈惟二百餘年。吾敢信自今以往。封建之跡。眞永絕矣。今制。元功宗親。皆留京師。宗室自親王以下至奉恩將軍。列爵九等。皆撥予之以直隸及關東之田。以抵古人之湯沐邑。功臣自一等公以下至恩騎尉。列爵二十六等。皆予俸無官受世職。單俸。有官受雙俸。此漢關內侯之制也。亦英國日本等貴族華族之制也。其有封建之名。而無其實者。既如此矣。曰、然則他日亦有無封建之名。而有其實。如漢州牧唐方鎮者乎。曰、是亦必無。雖自平髮平捻以後。督撫勢力日盛。中央之權。似有所減。如庚子一役。東南督撫。有敢抗朝旨。擅與他國立約之事。雖然、是有特別原因焉。不能認爲中央地方兩權消長之證也。後此如更有變遷乎。其必不襲漢牧唐鎮之舊也。有斷然矣。是爲第十三期。

綜而論之。則十三期中。復爲四大期。自黃帝以至周初。爲封建未定期。自周以至漢初。爲封建全盛期。自漢景武以後至清初爲封建變相期。自康熙平三藩以後爲封建全滅期。由酋長而成爲封建。而專制之實力一進化。由眞封建而變爲有名無實有實無名之封建。而專制實力又一進化。舉名實兩掃之。而專制實力又一進化。進化至是蓋圓滿矣。莽莽數千年。相持相低昂。徘徊焉。翶翔焉。直至最近世。然後爲一大結束。而勢乃全定。莫或主之。者或主之。進化之難。乃如是耶。上下千古。其感慨何如哉。

附論中國封建之制與歐洲日本比較

封建之運。東西所同也。中國有之。日本有之。歐洲亦有之。然歐洲日本封建滅而民權興。中國封建滅而君權強。何也。曰、歐洲有市府。而中國無有也。日本有士族。而中國無有也。歐洲自希臘以來。卽有市府之制。一市一村。民皆自治。及中世之末。封建跋扈。南部意大利諸州。其民首自保衞。爲獨立市府。日耳曼諸州繼起。遂至有八十市府聯盟之事。自餘法蘭西英吉利葡萄牙西班牙諸市。所在發達。近世諸新造國。其帝王未有不憑藉市府之力而興者也。然則歐洲封建之滅。非君主滅之。而人民滅之也。帝王既藉人民以滅諸侯。義固不可不報。則民有權矣。民方能以自力滅諸侯。則尤不容帝王之不報。則民有權矣。日本武門柄政。凡八百年。而德川氏三百年間。行封建制。其各藩中有所謂藩士。在本藩常享特別之權利。帶貴族之資格。略與希臘共和國所謂市公民者相類。及明治維新。其主動者皆此等藩士也。諸藩士各挾其藩之力。合縱以革幕府。即大將軍德川氏而奬王室。及幕府既倒。大勢既變。知不可以藩藩角立。乃胥謀而廢之。然則日本封建之滅。非君主滅之。而以自力滅之也。夫既惡幕府之專制而去之。則其不復樂專制明矣。能以自力自滅其藩。此其人亦非可以專制籠絡之明矣。以是之故。故歐洲日本皆封建滅而民權與之代興。或疑歐洲近世史中專制主如路易第十四者指不勝屈不可謂民權遂興不知近數百年來全歐皆以專制自由兩主義相戰不過其戰勝有蛋募耳宗敎改革諸役皆民權之前鋒隊也中國不然。數千年來曾無有士民參與政治之事。豈惟無其事。乃並其思想而亦無之。與封建者君主也。廢封建者亦君主也。以封建自衞者君主也。與封建爲仇者亦君主也。封建强則所分者君主之權。封建削則所增者君主之勢。夫以數萬里之廣土衆民同立於一政府之下。而人民復無自治力以團之。理之然。則非行莫大之專制。何以立國乎。故統覽數千年歷史。其號稱小康時代者。必其在中央集權最盛大最鞏固之時代也。如周初漢初唐初淸初是已。專制權稍薄弱。則有分裂。有分裂則有力征。有力征則有兼併。兼併多一次。則專制權高一度。愈積愈進。至本潮乾隆時代而極矣。論者知民權之所以不興由於爲專制所壓抑。亦知專制之所以得行。由於民權之不立耶。不然。則歐人謂憔悴虐政之苦莫甚於封建時。何以中國封建之運之衰。遠在歐之先。而專制之運之長。反遠在歐洲之後也。

第三章　貴族政治之消滅（由寡人政治趨於一人政治）

貴族政治。爲專制一大障礙。專制有廣狹二義吾今所論專指狹義之君主專制言也若以廣義則貴族政體固專制矣即今日之議會政治學者猶謂爲多數之專制此非本論界說之範圍也其國苟有貴族者。則完全圓滿之君主專制終不可得行。貴族何自起。起於族制。起於酋政。故地球上一切國無不經過貴族政治一階級。而其盛衰久暫。亦常隨其特別之原因。且常演出特別之結果。故談政者必於此觀消息焉。

吾欲言我國之貴族政治。請先言他國之貴族政治。泰西數千年歷史。實貴族與平民相鬩之歷史而已。其阻力也在是。其動力也在是。故貴族二字在泰西史實爲政治上一最大之要素。泰西政治史發源於希臘羅馬。希臘之斯巴達貴族政治也希臘之雅典自梭倫定律以前貴族政治也羅馬自紀元前五百年以前皆貴族政治也此後二百年間皆貴族平民軋轢時代也自紀元前七十九年以後所謂三頭政體者又貴族政治也降及中世封建糜爛蠻敵憑陵雖完全之政治無可表見而於人羣中最占勢力者皆貴族也洎於近世反動力大起數百年間以兩族之角鬬勝敗相終始君主之與平民結也爲挫貴族也宗敎革命爲挫貴族也法國大革命則擧貴族權力而一掃之也十九世紀全歐之擾攘皆承法國大革命之餘波剗貴族之萌蘖也今日俄羅斯之虛無黨亦與貴族爲仇也然直至今日而歐洲各國猶不能滅絕貴族偉矣哉貴族之勢力重矣哉貴族之關係

貴族政治者最不平等之政治也他國以有貴族故故常分國民爲數種階級其最甚者爲『喀私德』Castes之制其次甚者爲『埃士梯德』Estates 之制喀私德者諸凡古代東洋諸國如埃及波斯等皆有之而印度爲最整嚴印度之『喀私德』其第一種曰婆羅門 Brahmans 彼中稱爲自神之口而出者一切學問宗敎法律皆歸其掌握其第二種曰剎利 Kshatriyas 彼中稱爲自神之脇而出者軍人武門屬焉（案釋迦牟尼即出此族也）其第三種曰毗舍 Visao 彼中稱爲自神之膝而出者農工商牧等業屬之其第四種曰首陀羅 Sudras 彼中稱爲自神之足而出者奴隸屬焉此四族者婚姻不相通職業不相易自數千年至今日而其弊猶未革此爲貴族政治流弊之極點『埃士梯德』者其形狀與『喀私德』略同而其性質則稍異『喀私德』者一成而不可變者也『埃士梯德』者隨時勢而有轉移者也『埃士梯德』之制極盛於中世之歐洲而條頓民族尤爲整嚴彼中謂太初有神厥名黎哥 Rigr 玆生三子其先產者名曰胥羅 Thral 爲奴隸之祖其次產者名曰卡爾 Karl爲農民之祖最後產者名曰這爾 Jarl 敎之武藝爲貴族之祖彼其理想固與印度之『喀私德』絕相

類。故歐洲所謂『埃士梯德』者。大率亦分四族。一曰教士。二曰貴族。三曰自由民。四曰奴隸。其階級亦與印度之四『喀私德』相應。自希臘羅馬以至中世及近世之初期。此種階級常橫截歐洲之政界。雖各國之權限伸縮不同。而其概一也。各國國憲之變動。往往因此『埃士梯德』之關係而起者。十居八九。其在中古。各級各爲法律。不相雜廁。第一第二兩種。常握政治上大權。其第三種稍維持民權於一二。其第四種則全有義務而無權利者也。及至近世。乃始漸脫樊籬。至最近世。乃一躍而廓清積習。要而論之。則歐洲數千年來之政治。最不平等之政治也。最不自由之政治也。第一第二兩種太自由故第三第四兩種太不自由雖以亞里士多德之大哲。猶謂奴隸制爲天然公理。以希臘羅馬之文明。而其下級社會之民被虐待者。慘無天日。其所謂沐文明之膏澤者。不過國中一小部分耳。至如美國當十九世紀。尚以爭買奴而動干戈。法國既改共和政體。而世襲之爵猶沿而不除。即如我東鄰最近之日本。亦有『非人』『穢多』等稱號。至維新後而始革。蓋貴族政治之極敝。衍爲階級。其現象及其影響乃至如此。彼其國中所以軋轢不絕者。皆此之由。抑其君主專制之政所以不能極盛。即盛矣而不能持久者。亦此之由。

吾今請言中國。我祖國之歷史。有可以自豪於世界者一事。曰無『喀私德』。無『埃士梯德』。此實由貴族政治之運不長所致也。然則吾中國亦嘗有貴族政治乎。曰有。貴族政治者。亦國家成立所必經之級。而不可逃避者也。豈吾中國而能無之。太古之事邈矣。尚書託始於堯舜。而彼時即貴族政治最盛之時代也。當時之貴族。或擁疆土以俱南面。或踞中央以握政權。爲君主者不過爲貴族所選立。而奉行貴族之意而已。何以知君主爲貴族所選立也。黃帝崩。元妃之子玄囂昌意皆不得立。而次妃之子少昊代焉。少昊不得傳位其子。而昌意之子顓頊代焉。顓頊亦不得傳位其子。而玄囂之孫帝嚳代焉。後世史家據今日之思想以例古人。以爲宋宣公吳王壽夢宋藝祖之類。由先君之遺命以定所立也。而豈知皆貴族之勢力左右其間也。其尤著明者。則帝嚳之長子帝摯既立。凡九年。而諸侯廢之以立帝堯。夫廢君之事。自後世史家觀之。鮮不以爲大逆不道。而當時若甚平平無奇者。蓋貴族政治之常習然也。其後堯欲讓舜。而必先讓四岳。俟四岳舉舜。然後試之。所以示不專也。使堯而果有全權也。意中既有一舜。豈不能直舉而致諸青雲之上。乃必於四岳焉一嘗試其讓。使四岳而竟慨諾之。則堯又將奈何。吾有以信堯之果無奈何也。及舜受堯禪。而必先自避於南河之南。禹受舜禪。而必先自避於陽城。待朝覲訟獄謳歌之皆歸。然後之中國踐天子位。亦視當時貴族爲趨向而已。何以知君主必奉行貴族之意也。吾昔讀古史。而有一不可解之問題。彼鯀者四凶之一也。當堯之時。惡德既顯。堯咨治水於四岳。四岳舉鯀。堯既斥其方命圮族。而不能不屈意以用之。以至九載無功。使堯果有全權。則以如許重大之事。委諸明知其不可之人。堯不重負天下乎。又如所謂八元八愷者。皆堯之親族。其中如稷如契。則堯之異母兄弟也。堯豈不知之。而不能舉。無他。爲貴族所阻撓而已。此後舜欲授禹等九官。亦必詢於四岳。任其推薦。然則用人行政之大權。四岳操其强半也明矣。四岳者何也。白虎通云。總四岳諸侯之事者也。然則四岳之官。實代表全國諸侯。而總制中央。左右君主者。以理勢度之。其職權殆與斯巴達之『埃科亞士』 Ephors 絕相類。（參觀斯巴達小志）埃科亞士凡五人。而四岳則四人。皆貴族所以平均其勢力也。此爲我國貴族政治最盛之時代。及堯舜禹皆以不世出之英主。汲汲以集權奠國爲務。堯在位七十二年。舜在位六十一年。此百三十三年中。中央政府漸加整頓。權力日盛。能漸收豪族之權於帝室。而禹之大功。又足震懾天下。故堯不能誅四凶。舜不能服有苗。而禹則會諸侯於塗山。防風氏後

至直取而戮之蓋主權之雄强迥非昔比矣至是君主世襲之權確定而四岳之官至夏亦不復見於是貴族政治受第一次裁抑而專制政體一進化

夏殷之事史文闕漸今不具論周革殷命廣置封建而京畿之內二伯分陝權力猶埒王者厲王無道國人流之於彘而共和執政國人云者吾不敢信爲全國之平民也殆貴族而已（當時民權頗發達而我國又向無分民爲階級之弊故晉文聽輿人之誦子產採鄉校之議或者平民有權亦未可知吾不敢遽下斷案也但觀共和執政則貴族權之强盛有斷然者）此後見於史傳者如周召畢鄭虢祭單劉尹等諸族常左右周室司政權焉不待五霸之興而王者固已常如守府矣故周之一代實貴族政治之時代也（夏殷亦當然但不可考耳）然以視堯舜時則其權稍殺蓋彼則王位由其廢置而此則假王之名以行事者也春秋列國亦然在齊則有國高崔慶在魯則有三桓在鄭則有七穆在晉則有欒郤胥原范荀在楚則有屈昭景在宋則有武繆戴莊桓之族其餘諸國大率類是右族相繼持一國之大權政府（即貴族）勢力過於國君國君之廢立常出其手國君之行爲能掣其肘觀孟子告齊王以貴戚之卿反覆諫其君而不聽則易位滕文公欲行三年之喪父兄百官皆不欲則幾不能盡於大事亦可見當時貴族權力之一班矣周代貴族權所以獨盛者何也其一、由於人羣天然之段級使然其二、亦由人力有以助長之也蓋國家本起原於家族但國勢愈定則族制自當愈衰周之興去黃帝時代已二千載宜其家族之形體漸革而今反不爾者周制實以家爲國也故有最齊整最完備之一制度曰宗法所謂『別子爲祖繼別爲宗繼禰者爲小宗有百世不遷之宗有五世始遷之宗』此制度者王室與同姓諸侯之關係賴之諸侯與其境內諸侯之關係賴之乃至國中一切大小團體所以相維持相固結者皆賴之周代羣治悉以此制度爲中心點故曰國之本在家又曰家齊而後國治此誠實制非空言也以此之故貴族政治大伸其力雖以孟子之卓識。猶云『所謂故國者。非有喬木之謂也。有世臣之謂也。』亦可見貴族政治入人之深矣。逮至戰國。而社會之風潮一大變。秦始用客卿以强。列國繼之。及孔子沒後二百餘年。而貴族之權。與周室同盡矣。於是貴族政治受第二次裁抑。而專制政體一進化。

周末之貴族政治。所以能就澌滅者何也。吾推其原因有兩大端。（其一）由於學理之昌明。孔子最惡貴族政治者也。故其作春秋也。於尹氏卒（隱三年）齊崔氏出奔衞（宣十年）皆著譏世卿之義焉。於仍叔之子來聘（隱五年）曹世子射姑來朝（隱九年）皆著譏父老子代從政之義焉。春秋於大夫主權之舉。無不貶絕。溴梁之會（襄十六年）信在大夫。而春秋徧刺之。蓋孔子深見夫當時貴族政治之極弊。故救時之策。以此爲第一義。故曰天下有道則政不在大夫。摧滅貴族政治者。孔子之功最偉矣。墨子亦然。言尙賢。言尙同。至老子之芻狗一切者更無論矣。故孔墨老宗旨雖不同。而皆力倡萬民平等之大義。與二千年陋俗爲敵。其弟子亦多出身微賤。名聞一時。（子張駔儈也。顏涿聚大盜也。學於孔子。禽滑釐大盜也。學於墨子。）天下相與化之。以視亞里士多德之主張畜奴。大有異矣。故經諸大師大力鼓盪之後。而全羣之思想皆大變。（其二）由於時勢之趨嚮。自春秋末以至戰國。兼幷盛行。列國間之競爭最劇。相率以登進人材擴張國勢爲務。其雄鷙之主。知僅恃貴族不足以豪於天下。故敬禮處士。招致客卿。自秦人首用由余百里奚以霸西戎。此後商鞅范雎蔡澤張儀李斯。凡佐秦以成大業者。無一不起自遠客賤族。而吳越亦以伍子胥范蠡等之力。崛起南服。主盟中原。至戰國之末。列雄始悟優勝劣敗之所在。然後相率以踊其後。於是樂毅劇辛鄒衍淳于髡蘇秦公孫衍魯仲連廉頗藺相如李牧之徒。始皆以處士權傾人主矣。當時如齊孟嘗趙平原魏信陵。實爲貴族政治回光返照。放一異彩。而其所以能爾爾者。乃實由紆尊降貴。自放棄其貴族之特權。以結懽於處士。故雖謂三公子爲貴族之自伐者可也。至是而黄帝以來二千年之貴族政體一掃以盡。

漢高起草澤作天子。其本身既已不帶一毫貴族性質。其左右股肱蕭曹韓彭平勃之流。皆起家賤吏牙儈屠狗。致身通顯。君臣同道。益舉自有人類以來天然階級之陋習。震盪而消滅之。漢高復以刻薄悍鷙之手段。芟夷功臣使無遺種。故自漢興而布衣將相之局已定。初不待武帝時之卜式以牧羊爲御史大夫公孫弘以白衣爲丞相也。功臣既殄。而親藩又不得留京師參朝政。故在漢代。無可以生出貴族之道。若必求其近似者則后族當之矣。若西漢之吕氏、竇氏、田氏、霍氏、上官氏、王氏、東漢之鄧氏、竇氏、閻氏、梁氏、皆氣燄熏灼。權傾一時。雖然、舉不足以當貴族之名也。泰西之所謂貴族。與中國古代所謂貴族。皆别爲一階級。不與齊民等。而其族之人亦必甚多。受之於世襲。而非附一二人之末光以自尊顯。而又傳諸其胤。不以一二人之失勢而喪全族之權利。具此諸質。乃可謂之貴族。若漢之后族。則何有焉。衞青霍去病。以一異父同母之私生姊妹。蒙蔭以尸大位。自餘諸族。亦大率類是而已。其間惟哀平間之王氏。雖不能全具貴族之性質。而頗有其一二。故謂新莽之亂。爲貴族之小餘波可也。然其影響於數千年之政治界者抑甚微矣。東漢之末。袁氏以十二世爲漢司徒四世爲漢司空。紹術兩豎子。因乘餘蔭。竊方鎮者十餘年。似亦足爲貴族勢力之一徵焉。然所成就。既無可表見。且於中央政府無絲毫關係。夫安得以貴族政治論。至如曹氏之於漢。司馬氏之於魏。亦全由個人權力。處心積慮。以相攘奪。尤與貴族政治不相涉。故謂兩漢三國全無貴族。決非過言也。於是專制政體又一進化。

自魏陳羣立九品中正。取士之制。沿至晉代。至有所謂上品無寒門。下品無世族者。故戰國以後。至今日中間惟六朝時代。頗有貴族階級。『舊時王謝堂前燕。飛入尋常百姓家。』貴族與尋常百姓之區别頗印於全社會之膴中矣。及南北朝。門第益重。視後門寒素。殆如良賤之不可紊。（史稱趙邕寵貴一時欲與范陽盧氏爲婚盧氏有女父早亡叔許之而母不肯又崔巨倫姊眇一目其家議欲下嫁巨倫姑悲戚曰豈可令此女屈事卑族又何敬容與到溉不協謂人曰到溉尙有餘臭遂學作貴人是其例也）而單門寒士。亦遂自視微陋。不敢與世家相頡頏。（史稱右軍將軍王道隆權重一時到蔡興宗前不敢就席良久方去興宗亦不呼坐又宗越本南陽次門以事黜爲役宗後立軍功啓宋文帝求復次門等是其例也）其有發跡通顯。得與世族相攀附。則視爲莫大之榮幸。（史稱王敬則與王儉同拜開府儀同三公儉曰不意老子遂與韓非同傳敬則聞之曰我南沙小吏徼倖得與王衛軍同拜三公夫復何恨又孫搴寒賤齊神武賜以韋氏之女爲妻韋氏本士族時人榮之等是其例也）甚至風俗所趨。積重難返。雖以帝者之力。欲變易之而不可得。（史稱宋文帝寵中書舍人王宏興宗謂曰卿欲作士人得就王球坐乃當判爾若往詣球可稱旨就席及至宏將坐球舉扇曰卿不得爾宏還奏帝帝曰我便無如此何他日帝以勸球球曰士庶區別國之常也臣不敢奉詔又稱紀僧眞嘗啓宋武帝曰臣小人出自本州武吏他無所須惟就陛下乞作士大夫帝曰此事由江斆謝瀹我不得措意可自詣之僧眞承旨詣斆登榻坐定斆命左右移吾牀讓客僧眞喪氣而退告帝曰士大夫固非天子所命等是其例也）此等習尙。沿至初唐而猶極盛。（史稱唐太宗詔羣臣刊正姓氏第爲九等而崔氏猶居第一太宗列居第三詔曰曩時南北分析故以王謝崔盧爲重今則天下一家矣遂合三百九十三姓千六百五十一家爲氏族志頒行天下而李義府傳猶云自魏太和中定望族七姓子孫迭爲婚姻唐初作氏族志一切降之然房玄齡魏徵李勣仍往求婚故望不減云則固非太宗所能禁矣）及中唐猶未革。（唐書杜羔傳云文宗欲以公主降士族曰民間婚姻不計官品而尙閥閱我家二百年天子反不若崔盧邪可見唐之中葉其風不衰也）若此者。殆與泰西所謂『喀私德』『埃士梯德』者相類。實吾中國數千年來社會上一怪現象也。其原因所自起。吾不能確言。大率由於虛名。非由於實力也。彼之所謂門第者。於政治上權力毫無關係。雖起寒門。可以致其位於將相。雖致將相。而不能脫其籍於寒門。故六朝時代。可謂之有貴族。而不可謂之有貴族政治。其於專制政體之進化。毫無損也。

自此以後。並貴族之跡而全絕矣。元人以羶族奪我國土。壓制我種族。於是有分國人爲四階級之制。一曰蒙古人。二曰色目人。（即非蒙古非漢人之諸小蠻族）三曰漢人。（指滅金時所掠河北人民）四曰南人。（指滅宋時所掠江南人民）政權全在蒙古人。色目人次之。漢人南人最下。（南人尤甚）一切百官皆蒙古人爲之長。漢人南人從未有得爲正官者。終元之世。漢人得伴食宰相者二人而已。（史天澤賀惟一）而漢人與蒙古人同官者亦皆跪起稟白如小吏莫許抗禮。元代一百年中吾國民遂束縛於階級制度之下雖然此非我民族自造之現象也國被滅而爲敵所鉗夫安得已也此百年中可謂貴族政治然彼貴其所貴非吾所謂貴吾蓋不屑以汚我楮墨焉然彼以彼之貴族擁護彼之專制而專制政體亦一進化。有明三百年中變遷蓋少至本朝入主中夏亦生小小階級滿洲人爲一級最貴蒙古漢軍爲一級次之漢人爲一級最下然一視胡元之畛域則有間矣其政權分配之制則滿漢各半以五百萬滿洲之貴族而占其半以四萬萬漢人之平民而僅得其半不可不謂貴族政治之成績也然以別此階級之故而猶得其半較諸元代則吾輩惟有歌頌聖德而已中葉以來全化漢俗咸同以後以物競天擇自然之運政權歸漢人手者十而八九故本朝政治亦可列諸數千年歷史以常格而論之語其實際則本朝亦非有所謂貴族政體者存中葉以前之滿人中葉以後之漢人皆多起寒微參預大政而天潢貴冑反不得與聞政事蓋自晉八王以後帝者皆以畏偪之故裁抑親藩也久矣是亦專制政體進化之一大眼目也自熱河蒙塵以後始置議政王位軍機大臣上後雖裁撤而軍機常以親王領班貴族政治似稍復萌蘖焉然前者以恭邸醇邸之尊親其權不能敵文祥沈桂芬李鴻藻翁同龢孫毓汶徐用儀近則如禮王久擁首座之虛銜最近則慶王肅王嶄然顯頭角然其權亦不能敵榮祿剛毅蓋貴族政治之消滅久矣天之所廢誰能興之吾敢信自今以往吾中國必無或復先秦時代貴族政權之舊也至是而專制政體之進化果圓滿無遺憾矣。

『喀私德』『埃士梯德』之陋俗吾中國誠無之也（元之辱我不計）雖有之而其族亦甚微無所影響於政治六經古史中奴僕等字不多見然禮記有獻民虜者操右袂之語然則戰勝而俘人爲奴殆古俗所萬不能免者左傳屢

稱某人御戎某人爲右御戎可謂賤役也而爲之者大率皆貴族孔子則樊遲御冉有僕子路執輿闕黨童子將命是孔子終身無用奴僕之事是或聖人平等之精意則然然我古代斷無所謂如希臘羅馬之奴隸充斥者可斷言矣。（井田之制論者或謂其未嘗實行使果行之則人人受田百畝餘夫亦受焉安有所謂奴隸者乎）然至漢世下詔免奴婢者史不絕書苟前此無此物則何免之可言故謂中國絕無階級制度者亦非然也漢高定制令賈人不得乘車衣繡齊明帝制寒人（即寒門）不得用四幅繖此亦階級制度之施諸奴隸以外者也凡進化之公例世運愈進則下等級之人民必漸升爲高等而下等之數日以消滅乃吾中國則若反是自唐宋以前奴婢之種類蓋不多見而近今六七百年若反增益者吾推度之殆有兩原因焉一由胡元盜國時掠奪之禍極慘漢人南人率爲俘虜以入奴籍（趙甌北陔餘叢考記之極詳）二由前明中葉以後中使四出誅求無饜人民相率投大戶以避禍『投大戶』者當時之一名詞蓋以身體財產全鬻諸權貴有力之家甘永世爲其服役借作護身符以救一時也以此兩端故近世以來奴籍轉增於前古而本朝之制凡曾鬻身爲人僕者曾在公署執皂隸之役者曾爲倡優者及隸蛋戶者皆謂之身家不清白其子孫不得應試入仕計此類特別階級亦常不下全國民數五十分之一然則竟謂之無階級焉固不可也但以較諸歐洲中古以前及近世所謂隸農制度者則吾之文明終優於彼焉耳（案此一段與專制政體之進化無甚關係因論階級制度故並及之）

要而論之則吾國自秦漢以來貴族政治早已絕跡歐美日本人於近世最近世而始幾及之一政級。而吾國乃於二千年前而得之其相去不亦遠耶如前所云云貴族政治者最不平等之政治也最不自由之政治也吾中國既早已剗除之宜其平等自由達於極軌而郅治早陵歐美而上乃其結果全反是者何也試縱論之

貴族政治者雖平民政治之蟊賊然亦君主專制之悍敵也試徵諸西史國民議會之制度殆無不由貴族起希

臘最初之政治有所謂長者議會者存其議員卽各族之宗子 Father sovereign 而常握一國之實權者也此議會其後在斯巴達變爲元老議會 Gerusia 及國民議會其在雅典變爲元老議院 The Senate of the areopagus 及四百人議院 Pro-bouleutic senate 羅馬最初之政治亦有所謂元老院 Senate 者存其後變爲百人會議 Comitia Cenriata 平民會議 Concilia plebis 而保有世界最古之成文憲法所謂金牛大憲章者之一國（卽匈加里）亦由貴族要求於國王而得之者也英國今日民權最盛之國也考其國會發達之沿革其最始者爲賢人會議 The Witenage not 以王族、長老、教士充之是貴族之類也次之者爲諸曼王朝之大會議 The great of the kings tenants-in-chief 謂國王治下貴族士人之會議也以曾受封土及教會長教士等充之亦貴族也然後漸變爲所謂模範國會者 Model Pariament（千二百九十五年始命各州選二名爵士議員各市府選二名市民議員後世國會多取法於此故史家稱爲模範國會）此後逐漸改良進步然後完全善良之國會乃起由此觀之貴族政治固有常爲平民政治之媒介者焉

凡政治之發達莫不由多數者與少數者之爭而勝之貴族之對於平民固少數也其對於君主則多數也故貴族能裁抑君主而要求得相當之權利於是國憲之根本卽已粗立後此平民亦能以之爲型以之爲楯以彼之裁抑君主之術還裁抑之而求得相當之權利是貴族政治之有助於民權者一也君主一人耳既用愚民之術自尊曰聖曰神則人民每不敢妄生異想馴至視其專制爲天賦之權利若貴族而專制也則以少數之芸芸者與多數之芸芸者相形見絀自能觸其惡感起一吾何畏彼之思想是貴族政治之有助於民權者二也一尊之下既有兩派則疇昔君主與貴族相結以虐平民者忽然亦可與平民相結以弱貴族而君主專制之極則貴族平民又可相結以同裁抑君主三者相牽制相監督而莫或得自恣是貴族政治之有助於民權者三也有是三

者。則泰西之有貴族而民權反伸。中國之無貴族而民權反縮。蓋亦有由矣。吾非謂中國民權之弱。全由於無貴族。然此殆亦其複雜原因之一端也。

十八世紀之學說。其所以開拓心胸。震撼社會。造成今日政界新現象者。有兩大義。一曰平等。二曰自由。吾夙受其說而心醉焉。曰。其庶幾以此大義移植於我祖國。以蘇我數千年專制之憔悴乎。乃觀今日持此旗幟以呼號於國中者。亦非始無人。而其效力不少概見。則何以故。吾思之。吾重思之。彼泰西貴族平民之兩階級。權利義務。皆相去懸絕。誠哉其不平等也。君主壓制之下。復重以貴族壓制。羅網重重。誠哉其不自由也。惟不平等之極。故渴望平等。惟不自由之極。故日祝自由。反動力之爲用。豈不神哉。若中國則異是。謂其不平等耶。今歲華門一酸儒。來歲可以金馬玉堂矣。今日市門一駔儈。明日可以拖青紆紫矣。彼其受政府之朘削。官吏之笞辱也。不曰吾將取何術以相捍禦。而曰吾將歸而攻八股。吾將出而買財票。苟幸而獲中。則今日人之所以朘削我笞辱我者。我旋可還以朘削人笞辱人也。謂其不自由耶。吾欲爲游手。政府不問也。吾欲爲盜賊。政府不問也。吾欲爲棍騙。政府不問也。吾欲爲餓殍。政府不問也。聽吾自生自滅於此大塊之上。而吾又誰怨。而誰敵也。於是乎雖有千百盧梭。千百孟德斯鳩。而所以震撼我國民。開拓我國民之道。亦不得不窮。何以故。彼有形之專制。而此無形之專制故。彼直接之專制。而此間接之專制故。專制政體進化之極。其結果之盛大壯實。而顚撲不破。乃至若是。夫孰知夫我之可以自豪於世界者。用之不善。乃反以此而自弱於世界乎。噫。

第四章　權臣絕跡之次第及其原因結果

問者曰：權臣之爲物，果爲利於國耶，抑爲病於國耶。應之曰：權臣時而利國，時而病國，要其對於君主，則病多而利少也。今試以正當之訓詁爲權臣二字下界說，則國中受委任（注）其委任或受之自君或受之自民之大吏，（注）或中央大吏或地方大吏有獨立之威權，而不被掣肘於他人者是也。故專制國有權臣，立憲國亦有權臣。專制國之權臣，盡人所能解矣。立憲國之權臣，則如德國大宰相是也。德國大宰相兼聯邦參事會Bund-esrat之議長聯邦參事會即帝國國會之上院以立法機關而兼行法其下院則民選之議會Reichstag是也故上院之議長（即大宰相）不以下院之多數少數爲進退國法學者謂德國大宰相其地位恰如君主國之君主云英國大宰相亦是也。英國大宰相以下議院之多數少數爲進退故宰相恆爲議院多數黨所擁戴英之下議院有無限威權英人常云巴力門無事不可能爲所不能者除是使女變男男變女耳巴力門既有此威權則其多數擁戴之大宰相亦有此威權自不待言故謂權臣必病國者，曲士之論也。雖然，在專制國之權臣，則往往利少而病多，以故欲行完全圓滿之專制政體者，不可不取權臣而摧滅之。此實凡專制國之君主所願望而不能幾者也。能之者，惟今日之中國。

試即中國權臣之種類而分析之，爲表如左。

權臣
- 在中央政府者
  - （一）受顧命者（如殷伊尹周太公漢霍光及本朝之鼇拜肅順等類是也）
  - （二）有大勳勞者（如漢曹操晉劉裕乃至洪氏之楊秀清與夫歷朝之定策擁立等類皆是也）
  - （三）以特別之才術結主知者（如秦商鞅宋王安石明張居正等類是也此類之性質與他類稍別蓋其君授之以權權仍在君非欲去之而不能者也）
  - （四）貴戚（如漢之竇田閻梁王諸后族晉之諸王及楊賈諸后族乃至清初之睿親王等類是也）
  - （五）間接者（如魏何晏鄧颺之用曹爽晉孫秀之用趙王倫等類是也近世如孫毓汶之用醇親王亦近似之）
  - （六）以近習便佞進者（如唐之盧杞李林甫宋之韓侂冑賈似道清之和坤乃至歷朝之閹宦中官皆是也此類與第三類頗不同蓋此類能制人主欲去之而往往不能也）
- 在外者
  - （七）藩王
  - （八）方鎮

綜觀歷朝史乘。權臣柄政時代殆居强半。然其種類亦大有變遷。直至本朝最近數十年間。而其迹殆絕。夫所謂無權臣者。非指雄主在上羣下戢戢之時代言也。若彼者權臣之形影。雖暫伏匿。而可以產育權臣之胎卵固仍在也。必也其君主雖童騃耄昏荒淫庸闇。而仍不聞有權臣。必也其國內雖棼亂猖獗廢弛愁慘。而仍不聞有權臣。若是者眞可謂之無權臣也已矣。若是者非專制政體進化達於完全圓滿之域不克有此。

吾推原中國權臣消長之所由。其第一原因則敎義之浸淫是也。孔子鑒周末貴族之極敝。思定一尊以安天下。故於權門疾之滋甚。而經傳中矯枉過直之言。遂變爲神聖不可侵犯之天經地義。如所謂『惟辟作福。惟辟作威。臣無有作福作威』。所謂『天下有道則政不在大夫』。所謂『人臣無將。將而誅焉』。皆據亂世救敝之言。而二千年來君臣權限之理論所由出也。此外法家道家與儒敎中分天下。至其論治術。則皆以抱一於上鞭箠羣下爲政治之大原。漢興。叔孫通公孫弘之徒。緣飾儒術以立主威。鼂賈人豪。和合儒法。武帝表六藝。黜百家。益弘此術以化天下。天澤之辯益嚴。而世始知以權臣爲詬病。爾後二千餘年。以此義爲國民敎育之中心點。宋賢大揚其波。基礎益定。凡縉紳上流束身自好者。莫不兢兢焉。義理旣入於人心。自能消其梟雄跋扈之氣。束縛於名敎以就範圍。范蔚宗後漢書論張奐皇甫規之徒。功定天下之半。聲馳四海之表。俛仰顧盼。則天命可移。而猶鞠躬狼狽。無有悔心。以是歸功儒術之效。誠哉然也。若漢之武侯。唐之汾陽。近今之湘鄉湘陰合肥。皆隱受其賜者也。若是者取權臣之根本的觀念而摧陷之。以減殺其主觀的權力。厥功最偉矣。

其第二原因則全由於客觀的。卽君主之所以對待其臣是已。今更分論之。

前表列次權臣八種。而在中央政府者與居六焉。故宰相地位之變遷。與權臣之消長。最有密切關係。漢制。宰相副貳天子，與天子共治天下，而非天子之私人，故漢官曰，宰相於海內無所不統，漢儀曰，天子爲丞相起，天子爲丞相下輿，以鄧通之驕橫，而丞相申屠嘉坐府按召之，天子不能庇也，立命斬戮，天子舍代爲哀免之外，無他術也，相權尊嚴，可見一斑，揆當時之制，其宰相與今立憲國之宰相，殆幾相近，（謂比較的相近耳）蓋君相之間，所去不過一級，（黃梨洲明夷待訪錄引孟子天子一位公一位君一位卿一位之言，謂天子非截然立於羣僚之上，其論實本於歷史，非特理想也）君主亦不得加嚴憚焉，君主之侵相權，自漢武始，初秦制少府遣吏四人在殿中主發書，謂之尚書，（少府乃九卿之一，而尚書又少府所遣，則其職之秩之微甚矣）及漢武游宴後庭，始令宦者典事尚書，而外廷之權，漸移於宮中，其末年以霍光領尚書事，光薨，子山繼之，山敗，張安世繼之，宰相實權始在尚書矣，其所以由宰相而忽移於尚書者何也，漢制宰相必經二千石，（郡國守相）中二千石，（九卿）著有政聲者，歷御史大夫，（宰相之副也）乃得爲之，其位高，其望重，苟以節操自持者，雖天子亦不得干以私，漢武憚焉，乃任用己之左右近習能奉承意旨者，使潛奪其權，則尚書之所以重也，然自霍氏以後，尚書一職，移至外廷，寖假而其位之尊望之重，與前此之宰相等，（霍光以大將軍領尚書事，其後張安世以車騎將軍，王鳳以大司馬，師丹以左將軍領之，後漢章帝時以太傅趙熹太尉牟融並錄尚書事，蓋爲三公之兼官矣，和帝時以太尉鄧彪爲太傅錄尚書事，且班在三公上矣）又非復天子之所得而私矣，（漢官儀云，尚書令主贊奏事，總領紀綱，無所不統，與司隸校尉御史中丞朝會皆專席坐，京師號曰三獨坐，蓋後漢制也）於是乎復移而入於中書，（政權由尚書入中書，自魏晉始，然西漢之末，實已有之，漢書蕭望之傳云，元帝時中書令弘恭石顯秉勢用事，權傾內外，望之奏言中書政本，宜以賢明之選，更置士人，是中書有實權之明證也，時望之方錄尚書事也，又霍光傳言光夫人顯及禹山雲等言上書者益黠，奏封事輒下中書令取出之，不關尚書，然則中書侵權，自宣帝時而已然矣，要之著著由外廷以移於內侍而已）魏晉以後，尚書令徒擁尊號，而不掌實政，幾等於漢之三公，（史稱荀勖久在中書，參贊朝政，及遷尚書令，人有賀者，勖怒曰，奪我鳳凰池，諸公何賀焉）中書令，蓋始爲眞宰相矣，（魏黃初中以劉放爲中書監，孫資爲中書令，並掌機密，中書監自此始）南朝齊梁以後，復以侍中對掌禁令，逮乎初唐，遂以尚書中書門下（謂之三省，而尚書令中書令侍中爲三省長官，（侍中者門下省長官也）擬於三公，罷師傅保丞相太尉諸官悉不置，三省長官，名實並爲宰相。自唐始也。夫尚書中書令。在西漢時。爲少府官屬。與太官湯官上林諸令品列略等耳。侍中則爲加官但在東漢時。猶屬少府。銅印墨綬。秩稍增僅乃千石。其去公卿甚遠。或至出爲縣令。其卑微也若此。而顧以之總百揆掌機要何哉。無他。君主以是爲我弄臣。可以無所尊嚴。無所忌憚云爾。故三公之階不撤。然不過徒塞時望。敬而遠之。宰相之職偶置。則皆權臣簒弒時虛經之階級也。東漢末置丞相曹操爲之其三公則楊彪趙溫輩也魏末置丞相司馬師昭爲之其三公則王祥鄭沖輩也觀此而宰相一職。與權臣之關係。可概見矣。唐制。三省長官。既爲眞相。而秩猶三品。大歷中乃升正二品天子與宰相之位階相距蓋懸絕。其於孟子君一位卿一位之義。去之愈遠矣。然且以太宗嘗爲尚書令。臣下避不敢居。改以其屬官僕射爲尚書省長官。宰相之秩益卑。然且以其職望之隆。又非復天子之所得而私也。故不輕以授人。復以其他官更卑秩更小者尸其實權。於是有中書門下平章事同中書門下三品參知政事參預朝政諸名。同中書門下三品者因三省長官（即僕射侍中中書令也）皆秩三品也不欲實除故曰同之其後雖一品二品官亦加此名蓋可笑也一言蔽之。則君主遠其所敬畏者。而任其所可狎弄者云爾。及於宋。而尚書令侍中中書令位益崇重。至班在太師上。然亦不復除授矣。此又漢魏廢丞相不置之遺技也。宋制以三省長官秩高不除故以尚書令之貳左右僕射爲宰相而左僕射兼門下侍郎以行侍中之職右僕射兼中書侍郎以行中書令之職而別置侍郎以佐之唐初實權在三省。至高宗時。始分其職於北門學士。玄宗時。又移於翰林學士。既稍稍內遷矣。中葉以後。置諸司使。皆中官領之。而樞密使參預朝政。實與宰相分權。學士中書。皆承其下流。昭宗以降其職。始移於外廷。時大誅宦官宮中無復奄寺故命蔣元暉爲之樞密使移於朝臣自茲始五代因之。樞密使皆天子腹心之臣。日與議軍國大事。其權重於宰相。蓋唐末之樞密使。即漢武時之尚書中書令。而五代宋之樞密使。即東漢魏晉間之尚書中書令也。皆由君主猜忌外廷大臣使然也。唐制。三省各分職。中書出詔令。門下掌封駁。尚書主奉行。蓋微有三權鼎立之意焉。中書省其猶立法機關也。專制國立法之權全在君主亦固其所門下省其猶司法機關也。尚書省其猶行政機關也。夫門下省而有覆審封駁之權。則其妨害於專制也亦甚矣。（門下省封駁之權不獨其長官有之而已其所屬之給事中尤專以此爲職岳珂愧郯錄記唐李藩在瑣闥以筆塗詔書謂之塗歸宋南渡後三省合爲一此職遂專歸給事中愧郯錄又記元祐中權給事中梁燾封繳詔書其駁文云所有錄黃謹具封還伏乞聖慈特付中書省別賜取旨云云此亦可稱峻厲之司法官矣若近代則給事中與御史同職安用此疊床架屋無謂之升轉階哉）及宋南渡。以門下侍郎爲左僕射兼官。與中書侍郎同時取旨。於是三權合一。並歸於君主之左右近習。專制之威權。更增一層。此亦千古得失之林哉。明初。亦曾設丞相相國平章政事參知政事等官。及既定天下。又以其位高望重。非復天子所得而私也。於是罷中書省。（洪武十三年〇平章參知等官本屬中書省）諭以後嗣君毋得議置丞相。（洪武二十八年）而實權歸於內閣。內閣大學士之官。不過五品耳。（楊士奇在內閣得政歷二十五年後加至少師而實官仍止五品）以秩微之故。天子得任意以授其所私暱。猶漢世以秩六百石千石之中書尚書令代宰相也。（洪武十五年初置華蓋武英文淵東閣諸大學士而邵質以禮部尚書爲華蓋吳伯宗以檢討爲武英宋訥以翰林學士爲文淵吳沈以典籍爲東閣夫尚書翰林學士之與檢討典籍其官階甚相遠也而同時受此職其便於君主之任意遷除亦甚矣）蓋君主國之君主。雖專制權無限。而前代之法律。亦往往束縛之。（孟德斯鳩嘗詳論其理）故必脫離其名號。然後得自恣。歷代宰相名實之沿革。大率爲是也。梨洲待訪錄云。『有明之無善治。自高皇帝罷丞相始也。』又曰。『入閣辦事者。職在批答。猶開府之書記也。其事既輕。而批答之意。又必自內授之而後擬之。或者乃謂閣老無宰相之名。有宰相之實。若是者可謂有其實乎。』可謂知言。（趙甌北陔餘叢考卷二十有「前明司禮監即樞密使」一條蓋當時有所謂秉筆太監者常令粗寫事目送閣撰擬中唐以後正如是也故梨洲又謂有宰相之實者今之宮奴也要之實權自外廷漸移於內廷千古一轍耳）雖然、自漢中葉以後所公認爲宰相之職者。何一非開府書記之類。又寧獨區區有明之大學士哉。明之大學士。則東漢魏晉時之尚書中書令也。本朝之大學士。則唐宋之尚書中書令也。其位寖太高。其望寖太重。又非復天子之所得而私矣。於是一移於南書房。（康熙中諭旨多令南書房翰林撰擬其職如唐翰林學士掌內制實宰相也）再移於軍機處。（雍正間始設軍機處於隆宗門外以鄂爾泰張廷玉任之）政權皆以次內遷。猶漢唐故事也。所異者未入於中涓之手耳。自乾隆迄今。垂二百年。軍機處常爲獨一無二之樞要地。大學士而不兼軍機大臣者。猶漢末之太傅太尉不錄尚書。唐末之僕射平章不任樞密。冷然與閑曹無異也。夫以曾文正李文忠之勳名赫赫。蓋天下。任閣老且十年至數十年。然一離其方鎮之任。則冷然一閑曹也。左文襄贊軍機僅一月。遂爲先輩所排。不安其位。權臣之爲權臣。不亦難哉。嗚呼。僅以宰相一職。上下千古。而察其名實遞嬗之所由。當益信吾所謂中國專制政體進化達於完全圓滿之說。誠非過言矣。

難者曰。子所述者宰相之異名耳。若夫有天子不能無宰相。則二十餘代所同也。號之曰丞相。曰相國。曰太尉。曰太傅。曰司徒司馬司空。曰錄尚書事。曰尚書令。曰中書令中書監。曰侍中。曰僕射。曰平章。曰參知。曰同三品。曰承旨學士。曰樞密使。曰知制誥。曰內閣大學士。曰南書房翰林。曰軍機大臣。其名則殊。其實何擇焉。應之曰。否否。吾今所欲論辨者。正惟其實不惟其名也。吾以爲名實不副之相與實相比較。其相異之點有四。一曰位不甚高。望不甚重。不見嚴憚也。漢制天子待丞相。御座爲起。在輿爲下。不必論矣。即在後世擁三公虛號者（唐宋時之僕射等官已可謂之擁三公虛號蓋彼時此等官已如漢之丞相矣）猶不失坐而論道之禮。（宰相見天子不敢坐自范質之於宋藝祖始耳）至如漢武時之尚書中書侍中。則執唾壺虎子者也。（史稱孔安國爲侍中帝以其儒者特聽掌唾壺朝廷榮之云云吁亦可嘆矣）唐宋之學士。則出入諷議之司也。樞密使等。又益與明之秉筆太監無擇也。皆其素所狎比暱弄。而倡優畜之者也。善夫黃子之言曰。『宰相既罷。天子更無與爲禮者。遂謂百官之設。所以事我。能事我者我賢之。不能事我者我否之。』夫其位望稍足與君主相接近者。則既已敬而遠之。不使與聞國事。而所委任者。乃反在六百石（漢中書令）千石（東漢尚書令）三品（唐三省長官）五品（明大學士）之人。有資格者無地位。有地位者無資格。其不易造出權臣者一矣。二曰不得自辟掾屬也。漢制丞相官屬。有司直。有長史。有諸曹。而司直且秩中二千石，位司隸校尉上，相府諸官，皆不受職於天子，故曹操司馬昭劉裕之徒，將行篡弒，必復置眞相而自任之者，爲此種權利也。至尙書中書以下之所謂相者，無復此矣。若隋唐尙書之有左右司郎中左右承，務，宋中書之有五房檢正，明大學士之有中書，今軍機處之有章京，皆天子之臣，非長官所得而私也。其不易造出權臣者二矣。三曰徒掌票擬，職同書記，權非獨立也。相名曰丞，丞猶貳也。漢制，御史大夫丞相，而非丞相屬。御史中丞丞御史大夫，而非其屬。猶今制府丞丞府尹，縣丞丞知縣，而非其屬也。故因文究義，亦知丞相丞天子而斷，未嘗奴隸於天子。史記陳平對漢文帝言宰相者上佐天子理陰陽順四時下遂萬物之宜外鎭四夷諸侯內親附百姓使卿大夫各任其職云云凡此皆天子之事也又漢武帝語相田蚡曰君除吏盡否吾亦欲除吏此雖憤激爭權之語亦可見當時相權之獨立矣故先君崩殂嗣子諒闇則百官總已以聽冢宰亦猶總督丁憂則巡撫署理布政護理而已今立憲國詔令非宰相副署，不得施行，猶斯意也。故天子譬猶國之大腦，宰相譬則小腦也。若後世名實不副之宰相，則王之喉舌耳。喉舌之司，雖不可無，然其細已甚矣。唐虞之龍作納言，位次九官之末，而後世則以之在一人之下萬人之上。隋制竟以納言名宰相尤可笑更何處復容參政之餘地也。吾常謂今之軍機大臣，不過合留聲機器與寫字機器二者之長，此雖戲言，實確論也。雍乾間張文和汪文端親自擬旨是猶兼盡兩機器之職務此後皆傳旨使章京票擬則唯一之留聲機器而已故惟以有記性能愼密者爲上才。漢之初以霍光領尙書事史稱以其謹密而用之此後世英主擇相之祕訣矣其他皆非所需也。不見乎壬寅癸卯間，四軍機中無一人官肢完備者，曾何損於潤色鴻業矣。故眞相非才德望兼備者不任，而名實不副之相，乃愈庸才而愈妙也。其不易造出權臣者三矣。四曰同職數輩，勢位相等，不能擅專也。秦漢之相，則一而已，或分左右，不久旋罷。後世則既有尙書，復有中書，復有令，復有監，六朝時則侍中門下侍郎散騎常侍中書舍人等，往往並行宰相職。唐天寶以後，同時任平章同三品參知參預等職者，乃多至三四十人，明制大學士凡六員，本朝軍機大臣無定員，常四人至九人不等，雖其間秉鈞持衡者實不過一二，而其名號固已分矣。求其如古代及今世立憲國之正名定分，以一人總攝機要，禮絕百僚者，久矣乎未之有聞也。其不易造出權臣者四矣。以此四端，故緣宰相之名實，而權臣消長之機大顯焉。吾不敢指爲行政機關之退化，吾但見爲專制政體之進化而已。何也？彼桀黠之君主，不知經幾許研究試驗，而始得此法門也。

論專制政體有百害於君主而無一利

今民間稍有知識者，莫不痛心疾首於專制政體，其惡之也，殆以此爲吾害也。至如君主，若君主之私人，則莫不殫其精，竭其術，以維持迴護專制政體，其愛之也，殆以此爲吾利也。夫趨所利而去所害，人類之公性情然矣。使其果爲利也，則吾亦何敢拂戾此公性情，爲與虎謀皮之舉，以嘵瀆於炙手可熱者之側。雖然，其實際固非爾爾。吾思之，吾重思之，竊以爲專制政體之毒，其害民者一，而害君主者常二。民之受害者，有時而可避；君主之受害者，無地而可逃。民受害而他人猶以相憐；君主受害而後世且以爲快。故吾敢斷言曰：專制政體之於君主，有百害而無一利。謂余不信，請詢諸史。

中國數千年君統所以屢經衰亂滅絕者，其厲階有十，而外夷構釁、流賊揭竿兩者不與焉：一曰貴族專政，二曰女主擅權，三曰嫡庶爭位，四曰統絕擁立，五曰宗藩移國，六曰權臣篡弒，七曰軍人跋扈（如唐藩鎭之類），八曰外戚橫恣，九曰僉壬朘削（如李林甫、盧杞之類），十曰宦寺盜柄。此十者，殆歷代所以亡國之根原，凡叔季之朝廷，未有不居一於是者也。至求此十種惡現象所以發生之由，莫不在專制政體。專制政體者，實數千年來破家亡國之總根原也。

昔在周代，統一之業始集，於是廣封親藩以奬王室，及其衰也，諸侯力征，天王守府，迨於末葉，政在大府，齊之田陳。晉之三家．羽翼既就．主權亦移．周室之亡．實亡於貴族．秦嬴鑒之．夷天下爲郡縣．支孽無尺寸之土．功臣無湯沐之祚．而一胡亥一趙高舉而傾之．秦之亡．亡於嫡庶．亡於宦寺也．秦代專制政體最行．而其亡亦最速．漢高一天下．鑒秦之孤立與其爭統也．於是上法周制．廣置親藩．而孝惠儲位．不敢廢置．及其崩御．骨未寒而呂氏之禍作矣．是爲女后專權之嚆矢．（前此秦之太后穰侯已肇其端）呂氏既滅．七國旋驚．宗藩之禍．幾覆厥祚．七國既平．景武乃實行強幹弱枝之術．翦其爪牙．使無能爲役．而巫蠱之變．骨肉喋血．上官氏霍氏踵起．外戚之禍復燃．弘恭石顯繼興．宦官之禍萌蘗．未幾而王氏竟移漢鼎矣．西漢之亂亡．則女主宗藩外戚宦寺諸原因爲之也．東漢光武明章一小康．及和帝以後．竇氏鄧氏閻氏梁氏諸后族．互起互屠．而母后外戚之禍．達於極點．鄭衆李閏江京孫程單超曹節王甫等．狼狽相嬗．而宦官之禍．達於極點．海宇鼎沸．梟雄乘之．董卓曹操．遂屋漢社．東漢之亡．以母后外戚始．以宦寺中．以權臣終也．及魏承漢．上鑒七國．下鑒羣牧．於是悉廢封建．而外戚宦寺之禍亦不烈．而司馬懿鋤曹爽若拉枯朽．而魏遂移於晉矣．蜀以昭烈之略．諸葛之明．崎嶇保障者若干年．諸葛云亡．而一黃皓遂覆漢祀．吳大帝藉父兄之業．以霸江東．及其末年．而登和霸亮四子．已相攙奪．諸葛恪孫峻孫綝．橫極凶暴．竟廢其君．弱其國．三國之亡．魏亡於權臣．蜀亡於宦寺．吳亡於嫡庶及權臣也．晉復鑒魏孤立．大封宗室．而內之楊氏賈氏．外戚女主之亂踵起．外之八王相夷．骨肉剸刃．若屠犬羊．遂倚外寇爲聲援．寖成五胡之亂．西晉之亡．則后戚宗藩之爲之也．東渡後．宗室之勢驟殺．而都督之權驟強．王敦蘇峻桓溫桓玄．皆以方鎮構亂．竭舉國之力．僅能平之．而劉裕卽以此篡晉矣．東晉之亡．則軍人之爲之也．其在南朝．劉宋則有太子劭武陵王駿晉安王子勛等之相繼弒逆．蕭齊則有蕭鸞江祏等之廢立．蕭梁則有侯景及諸王之爭亂．陳則有孔範江總等之專橫．其在北朝．拓跋魏以道武爲初祖。而及身已被弒於厥子。寖假而胡太后弒孝明。爾朱榮弒元釗。爾朱兆弒孝莊。高歡廢節愍。而魏遂分東西。高齊則常山王演弒廢帝。宇文周則宇文護弒孝愍孝明。凡南北朝二百餘年間。七姓之亂亡。莫不由前此所舉十種罪惡之爲之也。隋文亦及身被弒於厥子。隋煬旋賈怨天下。被弒於近臣。隋之亡。則嫡庶爭立僉壬用事之爲之也。唐號稱極盛矣。而天下甫定。即有玄武門之變。高祖殆以憂死。僅三葉而武后禍起。唐易而周。韋氏繼之。女主之禍。乃達於極點。天寶以後。其在宮中則有楊貴妃張良娣之婪亂。其在朝廷。則有李林甫盧杞之橫恣。其在方鎭則有安祿山史思明李希烈朱泚李懷光等十數藩帥之叛亂。及至末葉。宦官大盛。遂釀成甘露之變。連弒數帝。擁立之權。皆在其手。而唐祚遂屋。唐之亂亡。起於家變。次以母后。次以僉壬。次以軍人。而終以宦寺也。五代十國之亂。更不足道矣。宋承唐後。懲藩鎭之禍。盡解功臣兵柄。而太宗已以繼嗣之爭。喋血於所親。其後蔡京章惇秦檜韓侂胄史彌遠相繼用事。屠殺善類。而僉壬之禍。亦與宋相終始。其在胡元。鐵木迭兒鐵失燕帖木兒等更迭作亂。海宇鼎沸。亦遂不能安於中國。元之亡。由宗藩權臣相爭之爲之也。及至前明。又懲歷朝禍亂之弊。遠師周漢。復建親藩。而燕王棣漢王高煦寧王宸濠安化王寘鐇等。遂以亂國。王振劉瑾嚴嵩魏忠賢等相繼用事。及中葉以後。而宦寺之禍。遂與漢唐鼎足。演成二千年間不男不女之歷史。明之亡。則親藩僉壬宦寺之爲之也。由此觀之。二千年中所謂君權者安在乎。嗟乎。論者以爲專制爲毒。毒百姓也。使其毒百姓。而百姓從而報復之。從而覆亡之。猶可言也。而彼專制者。亦可自諉爲專之未甚。制之未至。苟更精其術焉。終必可以絕後患而祈永命也。而豈知報復之覆亡之者。不在其所賤而在其所親。不在其所敵而在其所愛。彼二千年來歷姓崩折之禍。豈嘗有一焉若歐洲十八九世紀間之民變者。起而擠之也。即有一二揭竿草澤者。亦不過乘其腐敗之既極。乃得一逞焉耳。至其滅亡之根原。則全不在是。然則彼其專制之敝不足以爲患也。既若此。而何以亡國破家相隨屬也。又復若此。日本人常言曰『支那一部歷史。實以膿血充塞之歷史也』吾恥其言。雖然。吾不得不忍受其言。嗟夫當霸者之初起也。莫不汲汲焉思所以保我子孫。鞏我主權。帝王萬世。傳諸無窮。其所以懲前代之失而救其弊者。亦云瘁矣。乃或防一弊。而他弊卽起於所備之外。又或防之愈甚。而其末流之爲毒愈烈。若明太祖禁宦官不得讀書識字。本朝聖祖世宗高宗煌煌訓諭。極言母后臨朝之弊。宦豎預政之弊。儲貳廢立之弊。若此者豈不法嚴而意美乎哉。試觀有明末葉及近今之朝局。則前此所防者。其爲效何如矣。論者於是以爲無無弊之法。無可久之治。乃相與諉於一治一亂。天數使然。而政治家之理論以窮。夫天下果眞不可以久安長治乎。歷史果遂以相斫書而終古乎。則今日歐美日本之治。何以致焉。雖然。吾無怪論者之爲斯言也。彼其求之於此焉而不得所以治之之術。求之於彼焉而亦不得所以治之之術。然則其迷信退化主義。挾持厭世思想也亦宜。梁啓超曰吾請與普天下讀史諸君一解決此問題。儻願聞之。

淘濁流而欲得清泉。揚熱湯而欲止沸度。此必不可得之數也。不如澄其源焉。止其薪焉。此所謂治本之論也。中國君統之亂本何在。在彼十種惡業。十種惡業之亂本何在。在專制政體。專制政體一去。則彼十種者無所附以自存。不必以人力防之也。而不然者。防於此而彼則蹈瑕以起。防於今而後則伺隙以來。未有能免者也。請言其理。黃梨洲曰『後之爲人君者。以天下之利盡歸於己。以天下之害盡歸於人。使天下之人不敢自私。不敢自利。以我之大私爲天下之公。視天下爲莫大之產業。傳諸子孫。受享無窮。夫旣以產業視之。人之欲得產業。誰不如我。攝緘縢。固扃鐍。一人之智力不能勝天下欲得之者之衆也』嗚呼至哉言乎。數千年來。嫡庶之爭。統宗藩之倡亂。權臣之簒弑。軍人之窺伺。皆坐此而已。夫漢高之與韓彭。相去一間也。漢帝之與魏王。魏帝之與晉王。相去一間也。長安之與盧龍魏博。燕京之與雲南閩粵。指康熙三藩相去一間也。隋煬之與太子勇。唐太宗之與太子建成。相去一間也。吳楚七國之與漢文。燕王棣之與明建文。相去一間也。而一則富有四海。率土皆臣。一則屈膝承顏。僅保薄祿。夫誰不從而生心也。既懸一至可豔至可涎者以餌之於上。而欲禁人曰爾其無豔。是無涎。是則雖日尸一人猶不足以爲戒也。彼日本昔亦專制之國也。而千年以來。其專制之實權。不在君主而在大將軍。故日本之革命所革者在幕府。而不在王朝。何以故。彼有可欲。而此無可欲故。然吾中國禍亂之大原可知矣。天下之大欲集於君主。故天下之至危。亦集於君主。使其君而爲英國今日之君主也。夫誰得而覬之。卽使其君主而爲日本昔日之君主也。夫亦孰從而覬之。而徒以君主專制之可欲。故遂使數千年之歷史。以此等爭亂之跡充牣其十八九。吾不知數千年之君主。其安危苦樂榮辱之率。視今英國昔日本之君主何如也。君主既專制矣。其年長者英明雄武者。自能乾綱獨斷。舉自專自制之實。而不然者。或幼沖焉。或倦勤焉。或昏騃焉。或狂暴焉。或巽懦焉。或有所偏好偏惡焉。則其實權自不得不移於他人。於是母后之禍。外戚之禍。僉壬之禍。宦寺之禍。乃起。彼等非能自有其權。以與現在主權者相亢相攙奪也。而常依附現在主權者之權以自固。始而依附。繼而盜竊。久假不歸。而主權者反不得不伺其鼻息以爲存活。於是君主非專制者。而反爲被專制者矣。由此觀之。歷史上種種罪惡。有不從專制政體而生者乎。使非專制。則如英國日本之華族。給以爵號。優異齊民。其有功德有學識者。列之上議院。使參國政。而貴族專制之禍何從生焉。使非專制。則君位繼承之法。一從憲法所規定。某人宜嗣統。皆與民共見。一定而不可易。雖或今帝無後。而旁支血統。循序入嗣。亦有皇室典範以劃定之。而嫡庶爭位定策擁立大禮爭辯等禍何從生焉。攝政之權皆有一定。元首權尚立限制。況於攝者。而母后擅權之禍。何從生焉。天潢宗親各有食采所至國人莫不加敬其尊榮雖下君主一等。而君位既無可欲何苦貪此虛名傷彼實利則宗藩叛亂之禍。何從生焉。政府大臣皆有責任。稍失輿望立即去位權臣篡弒之禍。何從生焉。兵馬之權集於中央國防之責。同諸國民。而軍人跋扈之禍。何從生焉。一國會計皆由議院審定司農少府。各異所司。而僉壬朘削之禍。何從生焉。君之與國截然兩途宮中府中。不同一體。君主若有所親若有所愛則自以其私產豢養之不得及國事。而外戚橫恣宦寺盜柄之禍。何從生焉。不寧惟是君主既與國民共治此國。則君位之安危與國同體。苟有人焉欲破壞秩序侵主權以毒一國者。則全國之民皆將起而抗之不瞬息而禍撲滅。豈有若專制國之民。視君國之難如秦越人之肥瘠也。是則種種惡現象固無自生。即生矣。亦無自成也明矣。若是乎苟非專制政體。則此十種惡現象者。自一掃而空。若是乎。吾中國數千年膿血之歷史果無一事焉而非專制政體貽之毒也。

且專制政體之毒害君主。猶不止此。歷觀自秦以來歷史上之君主。合所謂正統者僭竊者計之。其數不下千餘。大率不得其死者十而一焉。被廢而幽者亦十而一焉。暇當爲列一表今倥偬未能及也夫以尋常人數統計之。苟非大亂離之頃最少必千人以上乃有一二不得其死者。而君主罹禍之率則已爲百與一之比例矣。不寧惟是。凡一姓之代興則其勝朝子孫。斬刈靡有孑遺。此前史數見不鮮之成例也。其最甚者。若晉之於魏。宋之於晉。齊之於宋。姚察梁書武帝紀論云魏晉革易皆抑前代宗支以絕民望及宋遂令司馬氏爲廢姓齊之代宋戚屬皆殲南史宋順帝紀云帝遜位後宋之王侯無少長皆盡矣北齊之於北魏。齊文宣帝殺魏宗室七百餘人隋之於宇文周。隋文既攘帝位宇文氏子孫以次誅殺殆無遺種今以周書考之周文帝子趙王招陳王純越王盛代王達滕王逌皆被殺而並殺招子員貫乾銑乾鈴乾鑑等純子謙讓議等盛子忱惊慨憤忻等達子執轉等逌子祐裕禮禧等而震之子實儉之子乾暉通子絢亦皆被殺於是周文帝子孫盡矣節閔帝一子康先死其子湜亦被殺於是節閔子孫又盡矣明帝子畢王賢酆王貞皆被殺幷殺賢子宏文恭道樹襄等貞子德文等於是明帝子孫亦盡矣武帝子漢王贊秦王贊曹王允道王充蔡王兌荆王元皆被殺於是武帝子孫盡矣宣帝子靜帝既爲隋文所害餘子鄴王衍郢王術皆幼而被殺於是宣帝子孫又盡矣其宗室亦以次斬刈靡有子遺云○按此等野蠻典故本不値記載今不避煩而徧述之者使後人劇心怵目知所懼云爾下仿此

皆百世後猶使人酸鼻寒心者矣。然此猶云鼎革之後爲然也。亦有鐘簴未改。而喋血已聞。宗子當陽。而王孫先啄。則有如齊王芳時。魏故在也。而曹爽以帝室懿親。已夷三族。諸曹殺戮過半。八王之亂。晉故在也。而懿師子孫。已草薙而禽獮。

八王者一汝南王亮司馬懿之子武帝叔父二楚王瑋武帝第五子三趙王倫懿之第九子四齊王冏齊王攸之子武帝從弟五河間王顒司馬孚之孫武帝從弟六成都王穎武帝第十六子七長沙王乂武帝第六子八東海王越司馬泰之子惠帝從叔祖時復有淮南王允吳王晏皆武帝子亦與於亂經此紛擾而司馬氏創業諸帝之子孫已十亡八九

武后之時。唐故在也。而李氏之後。已不絕如縷。

武后時自越王貞琅邪王沖起兵謀復王室事敗被誅於是殺韓王元嘉魯王靈夔范陽王靄黃公譔東莞公融霍王元軌江都王緒舒王元名汝南王瑋鄱陽公諲廣漢公謐汝山公蓁廣都王壽洹山王厥江王知祥及其子皎鄭王元璥豫章王亶蔣王煒安南郡王穎鄅國公昭滕王元嬰子六人紀王愼之子義陽王琮楚國公璿襄陽公秀廣化公獻建平公欽曹王明及諸宗室李直李敞李然李勳李策李越李黯李元李英李志業李知言李元貞鉅鹿公晃等數十百人除其屬籍幼者流嶺表又爲六道使所殺又武后親生之子太子宏太子賢賢子光順中宗子邵王重潤皆被殺至是唐高祖太宗之胤存者不及一二矣

其尤慘酷者。若宋之劉氏。

宋武帝七子長義符即位爲徐羨之等所廢殺次廬陵王義眞亦被廢殺次文帝義隆爲其子邵所弑次彭城王義康爲文帝賜死其子分爲邵所殺次江夏王義恭爲前廢帝所殺有十六子其十二爲邵所殺其四爲前廢帝所殺次南郡王義宣以謀反故幷諸子皆爲朱修之所殺次衡陽王義季以飮酒致殞僅得傳國是武帝七子除義季外皆死於非命且無後矣文帝十九子長元凶邵次始興王濬皆以弑逆被誅邵四子濬三子皆梟首次孝武帝次南平王鑠爲孝武酖死其三子皆爲前廢帝所殺次廬陵王紹出繼義眞以善終其子又爲前廢帝所殺次竟陵王誕孝武使沈慶之攻殺之無子次建平王宏善終其子及孫皆爲後廢帝所殺次廬陵王褘明帝逼令自殺次晉熙王昶前廢帝欲討之乃奔魏二子皆於齊受禪後賜死次武昌王渾孝武逼令自殺無子次明帝次始安王休仁爲明帝所忌賜死其二子後廢帝時被殺次晉平王休祐爲明帝所殺有十三子順帝時蕭道成以朝命並賜死次海陵王休茂以反伏誅次鄱陽王休業臨慶王休倩新野王夷父皆早卒次桂陽王休範舉兵討蕭道成敗死四子皆被殺次巴陵王休若爲明帝賜死是文帝十九子除二子嗣位三子早卒一子出奔虜子善終外其餘皆不得其死且無後也孝武帝二十八子夭殤者十爲前廢帝所殺者二爲明帝所殺者十六當明帝時以孝武子孫誅殺已盡則轉以已子武陵王贊爲孝武後則孝武子孫已無一在者可知也明帝不能人道養假子十二人夭者數四其餘則後廢帝順帝及諸王皆爲蕭道成所殺然則宋武九子四十餘孫六七十曾孫死於非命者十之七八且無一焉有後於世者矣

齊之蕭氏。

齊高帝武帝子孫皆被殺於明帝一人之手高帝十九子早殤者四人卒於明帝前者七人餘則鄱陽王鏘桂陽王鑠江夏王鋒南

平王子銳宜都王鏗晉熙王銶河東王鉉衡陽王鈞皆明帝所殺武帝二十三子早殤者四人前卒者三人其餘子廬陵王子卿安陸王子敬晉安王子懋隨郡王子隆建安王子眞西陽王子明南海王子罕巴陵王子倫邵陵王子貞臨賀王子岳西陽王子文衡陽王子峻南康王子琳湘東王子建衡山王子珉南郡王子夏皆明帝所殺史稱當時高武子孫朝不保夕每朝見鞠躬俯僂不敢正行直視云其後明帝之子東昏侯寶卷和帝寶融皆被廢殺之禍江夏王寶鉉先爲東昏所殺鄱陽王寶寅逃入魏後亦謀反被誅邵陵王寶攸晉熙王寶嵩桂陽王寶貞皆中興二年賜死是明帝諸子亦無一得免者而蕭齊之祀遂斬 隋之楊氏．隋文帝親爲子廣所弒其五子長太子勇被廢賜死次煬帝爲宇文化及所弒次秦王俊先卒次越王秀廢死江都之難次漢王諒以反誅計五子中除俊以外無一非不得其死者勇之子十一以酖死餘皆貶嶺外杖死俊二子諒各一子皆爲化及所害煬帝三子長太子昭先卒次齊王暕次趙王杲皆死江都之難太子昭之子燕王倓亦遇害江都越王侗稱號東都爲王世充所弒於是煬帝子孫亦無遺種矣 金之完顏氏．金主亮窮凶極惡弒君弒母殺伯叔兄弟及宗室數百人完顏子孫殆盡其名太繁今不備載 若此者．皆其結局之尤慘酷者也．自餘各朝．雖或其禍稍殺．然試問二千年來．霸天下者十數姓．其血胤子孫．能傳於今日者．曾有一人焉否也．漢獻帝曰．『朕亦不知命在何時．』明建文帝曰．『願世世子孫勿生帝王家．』明毅宗之將殉國也．先手刃其公主．叱之曰．『若何爲生我家．』至今讀其言．猶將如聞其聲．哀哀乎其有沈痛焉．夫以鄙野一匹夫．猶且能殖田園長子孫．傳其種以及於後．而所謂貴爲天子富有四海者．其結局乃皆若此．當其始也．力征經營．早作夜思．殫精竭慮．窮兇極暴．豈有一爲非爲子孫帝王萬世之業計者耶．豈知曾不旋踵．物換星移．如風捲籜．一掃而空矣．所謂『腰下寶玦青珊瑚．可憐王孫泣路隅．問之不敢道姓名．但道困苦乞爲奴』者．其猶爲最天幸焉矣．諺有之．『天下無不散之筵席．』歷觀自秦以來．專制君主之子孫．其有能三百年不經繫縛封割屠戮菹醢之慘者乎．人之好專制也．謂其爲吾利也．而所謂利者乃若此．此而爲利．則何者而謂爲害耶．嗚呼．前此飲鴆而死者．已不知百千萬人．而踵其後者．猶復沈沈然嗜之．天下大愚．豈有過此．

夫徒以爭此區區專制權．故而父子失其愛．兄弟失其親．母子夫婦失其睦．伯叔甥舅失其和．乃至素所與櫛風沐雨共患難之人或素所撫摩愛惜受豢養之人一旦肝膽楚越倒戈相向恨不得互剚刃於腹而始爲快是天下壞倫常毀天性滅人道破秩序之毒物未有甚於專制政體焉者也苟非禽獸苟非木石其何忍以此之故有父而不孝有子而不慈有兄弟而不友有夫婦而不戀有朋友而不親甚者乃至有身而不自愛也嗚呼其亦不思而已

專制政體之爲害於君主既若此矣然使其別有所大利焉或足以與所害相償則冒險以趨之亦無足怪者雖然其所謂利者果安在乎專制政體之利君主者有二（其一）則意欲上之自由一人爲剛萬夫爲柔作威作福頤指氣使所謂予無樂乎爲君惟其言而莫予違也（其二）則軀殼上之自由玉食萬方便嬖滿前宮妾數千窮奢極樂所謂非以一人治天下實以天下奉一人也吾今請取兩者而細論之

中國以專制最久聞自秦以來爲君主者不下千數問其能實行完全圓滿之專制者能有幾人乎吾竊嘗區二千年來君主之權力爲四種（第一）有全權親裁萬機毫不被掣肘於他人者凡得二十二人曰秦始皇曰漢高祖武帝光武昭烈曰吳大帝曰秦苻堅曰宋武帝曰齊高帝曰北魏孝文帝曰北周孝武帝曰唐太宗曰周世宗曰宋太祖神宗曰西夏李元昊曰元世祖曰明太祖成祖曰本朝聖祖世宗高宗（第二）其權力雖不如第一種之强盛而承襲先業繼體守文亦不甚被掣肘於人者凡得十二人曰漢文帝明帝章帝（景帝不列者以其常被制於竇太后也宣帝不列者以其常被制於霍氏也）曰魏文帝明帝曰陳宣帝曰宋太宗眞宗仁宗曰本朝仁宗宣宗文宗（世祖不列者以其時睿親王秉政也）（第三）初時行其全權或窮侈極欲自奉一人或窮兇極暴震慄天下後卒身危國削身弑國亡者凡得十一人曰新莽曰吳孫皓曰宋廢帝曰齊明帝曰梁武帝曰陳後主曰隋文帝煬帝曰唐玄宗憲宗曰宋徽宗（第四）

則不能自有其全權，或委政於母后，或委政於外戚，或委政於權臣僉壬宦寺，雖其間安危異數，榮辱殊途，大抵危而辱者十之七八，安而榮者十之一二，要之其不能自有專制權則一也。凡前所列諸帝以外之君主，皆屬此種。由此言之，君主千數，而能眞行專政權者不過此三四十人，其因此而釀弒亡之禍者，尙三之一焉。自餘則雖擁有普天率土之名，而實則唯諸守府，祭則寡人，其甚者則身處樊籠，背懸芒刺，其困阨苦難不自由，有甚於吾儕小民十倍者。專制云，專制云，卻笑年年壓金線，為他人作嫁衣裳。吾不知於君主果何利也。

若夫欲藉此專制權以窮極耳目之欲者，則吾見夫為君主者無此心則已，苟有此心，則其專制權終不能一朝居也。夫不必其瘁心力以顧公益為民事也，卽使欲保其產業以長子孫焉，固已不可不劬勞於在原，咨嗟於在廟，宵衣旰食，日昃不遑。昔人大寶之箴，帝範之鑑，迂儒腐生皆能言之矣。乾隆御製詩有云：『不及江南一富翁，日高三尺猶鋪被』，誠哉其閱歷心得親切有味之言也。黃梨洲原君篇又云：『夫以千萬倍之勤勞而己又不享其利，必非天下之人情所欲居也。故古之人君，量而不欲入者，許由、務光是也；入而又去之者，堯、舜是也；初不欲入而不得去者，禹是也。豈古之人有所異哉？好逸惡勞，亦猶夫人之情也。』故吾以為人而不欲求耳目之樂則已耳，苟其欲之，則他種地位皆可居，而惟專制君主之地位萬不可居，苟居之，則樂未極而哀已來，欲未滿而身為僇矣。專制云，專制云，地下若逢陳後主，豈宜重問後庭花。吾不知於君主果何利也。

準此以談，則吾所謂專制政體有百害於君主而無一利者，雖蘇張之舌，其無以為難矣。夫其利害之理既至分明而易識別也，若彼利害之數又屢經驗而有成例也，若此則誠宜如梨洲所云，以俄傾之淫樂不易無窮之悲，雖愚者亦明之矣。而竟數千年覆轍折軫不絕於天壤者，何也？曰：溺於所習，知其一不知其二也。邊沁倡樂利主義以爲通德之標準。而世固有縱飲博之樂。貪穿窬之利。而自託於邊沁之徒者焉。算學不精。而因以自誤也。夫世之君主及君主私人。以擁護專制政體爲自樂自利之法門者。亦猶是而已矣。亦猶是而已矣。

且君主及君主之私人。所以必擁護專制政體者。吾知之矣。彼其心以爲專制政體與君主相依爲命。去其甲而乙亦不能立也。噫嘻。其陋矣。專制政體爲一物。君主爲一物。兩者性質不同。範圍不同。夫烏得而混之。不觀歐洲乎。今世歐洲十餘國中。除法蘭西瑞士外。皆有君主。此讀史者所能知也。除俄羅斯土耳其外。皆無復專制政體。又讀史者所能知也。而最近之日本。又其明證矣。百餘年前之歐洲日本。其貴族專政之禍。猶吾國也。其女主擅權之禍。猶吾國也。其嫡庶爭位之禍。猶吾國也。其宗藩移國之禍。猶吾國也。其權臣篡弒之禍。猶吾國也。其軍人跋扈之禍。猶吾國也。其外戚橫恣之禍。猶吾國也。其僉壬朘削之禍。猶吾國也。所謂亡國十原因者。而彼等備其九焉。所缺者惟宦寺之人妖耳。而諸國歷代君統覆滅之遠因近因。亦恆在此。無一而不猶吾國也。每讀近世史。至屢次之日耳曼帝位繼承問題。波蘭王位繼承問題。西班牙太后馬渣連事件。俄羅斯太后蘇菲亞事件。（大彼得之母也）英王查利斯第一事件。法王路易第十六事件。乃至其餘種種糜爛紛擾慘酷困難之現象。未嘗不歎古今東西政治上之罪惡。何以若出一轍。今則自俄羅斯以外。問諸國猶有以此等罪惡污玷其國史者乎。無有矣。中國館閣頌揚通語。動曰國家億萬年有道之長。若今者英德日諸國之君主。眞可謂億萬年有道之長也。而不然者。則有若當世專制第一之俄羅斯。而亞力山大第二被弒矣。亞力山大第三以憂死矣。今皇尼古喇第二亦被刺於日本。幾不免矣。享萬乘之虛名。無一夕之安寢。以視英日德諸皇何如矣。君主而不欲自愛則已耳。君主之私人而不欲愛其君則已耳。苟其欲之。宜何擇哉。

然則爲國民者。當視專制政體爲大衆之公敵。爲君主者。當視專制政體爲一己之私仇。彼其毒種盤踞於我本羣者。雖已數千年。合上下而敵之仇之。則未有不能去者也。雖然。若君主及君主之私人。而不肯仇彼焉。從而愛惜之增長之。則他日受毒最烈者。不在國民而在君主及其私人也。按諸公理。凡兩種反比例之事物不相容。則必有爭。爭則舊者必敗。而新者必勝。專制政體之不能生存於今世界。此理勢所必至也。以人力而欲與理勢爲禦。譬猶以卵投石。以螳當車。多見其不知量而已。故吾國民終必有脫離專制苦海之一日。吾敢信之。吾敢言之。而其中有一機關焉。君主及其私人。而與民同敵也。則安富焉。尊榮焉。英國日本。實將來中國之倒影也。君主及其私人。而認賊作子也。則國民仇專制政體。而不得不並仇及專制政權之保護主。法國美國。實將來中國之前車也。夫爲英日與爲法美。在我國民則何擇焉。所最難堪者。自居於國民以外之人耳。易曰。井渫不食。爲我心惻。可以汲。王明並受其福。君子讀史記屈原列傳。而不禁廢書而歎也。

論立法權

立法行法司法。諸權分立。在歐美日本。既成陳言。婦孺盡解矣。然吾中國立國數千年。於此等政學原理。尚未有發明之者。故今以粗淺平易之文略詮演之。以期政治思想普及國民。篇中雖間祖述泰西學說。然所論者大率皆西人不待論而明之理。自稍通此學者觀之。殆如遼東之豕。宋人之曝。祇覺詞費耳。然我四萬萬同胞中。並此等至粗極淺之義而不解者。殆十而八九焉。吾又安敢避詞費而默然也。學者苟因此以益求精焉深焉者。則嘗鼎之臠。固所願矣。

第一節　論立法部之不可缺

國家者人格也。有人之資格謂之人格。凡人必有意志然後有行爲。無意志而有行爲者。必瘋疾之人也。否則其夢囈時也。國家之行爲何。行政是已。國家之意志何。立法是已。泰西政治之優於中國者不一端。而求其本原。則立法部早發達實爲最著要矣。泰西自上古希臘。卽有所謂長者議會。Gerontes 由君主召集貴族。制定法律。頒之於民。又有所謂國民議會。An assembly of the Gentes 凡君主貴族所定法律。必報告於此會。使民各出其意以可否之。然後施行。其後雅典之拔倫。斯巴達之來喀格士。皆以大立法家爲國之楨。羅馬亦然。其始有所謂百人議會者。Comitia Centuriata 以軍人組織之。每有大事。皆由其議決。及王統中絕之際。有所謂羅馬元老院 The Senate 羅馬平民議會 Concilia Plebis 者。角立對峙。爭立法權。久之卒相調和。合爲國民評議會。Comitia Tributa 故後雖變爲帝政。而羅馬法之發達。獨稱完備。至今日各國宗之。及條頓人與羅馬代興。卽有所謂人民總會者。To'kmot 有所謂賢人會議者。Wetenagemot 皆集合人民。而國王監督之。以行立法之事。遂漸進化。遂成爲今日之國會。所謂巴力門 Parliament 者是也。十八世紀以來。各國互相仿效。愈臻完密。立法之業。益爲政治上第一關鍵。覘國家之盛衰强弱者。皆於此焉。雖其立法權之附屬。及其範圍之廣狹。各國不同。而要之上自君相。下及國民。皆知此事爲立國之大本大原。則一也。

耗矣哀哉。吾中國建國數千年。而立法之業。曾無一人留意者也。周官一書。頗有立法之意。歲正懸法象魏。使民讀之。雖非制之自民。猶有與民同之之意焉。漢興。蕭何制律。雖其書今佚。不知所制者爲何如。然卽漢制之散見於羣書者觀之。其爲因沿秦舊。無大損益。可斷言也。魏明帝時。曾議大集朝臣。審定法制。亦不果行。北周宇文時。蘇綽得君。斐然有制度考文之意。而所務惟在皮毛。不切實用。蓋自周公迄今三千餘年。惟王荊公創設制置條例三司，能別立法於行政，自爲一部，實爲吾中國立法權現影一瞥之時代。惜其所用非人，而頑固盧懦之徒，又羣焉掣其肘，故斯業一墜千年，無復過問者。嗚呼，荀卿有治人無治法一言，誤盡天下，遂使吾中華數千年國爲無法之國，民爲無法之民，並立法部而無之，而其權之何屬，更靡論也，並法而無之，而法之善不善，更靡論也。

夫立法者，國家之意志也。就一人論之，昨日之意志與今日之意志，今日之意志與明日之意志，常不能相同，何也，或內界之識想變遷焉，或外界之境遇殊別焉，人之不能以數年前或數十年前之意志以束縛今日，甚明也。惟國亦然，故必須常置立法部，因事勢，從民欲，而立制改度，以利國民，各國之有議會也，或年年開之，或間年開之，誠以事勢日日不同，故法度亦屢屢修改也。乃吾中國則今日之法，沿明之法也，明之法，沿唐宋之法也，唐宋之法，沿漢之法也，漢之法，沿秦之法也，秦之距今二千年矣，而法則猶是，是何異三十壯年，而被之以錦綳之服，導之以象勺之舞也。此其敝皆生於無立法部，君相既因循苟且，憚於改措，復見識隘陋，不能遠圖，民間則不在其位，莫敢代謀，如塗附塗，日復一日，此眞中國特有之現象，而腐敗之根原所從出也。

彼祖述荀卿之說者曰：但得其人可矣，何必斷斷於立法，不知一人之時代甚短，而法則甚長，一人之範圍甚狹，而法則甚廣，恃人而不恃法者，其人亡則其政息焉。法之能立，賢智者固能神明於法，以增公益，愚不肖者亦束縛於法，以無大尤，靡論吾中國之乏才也，即使多才，而二十餘省之地，一切民生國計之政務，非百數十萬人不能分任也，安所得百數十萬之賢智而薰治之。既無人焉，又無法焉，而欲事之舉，安可得也。夫人之將營一室也，猶必先繪其圖，估其材，然後從事焉，曾是一國之政，而顧一室之不若乎。近年以來，吾中國變法之議屢興，而效不覩者，無立法部故也。及今不此之務，吾知更閱數年數十年，而效之不可覩，仍如故也。今日上一奏，明日下一論。無識者歡欣鼓舞。以爲維新之治可以立見。而不知皆紙上空文。羌無故實。不寧惟是。條理錯亂。張脈僨興。宜存者革。宜革者存。宜急者緩。宜緩者急。未見其利。先受其敝。無他。徒觀夫西人政效之美。而不知其所以成其美者有本原在也。本原維何。曰立法部而已。

第二節　論立法行政分權之理

立法行政分權之事。泰西早已行之。及法儒孟德斯鳩。益闡明其理。確定其範圍。各國政治。乃益進化焉。二者之宜分不宜合。其事本甚易明。人之有心魂以司意志。有官肢以司行爲。兩各有職。而不能混者也。彼人格之國家。何獨不然。雖然、其利害所存。猶不止此。孟德斯鳩曰『苟欲得善良政治者。必政府中之各部。不越其職。然後可。然居其職者往往越職。此亦人之常情。而古今之通弊也。故設官分職。各司其事。必當使互相牽制。不使互相侵越』又曰『立法行法二權。若同歸於一人。或同歸於一部。則國人必不能保其自由權。何則。兩種相合。則或藉立法之權以設苛法。又藉其行法之權以施此苛法。其弊何可勝言。如政府中一部有行法之權者。而欲奪國人財產。乃先賴立法之權。預定法律。命各人財產。皆可歸之政府。再藉其行法之權以奪之。則國人雖欲起而與爭。亦力不能敵。無可奈何而已』云云。此孟氏分權說之大概也。

孟氏此論。實能得立政之本原。吾中國之官制。亦最講牽制防弊之法。然皆同其職而掣肘之。非能釐其職而均平之。如一部而有七堂官。一省而有督有撫有兩司有諸道。皆以防侵越相牽制也。而不知徒相掣肘。相推諉。一事不舉。而弊亦卒不可防。西人不然。凡行政之事。每一職必專任一人。授以全權。使盡其才以治其事。功罪悉以屬之夫是謂有責任之政府若其所以防之者則以立法司法兩權相爲掎角（司法權別論之）立法部議定之法律經元首裁可然後下諸所司之行政官使率循之行政官欲有所興作必陳其意見於立法部得其決議乃能施行其有於未定之法而任意恣行者是謂侵職侵職罪也其有於已定之法而奉行不力者是謂溺職溺職亦罪也但使立法之權確定所立之法善良則行政官斷無可以病國厲民之理所謂其源潔者其流必澄何必一一而防之故兩者分權實爲制治最要之原也

吾中國本並立法之事而無之則其無分權更何待言然古者猶有言坐而論道謂之三公作而行之謂之有司亦似稍知兩權之界限者然漢制有議郎有博士專司討議但其秩抑末其權抑微矣夫所謂分立者必彼此之權互相均平行政者不能强立法者以從我若宋之制置條例司雖可謂之有立法部而未可謂之有立法權也何也其立法部不過政府之所設爲行政官之附庸而分權對峙之態度一無所存也唐代之給事中常有封還詔書之權其所以對抗於行政官使不得專其威柄者善矣美矣然所司者非立法權僅能摭拾一二小故救其末流而不能善其本也若近世遇有大事亦常下大學士六部九卿翰詹科道督撫將軍會議然各皆有權各皆無權既非立法亦非行政名實混淆不可思議故今日欲與新治非劃清立法之權而注重之不能爲功也

第三節　論立法權之所屬

立法權之不可不分既聞命矣然則此權當誰屬乎屬於一人乎屬於衆人乎屬於吏乎屬於民乎屬於多數乎屬於少數乎此等問題當以政治學之理論說明之

英儒邊沁之論政治也，謂當以求國民最多數之最大幸福爲正鵠。此論近世之言政學者多宗之。夫立法則政治之本原也，故國民之能得幸福與否，得之者爲多數人與否，皆不可不於立法決定之。夫利己者人之性也，故操有立法權者，必務立其有利於己之法，此理勢所不能免者也。然則使一人操其權，則所立之法必利一人；使衆人操其權，則所立之法必利衆人。吏之與民亦然，少數之與多數亦然。此事固非可以公私論善惡也，一人之自利固私，衆人之自利亦何嘗非私，然而善惡判焉者，循所謂最多數最大幸福之正鵠，則衆人之利重於一人，民之利重於吏，多數之利重於少數，昭昭明甚也。夫誹謗偶語者棄市，謀逆者夷三族，此不問而知爲專制君主所立之法也；婦人可有七出，一夫可有數妻，此不問而知爲男子所立之法也；奴隸不入公民，農傭隨田而鬻，俄國舊例如此，此不問而知爲貴族所立之法也；信教不許自由，祭司別有權利，此不問而知爲教會所立之法也。以今日文明之眼視之，其爲惡法固無待言，雖然，亦不過立法者之自顧其利益而已。若今世所稱文明之法，如人民參政權、服官權、言論結集出版遷移信教各種之自由權等，亦何嘗非由立法人自顧其利益而來，而一文一野判若天淵者，以前者之私利與政治正鵠相反，而後者之私利與政治正鵠相合耳。故今日各文明國皆以立法權屬於多數之國民。

然則雖以一二人操立法權，亦豈必無賢君哲相，忘私利而求國民之公益者？曰：斯固然也。然論事者語其常不語其變，恃此千載一遇之賢君哲相，其不如民之自恃也明矣。且記不云乎，代大匠斲者必傷其手，即使有賢君哲相以代民爲謀，其必不能如民之自謀之尤周密而詳善，有斷然也。且立法權屬於民，非徒爲國民個人之利益而已，而實爲國家本體之利益。何則？國也者積民而成，國民之幸福，即國家之幸福也。國多貧民，必爲貧國，國多富民。必爲富國。推之百事。莫不皆然。美儒斯達因曰。『國家發達之程度。依於一個人之發達而定者也。』故多數人共謀其私。而大公出焉矣。合多數人私利之法。而公益之法存焉矣。

立法者國家之意志也。昔以國家爲君主所私有。則君主之意志。卽爲國家之意志。其立法權專屬於君主固宜。今則政學大明。知國家爲一國人之公產矣。且內外時勢。寖逼寖劇。自今以往。彼一人私有之國家。終不可以立優勝劣敗之世界。然則今日而求國家意志之所在。舍國民奚屬哉。況以立法權畀國民。其實於君主之尊嚴。非有所損也。英國日本。是其明證也。君主依國家而尊嚴。國家依國民之幸福而得幸福。故今日之君主。不特爲公益計。當畀國民以立法權。卽爲私利計。亦當爾爾也。苟不畀之。而民終必有知此權爲彼所應有之一日。及其自知之而自求之。則法王路易第十六之覆轍。可爲寒心矣。此歐洲日本之哲后所以汲汲焉此之爲務也。

飲冰室文集之十

論政府與人民之權限

天下未有無人民而可稱之爲國家者。亦未有無政府而可稱之爲國家者。政府與人民。皆構造國家之要具也。故謂政府爲人民所有也不可。謂人民爲政府所有也尤不可。蓋政府人民之上。別有所謂人格（人格之義屢見別篇）之國家者。以團之統之。國家握獨一最高之主權。而政府人民皆生息於其下者也。重視人民者。謂國家不過人民之結集體。國家之主權。卽在箇人。（謂一箇一箇人也）其說之極端。使人民之權無限。其弊也陷於無政府黨。率國民而復歸於野蠻。重視政府者。謂政府者國家之代表也。活用國家之意志而使現諸實者也。故國家之主權。卽在政府。其說之極端。使政府之權無限。其弊也陷於專制主義。困國民永不得進於文明。故構成一完全至善之國家。必以明政府與人民之權限爲第一義。

因人民之權無限以害及國家者。泰西近世間或有之。如十八世紀末德國革命之初期是也。雖然、此其事甚罕見。而縱觀數千年之史乘。大率由政府濫用權限。侵越其民。以致衰致亂者。殆十而八九焉。若中國又其尤甚者也。故本論之宗旨。以政府對人民之權限爲主眼。以人民對政府之權限爲附庸。

政府之所以成立。其原理何在乎。曰、在民約。（民約之義。法國碩儒盧梭倡之。近儒每駁其誤。但謂此義爲反於國家起原之歷史則可。謂其謬於國家成立之原理則不可。雖憎盧梭者亦無以難也）人非羣則不能使內界發達。人非羣則不能與外界競爭。故一面爲獨立自營之箇人。一面爲通力合作之羣體（或言由獨立自營進爲通力合作此語於論理上有缺點蓋人者能羣之動物自最初卽有羣性非待國羣成立之後而始通合也既通合之後仍常有獨立自營者存其獨性不消滅也故隨獨隨羣卽羣卽獨人之所以貴於萬物也）此天演之公例不得不然者也既爲羣矣則一羣之務不可不共任其責固也雖然人人皆費其時與力於羣務則其自營之道必有所不及民乃相語曰吾方爲農吾方爲工吾方爲商吾方爲學無暇日無餘力以治羣事也吾無寧於吾羣中選若干人而一以託之焉斯則政府之義也政府者代民以任羣治者也故欲求政府所當盡之義務與其所應得之權利皆不可不以此原理爲斷

然則政府之正鵠何在乎曰在公益公益之道不一要以能發達於內界而競爭於外界爲歸故事有一人之力所不能爲者則政府任之有一人之舉動妨及他人者則政府彈壓之政府之義務雖千端萬緒要可括以兩言一曰助人民自營力所不逮二曰防人民自由權之被侵而已率由是而綱維是此政府之所以可貴也苟不爾爾則有政府如無政府又其甚者非惟不能助民自營力而反窒之非唯不能保民自由權而又自侵之則有政府或不如其無政府數千年來民生之所以多艱而政府所以不能與天地長久者皆此之由

政府之正鵠不變者也至其權限則隨民族文野之差而變變而務適合於其時之正鵠譬諸父兄之於子弟以導之使成完人爲正鵠當其孩幼也父兄之權限極大一言一動一飲一食皆干涉之蓋非是則不能使之成長也子弟之智德才力隨年而加則父兄之干涉範圍隨年而減使在弱冠强仕之年而父母猶待以乳哺孩抱時之資格一一干涉之則於其子弟成立之前途必有大害夫人而知矣國民亦然當人羣幼稚時代其民之力未能自營非有以督之則散漫無紀而利用厚生之道不興也其民之德未能自治非有以箝之則互相侵越而欺淩殺奪之禍無窮也當其時也政府之權限不可不强且大及其由撥亂而進升平也民既能自營矣自治矣而

猶欲以野蠻時代政府之權以待之。則其俗强武者。必將憤激思亂。使政府岌岌不可終日。其俗柔懦者。必將消縮萎敗。毫無生氣。而他羣且乘之而權其權地其地奴其民。而政府亦隨以成灰燼。故政府之權限與人民之進化成反比例。此日張則彼日縮。而其縮之乃正所以張之也。何也。政府依人民之富以爲富。依人民之强以爲强。依人民之利以爲利。依人民之權以爲權。彼文明國政府。對於其本國人民之權。雖日有讓步。然與野蠻國之政府比較。其尊嚴榮光。則過之萬萬也。今地球中除棕黑紅三蠻種外。大率皆開化之民矣。然則其政府之權限當如何。曰、凡人民之行事。有侵他人之自由權者。則政府干涉之。苟非爾者。則一任民之自由。政府宜勿過問也。所謂侵人自由者有兩種。一曰、侵一人之自由者。二曰、侵公衆之自由者。侵一人自由者。以私法制裁之。侵公衆自由者。以公法制裁之。私法公法。皆以一國之主權而制定者也。（主權或在君或在民或君民皆同有以其國體何所屬而生差別）而率行之者則政府也。最文明之國民。能自立法而自守之。其侵人自由者益希。故政府制裁之事。用力更少。史稱堯舜無爲而治。若今日立憲國之政府。眞所謂無爲而治也。不然者。政府方日禁人民之互侵自由。而政府先自侵人民之自由。是政府自己蹈天下第一大罪惡。（西哲常言天下罪惡之大未有過於侵人自由權者）而欲以令於民。何可得也。且人民之互相侵也有裁制之者。而政府之侵民也。無裁制之者。是人民之罪惡可望日減。而政府之罪惡且將日增也。故定政府之權限。非徒爲人民之利益。而實爲政府之利益也。

英儒約翰彌兒所著自由原理。John Stuart, Mill's On Liberty 有云。

縱觀往古希臘羅馬英國之史册。人民常與政府爭權。其君主或由世襲。或由征服。據政府之權勢。其所施行。不特不從人民所好而已。且壓抑之蹂躪之。民不堪命。於是愛國之義士出。以謂人民之不甯由於君權之無限。然後自由之義乃昌。人民所以保其自由者。不出二法。一曰限定宰治之權。與君主約。而得其承諾。此後君主若背棄之。則爲違約失職。人民出其力以相抵抗。不得目爲叛逆。是也。二曰人民得各出己意表之於言論。著之於律令。以保障全體之利益是也。此第一法。歐洲各國久已行之。第二法則近今始發達。亦漸有披靡全地之勢矣。

或者曰。在昔專制政行。君主知有己不知有民。則限制其權。誠非得已。今者民政漸昌。一國之元首。元首者兼君主國之君主民主國之大統領而言殆皆由人民公選而推戴之者。可以使之欲民所欲而利民所利。暴虐之事。當可不起。然則雖不爲限制亦可乎。曰是不然。雖民政之國。苟其政府權限不定。則人民終不得自由。何也。民政之國。雖云人皆自治。而非治於人。其實決不然。一國之中。非能人人皆有行政權。必有治者與被治者之分。其所施政令。雖云從民所欲。然所謂民欲者。非能全國人之所同欲也。實則其多數者之所欲而已。按民政國必有政黨其黨能在議院占多數者即握政府之權故政治者實從國民多數之所欲也往昔政學家謂政治當以求國民全體之幸福爲正鵠至碩儒邊沁始改稱以最大多數之最大幸福爲正鵠蓋其事勢之究竟僅能如是也苟無限制。則多數之一半。必壓抑少數之一半。彼少數勢弱之人民。行將失其自由。而此多數之專制。比於君主之專制。其害時有更甚者。故政府與人民之權限。無論何種政體之國。皆不可不明辨者也。

由此觀之。雖在民權極盛之國。而權限之不容已。猶且若是。況於民治未開者耶。記不云乎。『天生民而立之君。使司牧之。豈其使一人肆於民上也。』故文明之國家。無一人可以肆焉者。民也如是。君也如是。少數也如是。多數也如是。何也。人各有權。權各有限也。權限云者。所以限人不使濫用其自由也。濫用其自由。必侵人自由。是謂野蠻之自由。無一人能濫用其自由。則人人皆得全其自由。是謂文明之自由。非得文明之自由。則國家未有能成立者也。

中國先哲言仁政，泰西近儒倡自由。此兩者其形質同，而精神迥異。其精神異，而正鵠仍同。何也？仁政必言保民，必言牧民。牧之保之云者，其權無限也。故言仁政者，只能論其當如是，而無術以使之必如是。雖以孔孟之至聖大賢，嘵音瘏口以道之，而不能禁二千年來暴君賊臣之繼出踵起，魚肉我民。何也？治人者有權，而治於人者無權。其施仁也，常有鞭長莫及、有名無實之憂，且不移時而熄焉。其行暴也，則窮凶極惡，無從限制，流毒及全國，亙百年而未有艾也。聖君賢相，既已千載不一遇，故治日常少而亂日常多。若夫貴自由、定權限者，一國之事，其責任不專在一二人，分功而事易舉，其有善政，莫不徧及；欲行暴者，隨時隨事，皆有所牽制，非惟不敢，抑亦不能。以故一治而不復亂也。是故言政府與人民之權限者，謂政府與人民立於平等之地位，相約而定其界也，非謂政府畀民以權也。（凡人必自有此物，然後可以畀人。民權者非政府所自有也，何從畀之？孟子曰：天子不能以天下與人，亦以天下非天子所能有故也。）趙孟之所貴，趙孟能賤之，政府若能畀民權，則亦能奪民權。吾所謂形質同而精神迥異者，此也。然則吾先聖昔賢所垂訓，竟不及泰西之唾餘乎？是又不然。彼其時不同也。吾固言政府之權限，因其人民文野之程度以為比例差。當二千年前，正人羣進化第一期，如扶牀之童，事事皆須藉父兄之顧復。故孔孟以仁政為獨一無二之大義。彼其時政府所應有之權，與其所應盡之責任，固當如是也。政治之正鵠，在公益而已。今以自由為公益之本，昔以仁政為公益之門，所謂精神異而正鵠仍同者，此也。但我輩既生於今日，經二千年之涵濡進步，儼然棄童心而為成人，脫蠻俗以進文界矣，豈可不求自養自治之道，而猶學呱呱小兒，仰哺於保姆耶？抑有政府之權者，又豈可終以我民為弄兒也。權限乎，建國之本，太平之原，舍是曷由哉。

論小說與羣治之關係

欲新一國之民。不可不先新一國之小說。故欲新道德。必新小說。欲新宗教。必新小說。欲新政治。必新小說。欲新風俗。必新小說。欲新學藝。必新小說。乃至欲新人心。欲新人格。必新小說。何以故。小說有不可思議之力支配人道故。

吾今且發一問。人類之普通性。何以嗜他書不如其嗜小說。答者必曰。以其淺而易解故。以其樂而多趣故。是固然。雖然。未足以盡其情也。文之淺而易解者。不必小說。尋常婦孺之函札。官樣之文牘。亦非有艱深難讀者存也。顧誰則嗜之。不寧惟是。彼高才贍學之士。能讀墳典索邱。能注蟲魚草木。彼其視淵古之文。與平易之文。應無所擇。而何以獨嗜小說。是第一說有所未盡也。小說之以賞心樂事爲目的者固多。然此等顧不甚爲世所重。其最受歡迎者。則必其可驚可愕可悲可感。讀之而生出無量噩夢。抹出無量眼淚者也。夫使以欲樂故而嗜此也。而何爲偏取此反比例之物而自苦也。是第二說有所未盡也。吾冥思之。窮鞫之。殆有兩因。凡人之性。常非能以現境界而自滿足者也。而此蠢蠢軀殼。其所能觸能受之境界。又頑狹短局而至有限也。故常欲於其直接以觸以受之外。而間接有所觸有所受。所謂身外之身。世界外之世界也。此等識想。不獨利根衆生有之。卽鈍根衆生亦有焉。而導其根器。使日趨於鈍。日趨於利者。其力量無大於小說。小說者。常導人游於他境界。而變換其常觸常受之空氣者也。此其一。人之恆情。於其所懷抱之想像。所經閱之境界。往往有行之不知。習矣不察者。無論爲哀爲樂爲怨爲怒爲戀爲駭爲憂爲慚。常若知其然而不知其所以然。欲摹寫其情狀。而心不能自喻。口不能自宜。

筆不能自傳。有人焉和盤托出。徹底而發露之。則拍案叫絕曰善哉善哉。如是如是。所謂『夫子言之。於我心有戚戚焉』。感人之深。莫此爲甚。此其二。此二者實文章之眞諦。筆舌之能事。苟能批此竅導此竅。則無論爲何等之文。皆足以移人。而諸文之中能極其妙而神其技者。莫小說若。故曰小說爲文學之最上乘也。由前之說則理想派小說尙焉。由後之說則寫實派小說尙焉。小說種目雖多。未有能出此兩派範圍外者也。

抑小說之支配人道也。復有四種力。一曰熏。熏也者。如入雲煙中而爲其所烘。如近墨朱處而爲其所染。楞伽經所謂迷智爲識。轉識成智者。皆恃此力。人之讀一小說也。不知不覺之間。而眼識爲之迷漾。而腦筋爲之搖颺。而神經爲之營注。今日變一二焉。明日變一二焉。刹那刹那。相斷相續。久之而此小說之境界。遂入其靈臺而據之。成爲一特別之原質之種子。有此種子故。他日又更有所觸所受者。旦旦而熏之。種子愈盛。而又以之熏他人。故此種子遂可以徧世界。一切器世間有情世間之所以成。所以住。皆此爲因緣也。而小說則巍巍焉具此威德以操縱衆生者也。二曰浸。熏以空間言。故其力之大小。存其界之廣狹。浸以時間言。故其力之大小。存其界之長短。浸也者。入而與之俱化者也。人之讀一小說也。往往既終卷後數日或數旬而終不能釋然。讀紅樓竟者必有餘戀有餘悲。讀水滸竟者必有餘快有餘怒。何也。浸之力使然也。等是佳作也。而其卷帙愈繁事實愈多者。則其浸人也亦愈甚。如酒焉。作十日飲。則作百日醉。我佛從菩提樹下起。便說偌大一部華嚴。正以此也。三曰刺。刺也者。刺激之義也。熏浸之力利用漸。刺之力利用頓。熏浸之力。在使感受者不覺。刺之力。在使感受者驟覺。刺也者。能入於一刹那頃。忽起異感而不能自制者也。我本藹然和也。乃讀林冲雪天三限。武松飛雲浦厄。何以忽然髮指。我本愉然樂也。乃讀晴雯出大觀園。黛玉死瀟湘館。何以忽然淚流。我本肅然莊也。乃讀實甫之琴心酬簡。東塘之眠香訪翠。何以忽然情動。若是者。皆所謂刺激也。大抵腦筋愈敏之人。則其受刺激力也愈速且劇。而要之必以其書所含刺激力之大小爲比例。禪宗之一棒一喝。皆利用此刺激力以度人者也。此力之爲用也。文字不如語言。然語言力所被。不能廣不能久也。於是不得不乞靈於文字。在文字中。則文言不如其俗語。莊論不如其寓言。故具此力最大者。非小說末由。四曰提。前三者之力。自外而灌之使入。提之力。自內而脫之使出。實佛法之最上乘也。凡讀小說者。必常若自化其身焉。入於書中。而爲其書之主人翁。讀野叟曝言者。必自擬文素臣。讀石頭記者。必自擬賈寶玉。讀花月痕者。必自擬韓荷生若韋癡珠。讀梁山泊者。必自擬黑旋風若花和尚。雖讀者自辯其無是心焉。吾不信也。夫既化其身以入書中矣。則當其讀此書時。此身已非我有。截然去此界以入於彼界。所謂華嚴樓閣。帝網重重。一毛孔中萬億蓮花。一彈指頃百千浩劫。文字移人。至此而極。然則吾書中主人翁而華盛頓。則讀者將化身爲華盛頓。主人翁而拿破崙。則讀者將化身爲拿破崙。主人翁而釋迦孔子。則讀者將化身爲釋迦孔子。有斷然也。度世之不二法門。豈有過此。此四力者。可以廬牟一世。亭毒羣倫。教主之所以能立教門。政治家所以能組織政黨。莫不賴是。文家能得其一。則爲文豪。能兼其四。則爲文聖。有此四力而用之於善。則可以福億兆人。有此四力而用之於惡。則可以毒萬千載。而此四力所以最易寄者惟小說。可愛哉小說。可畏哉小說。

小說之爲體。其易入人也既如彼。其爲用之易感人也又如此。故人類之普通性。嗜他文不如其嗜小說。此殆心理學自然之作用。非人力之所得而易也。此又天下萬國凡有血氣者莫不皆然。非直吾赤縣神州之民也。夫既已嗜之矣。且徧嗜之矣。則小說之在一羣也。既已如空氣如菽粟。欲避不得避。欲屏不得屏。而日日相與呼吸之餐嚼之矣。於此其空氣而苟含有穢質也。其菽粟而苟含有毒性也。則其人之食息於此間者。必憔悴。必萎病。必慘死。必墮落。此不待蓍龜而決也。於此而不潔淨其空氣。不別擇其菽粟。則雖日餌以參苓。日施以刀圭。而此羣中人之老病死苦。終不可得救。知此義。則吾中國羣治腐敗之總根原。可以識矣。吾中國人狀元宰相之思想何自來乎。小說也。吾中國人佳人才子之思想何自來乎。小說也。吾中國人江湖盜賊之思想何自來乎。小說也。吾中國人妖巫狐鬼之思想何自來乎。小說也。若是者豈嘗有人焉提其耳而誨之。傳諸鉢而授之也。而下自屠爨販卒嫗娃童稚。上至大人先生高才碩學。凡此諸思想必居一於是。莫或使之。若或使之。蓋百數十種小說之力直接間接以毒人。如此其甚也。（即有不好讀小說者。而此等小說既已漸漬社會。成爲風氣。其未出胎也。固已承此遺傳焉。其既入世也。又復受此感染焉。雖有賢智。亦不能自拔。故謂之間接。）今我國民惑堪輿。惑相命。惑卜筮。惑祈禳。因風水而阻止鐵路。阻止開礦。爭墳墓而闔族械鬬。殺人如草。因迎神賽會而歲耗百萬金錢。廢時生事。消耗國力者。曰惟小說之故。今我國民慕科第若羶。趨爵祿若鶩。奴顏婢膝。寡廉鮮恥。惟思以十年螢雪。暮夜苞苴。易其歸驕妻妾。武斷鄉曲一日之快。遂至名節大防。掃地以盡者。曰惟小說之故。今我國民輕棄信義。權謀詭詐。雲翻雨覆。苛刻涼薄。馴至盡人皆機心。舉國皆荊棘者。曰惟小說之故。今我國民輕薄無行。沈溺聲色。綣戀牀第。纏綿歌泣於春花秋月。銷磨其少壯活潑之氣。青年子弟。自十五歲至三十歲。惟以多情多感多愁多病爲一大事業。兒女情多。風雲氣少。甚者爲傷風敗俗之行。毒徧社會。曰惟小說之故。今我國民綠林豪傑。徧地皆是。日日有桃園之拜。處處爲梁山之盟。所謂『大碗酒大塊肉分秤稱金銀論套穿衣服』等思想。充塞於下等社會之腦中。遂成爲哥老大刀等會。卒至有如義和拳者起。淪陷京國。啓召外戎。曰惟小說之故。嗚呼。小說之陷溺人羣。乃至如是。乃至如是。大聖鴻哲數萬言諄誨之而不足者。華士坊賈一二書敗壞之而有餘。斯事既愈爲大雅君子所不屑道。則愈不得不專歸於華士坊賈之手。而其性質其位置。又如空氣然。如菽粟然。爲一社會中不可得避不可得屏之物。於是華士坊賈。遂至握一國之主權而操縱之矣。嗚呼使長此而終古也。則吾國前途。尚可問耶。尚可問耶。故今日欲改良羣治。必自小說界革命始。欲新民。必自新小說始。

論民族競爭之大勢

本論宗旨在綜覽現今世界各國之大勢，推原其政略所從出及其所以集勢於中國之由。而講求吾國民應變自立之道。篇中取材多本於美人靈綬氏所著『十九世紀末世界之政治』，潔丁士氏所著『平民主義與帝國主義』，日本浮田和民氏所著『日本帝國主義』『帝國主義之理想』等書而參以己見引伸發明之不敢掠美附識數言

天下勢力之最宏大最雄厚最劇烈者。必其出於事理之不得不然者也。自中古以前（羅馬解紐以前）歐洲之政治家。常視其國爲天下。所謂世界的國家。World state 是也。以誤用此理想。故愛國心不盛。而眞正强固之國家不能立焉。（按吾中國人愛國心之弱。其病源大半坐是。而歐人前此亦所不能免也）近四百年來。民族主義日漸發生。日漸發達。遂至磅礴鬱積。爲近世史之中心點。順茲者興。逆茲者亡。所號稱英君哲相。如法王路易第十一、顯理第四。英女王意里查白。英相格林威爾。渣沁意相嘉富洱。德相俾士麥。皆乘此潮流。因勢而利導之。故能建造民族的國家。聲施爛然。苟反抗此大勢者。雖有殊才異能。卒歸敗衂。法帝拿破侖是也。拿破侖所以取敗者。由欲强合無數異種異言異敎異習之民族。而成一絕大之帝國。其道與近世史之現象太相反。其不能成也固宜。

夫此民族主義所以有大力者何也。在昔封建之世（羅馬以前歐洲之封建時代也）分土分民。或同民族而異邦。或同邦而異民族。胡漢吳越雜處無猜。及封建之弊極。於墜地。民求自立。而先自團。於是種族之界始生。同族則相吸集。異族則

相反撥。苟爲他族所箝制壓抑者。雖粉身碎骨。以圖恢復。亦所不辭。若德意志若意大利。皆以同民族相吸而建新邦。若匈牙利以異民族而分離於奧大利。皆其最著者也。民族主義者。實製造近世國家之原動力也。此主義既行。於是各民族咸汲汲然務養其特性。發揮而光大之。自風俗習慣法律文學美術。皆自尊其本族所固有。而與他族相競爭。如羣虎互睨。莫肯相下。範圍既日推日廣。界線亦日接日近。漸有地小不足以回旋之概。夫內力既充。而不得不思伸於外。此事理之必然者也。於是由民族主義。一變而爲民族帝國主義。遂成十九世紀末一新之天地。

民族帝國主義有兩種。其發生皆不自今日。今則合一爐以冶之而已。甲種者。優强民族自移殖於劣弱民族所居之地。紾其臂而奪之。若英國是也。英人自中古以來。與羅馬帝政不相容。去而自立。實爲民族國家發生之嚆矢。故其民族帝國主義。亦著先鞭。得善處屬地之法。遂能控馭全球。凡日所出入處。皆見其國旗焉。乙種者。優强民族能以同化力（能化人使之同於我之力謂之同化力）吞納劣弱民族。而抹煞其界限。若美國是也。美國百餘年來。由大西洋岸之十三省。逐漸擴充。奄有太平洋岸全陸之地。自三百萬人增至八千萬人。固由吸集同族之效。亦未始不因買受併吞他國之屬土。而同化其民之所致也。今日之美國。尚能容納德意志愛爾蘭之移民。綽有餘裕。皆其同化力强盛使然也。

近世諸儒之學說。其於孕育民族帝國主義與有力者。不一家。而以瑪兒梭士 Malthus（英人生於一七六六年卒於一八三四年）達爾文二氏爲最。瑪氏嘗著人口論一書。謂人類日漸繁殖。其增加之率。常與食物之增加不能相當。食物之增加。算術級數也。（即由二而四而八而十六是也）人口之增加。幾何級數也。（即由二而四而十六而三十二是也）苟無術以豫防之。則人滿之患。必不能免。而戰爭疾疫自殺之風將日盛。此論一出。大聳動全歐之耳目。而政治家之思想。幾爲之一變。按瑪氏謂人口之增加以幾何級數實屬杜撰後儒駁正之見已不少其所論預防之法亦不可行要其立論之大體則實爲近世政策之一轉捩也故當瑪氏以前。歐洲列國尚以獎勵產子爲急務。千七百九十六年英國著令云凡民能生多子以富國家者可有權要求政府使教育其子千八百六年著令云英人有兩子以上者可享免稅之特權及於今日。則除法蘭西一國外殆無不以人滿爲憂者矣。法國人口增加最少詳見下表以此之故千八百八十五年法人著令云貧家有子七人者以公費教之養之又今年議員俾阿氏提案於議院謂民有及歲而不婚者則課以重稅今

試舉近百年來歐美各國人口增進之大概。列表如下。

	一八〇〇年	一八八〇年
英	一五、五七〇、〇〇〇人口	三四、六五〇、〇〇〇人口
法	二七、七二〇、〇〇〇	三七、四三〇、〇〇〇
德	二二、三三〇、〇〇〇	四五、二六〇、〇〇〇
奧	二一、二三〇、〇〇〇	三七、八三〇、〇〇〇
意	一三、三八〇、〇〇〇	二八、九一〇、〇〇〇
班	一〇、四四〇、〇〇〇	一六、二九〇、〇〇〇
合計	一七二、二六〇、〇〇〇	三一二、九九〇、〇〇〇

此八十年前增進之大略也。其中速率最著者。尤以德俄美三國爲甚。德國當千八百五十年。只有三千五百二十萬人。至千九百年。則有五千六百三十四萬人。俄國當千八百五十年。只有六千八百萬人。至千九百年。則有一萬二千九百萬人。美國當千八百年。只有五百三十萬人。至千九百年。驟增至七千六百三十五萬人。美國人口由外

（國移民入籍者居多）以此之故，歐洲區區之地，斷不能容此孳生蕃衍之民族，使之各得其所，勢固不得不求新政策以調劑之。此事理之易見者也。於是乎殖民政略，遂爲維持內治之第一要著。此近世帝國主義發生之原因也。

前代學者，大率倡天賦人權之說，以爲人也者，生而有平等之權利，此天之所以與我，非他人所能奪者也。及達爾文出，發明物競天擇優勝劣敗之理，謂天下惟有强權，（惟强者有權利，謂之强權。）更無平權，權也者，由人自求之自得之，非天賦也。於是全球之議論爲一變，各務自爲强者，自爲優者，一人如是，一國亦然。苟能自强自優，則雖翦滅劣者弱者，而不能謂無道。何也？天演之公例則然也。我雖不翦滅之，而彼劣者弱者，終亦不能自存也。以故力征侵略之事，前者視爲蠻暴之舉動，今則以爲文明之常規。歐美人常揚言曰：全世界三分之二爲無智無能之民族所掌握，不能發宣其天然之富力，以供全球人類之用。此方人滿爲憂，彼乃貨棄於地，故優等民族不可不以勢力壓服劣等者，取天地之利而均享之。其甚者以爲世界者優等民族世襲之產業也，優等人斥逐劣等人而奪其利，猶人之斥逐禽獸，實天演强權之最適當而無慚德者也。茲義盛行，而弱肉强食之惡風，變爲天經地義之公德。此近世帝國主義成立之原因也。

由此觀之，則近世列强之政策，由世界主義而變爲民族主義，由民族主義而變爲民族帝國主義，皆迫於事理之不得不然，非一二人之力所能爲，亦非一二人之力所能抗者也。今請就諸國中擇其有代表帝國主義之資格者而論之，得四國焉。

其一英吉利　英國本境之人口不滿四千萬，而其謀生於海外者殆倍之，人口日日增多，而三島之面積不加廣，物產不足以給民用，故英國若一旦失其屬地，不特富源立涸而已，而國威民力皆隨而衰頽，國民之品性且將澌滅。勢必與古代之雅典羅馬同列於亡國之籍。故英人之帝國主義。非直為進取計不得不然。卽為保守計亦不得不然也。英國今日之盛強。半由煤礦之豐富。據千八百七十一年政府所報告。謂本國之煤。尚足供三百年之用。然爾來英人用煤之率。日增月加。曾靡底止。故其勢不久必須仰給煤炭於本境以外。或者謂英煤涸竭之時。卽英國衰亡之日。非過言也。況其製造之品。消售於屬地者。常視他國有加焉。彼英屬地之依賴母國。不如其母國之依賴屬地為猶重大也。故英人之政策。務使其母國與屬地永不相離。不惟保守其版圖而已。又使其海陸通航之路。交通便利。以為是第一要義。以故海軍之關繫。日益重焉。海軍既重。故屯泊貯煤之灣港。亦隨之而重。英國所行於東洋及亞非利加之政略。皆以此為根據者也。彼其保護土耳其。占據賽布拉士島。皆所以防俄國之蠶食。保地中海之航路。使英國與印度交通之鎖鑰。不至授人也。其市恩於意大利。助其獨立。用術於埃及。握其國權。亦皆為地中海蘇彝士河之運航權也。近者與杜蘭斯哇之戰。不惜糜重帑。菅人命。擲獅子搏兔之全力。所以保好望角之權利也。彼波亞民族。日新月盛。駸駸有為南非全境主人翁之勢。英人非挫摧之。則其在非洲之權力。將墜於地也。故英國北自君士但丁奴不（土耳其京城）南至好望角。其所行之政策。皆自保護航路而生者也。保護航路。卽使母國與屬地永不相離之第一著也。

英人之所汲汲者。又不徒在海權而已。於大陸交通機關。亦絲毫不肯讓人。近以俄人西伯利亞鐵路將成。恐所以抵制之。乃擬築一大鐵路。自亞歷山大利亞。經波斯灣沿岸。橫貫印度。接緬甸。由瀘州出揚子江。以通上海。一以鞏勢力於印度。二以張威權於波斯灣沿岸諸國。三以通血脈於支那。而現時印度境內已成之鐵路。二千餘英里。實利用之以為此路之一部。其規模之宏遠。實有使人驚歎而不能措者。

英國工商之國也、無商利是無英國也、近年以來、德國美國之商業驟進、駸駸乎有駕英而上之勢、疇昔英人於加拿大澳洲印度埃及及其餘屬國保護國、皆專握商權、近則國民之競爭愈劇、新屬地之貿易容易不肯爲母國之附庸、故今者英國商務、除澳洲印度外、皆日見減色、於加拿大古巴爲美國所奪、於亞爾焦利亞爲法國所奪、於南美爲德國所奪、其在澳洲能保其舊位者、不過其地之民與母國同嗜好同習慣、故日用飲食之品物、多取給於母國云爾、然則英國今日之政策如何、英國自二十年來、產業之發達、既臻絕頂、昔爲世界工業之中心點者、今則變爲世界資本之中心點焉、自美國行保護稅則、（免出入口稅者謂之自由稅則，重抽入口稅者謂之保護稅則）拒英國之貨物、英人乃以資本代貨物、美國各省所有大製造大公司、英人皆投資本而分其利、於非洲南美等處亦然、於亞洲亦然、故今日全球到處、幾無不有英人資本之安置、而其此後進取之政策、惟以擴充其工業資本兩者之勢力範圍爲務、此亦不得不然之數也、因此之故、其所最切要者、在使世界各地皆平和秩序、若夫政治樞機不完不備之地、其政府之能力薄弱、難保秩序、或官吏腐敗、苛法紛紜、則放置資本於此間、最爲危險、工商之業末由繁榮、乃不得不干預其內政、代組織一强固而有責任之政府、於是經濟上（日本人謂凡關係於財富者爲經濟）之勢力範圍、遂寖變爲政治上之勢力範圍、此其政略、不獨英國行之、而英國其尤著者也、

其二德意志　歐洲列國中、其最能發揮現世帝國主義之特性、代表近來世界歷史之趨向者、莫德國若也、德人行帝國主義之政策、不過近十年事耳、當俾士麥時代、德政府專以統一國民爲急務、若夫勤遠略以馳域外之觀、鐵血宰相所未遑及也、彼非不熱心以獎厲殖民、但其殖民事業、不過爲擴充商務起見、於政治毫無關係、及千八百九十年以後、而德之政略一變、蓋經俾公三十年之經營、慘淡國權既已整頓、國力既已充實、精華內

積。而不得不溢於外。俾公之商業政策。既已使德國工商雄飛於世界。而商業競爭之劇烈。其影響自及於政治。而政府不得不以權力保護之。然則由俾士麥之國民主義。以引起今皇維廉第二之帝國主義。亦事勢之不得不然者也。

德國雖稱雄於歐洲中原。然以無屬地。故其溢出之人口。皆移住於美國。旋同化於美人。德人徒失其國民。而於國力不能有絲毫之增益。今美國人口三分之一。皆吸收德意志民族者也。德之愛國者。惄焉憂之。漸知殖民政略之不可以已。前柏林大學教授脫來焦氏之政治學講義有云『今日國際歷史。日以發達。勢將壓迫第二流以下之國家。使失其獨立。我德人徒局眼光於歐洲之天地。而未嘗放觀歐洲以外之天地。今者蕩蕩全球。幾爲英俄兩國所中分。其尚有容我德人之一席否耶。此可爲浩歎者也』又云『白種人必握世界之全權。無可疑也。但白種中之諸民族。果誰能捷足以得此權利乎。吾得以一言決之曰。苟無屬地於海外者。必不足以入於強國之林也』云云。由此觀之。德民族近來之思想。可以概見矣。德以病美國之坐奪其民也。汲汲然設法以維持僑民與母國之關係。故首注力於亞非利加及小亞細亞。而寖及於南美洲及東亞大陸。自一八九〇年與英國定非洲界約以來。君臣上下。同心戮力。以實行帝國主義。或用鐵路政略。或用殖民政略。或用商務政略。殊塗同歸。集於一鵠。僅閱十稔。而聲勢隆隆。震五洲之耳目矣。

試觀其經略小亞細亞。彼米士坡坦廡 Mesopotamia 與敍利亞 Syria 之兩地。古代文明之祖國。而今則蠻族之棄壞也。顧德人用全力以行殖民政略於此。何也。此地雖不及中國之豐腴。然物產甚富。適於農工諸業。其山多礦。其位置亦便於通商。且人口寥寥。土民之壓力不强。移民於此。無被其同化之患。自水陸形勝觀之。適當亞歐非三洲交通之孔道。有山河之險。爲兵略之一要區。得之者於他日世界攻略占優勝焉。德人今雖以保護殖民商業爲名。一有機會則攫而納諸懷必矣。他日亞洲大陸鐵路成。自卡羅（埃及京城）經波斯印度以達北京之大道既通。則帕黎斯毡爲三洲鐵路之中心點。握商務之樞權。此德人所夢寐見之者也。（此鐵路即英國所經營者見前節）德皇自即位之始。即注意於小亞細亞。故務買土耳其政府之歡心。當亞米尼亞虐殺事件之起。箝束其國內輿論。毋使傷土國之感情。當土希之戰。密援土以破希臘。皆所以爲經營安息（即小亞細亞）之地步而已。今者實行鐵路政略於此間。自君士但丁至波斯之巴俄打一大路。其築路權及運輸權。皆爲德意志銀行所得。以九十九年爲期。此外附近枝路之權利。亦皆歸德國焉。小亞細亞既已爲德人囊中物矣。

更觀其經略南美。近十年間。於南美大陸之地。德國之產業及殖民。殆爲突飛之進步。雖其商務出入口之總額。尚稍遜英國。至其投資本之多。與商業發達之速。終有非他國之所能及者。即以巴西一國論之。德人所投之資本。已在三萬萬圓以上。此資本或築鐵路。或濬運河。或修橋梁。或設銀行。或與公司。運至巴西於股掌之上者。德人也。委內瑞辣之大鐵路。德人之資本也。智利之農業。德人之營產也。亞爾然丁之土地。半皆德人之所名田也。今日德人在南美之勢力。雖不過產業殖民。而其政治之勢力。必隨之而來。此吾所敢豫言也。德皇嘗揚言云『凡德國臣民所到之地。無論何處。政府必擴張其權力以保護之。』將來南美全洲。必爲德意志帝國之運動場。無可疑也。

要而論之。德人之帝國主義。由俾士麥之商業政策一轉而成。其目的在以國民主義爲基礎。而建一工商業帝國於其上。使充盈橫溢之民力得尾閭以蓄洩之也。故於政治之爭可避者則勉避之。既與俄親。又與法和。復與英聯。務調和國際之關係、使得用全力以從事工商殖民之業。此德廷君相之微意也。惟時與勢驅列國以入於二十世紀商戰之場。而彼德國者爲英美俄列強捷足先登。頗有四面楚歌之感。故竭其全力以訓練從事商戰之兵士及其器械。而其作戰之準備。莫急於連絡世界各地之市場。故德人向此鵠以進行。首以獎厲航業振興海軍爲務。德國之航業二十年來徐徐增加。至近數年間忽有一飛冲天之勢。當一八七一年。其大輪船僅有百五十艘。合八萬噸。至一九〇〇年。驟增至千三百艘。百五十萬噸。其增率之速。自美國外。未見其比也。又不惟商船之噸數增加而已。其航業政略。亦進步甚速。疇昔英人在大西洋獨占航權者。今則德國與之代興。駸駸乎有奪席之勢矣。

德國本陸軍國也。但昔者惟爭强弱於歐洲以內。故以陸軍而自雄。今則將決雌雄於歐洲以外。故以海軍爲急務。蓋德國此後之運命。非徒在俄法境上以鎗丸馬足而決勝負者也。其必在支那之海。非洲之洋。南美之港灣。鼓輪衝風。實力乃見。故德皇以如荼如火之熱心。思擴張海軍。雖國民初未喻旨。不肯聽從。而其大臣每因國事變以游說其民。皇復親自演說於各地。苦訴海權微弱爲德國之憾事。卒能以一八九八年之議會議決海軍案。爲十萬萬圓之豫算以經營之。及此案既成。英俄亦相繼增海軍力。美國亦破西班牙而振威海上。德人復以前案爲未足。乃於一九〇〇年更議決新案。依此案所經畫。則十四年後（一九一六年）除英國外。德國遂爲世界第一大海軍國矣。

嗚呼。德意志自建國以來。不過三十年。而其進步之速如此。觀此可以見民族主義之勢力。最强最厚。苟得其道而利導之。斯磅礴鬱積。沛然莫之能禦矣。

其三俄羅斯　俄羅斯之帝國主義，由來最久。其初起也，雖緣君主之野心；其大成也，實緣民族之暗潮。其外形雖爲侵略之變行，其內相實由膨脹之實力。試細論之，俄國之發達，可分爲三段：第一段，君士但丁奴不也；第二段，阿富汗斯坦也；第三段，支那也。俄人之欲建大帝國也，起於突厥。未據君堡（即君士但丁奴之省稱，下仿此）以前，第十世紀時，烏拉秩米第一受洗於君堡，娶東羅馬帝之女，實爲俄人與君堡交涉之始。其後爲蒙古所侵害，雄圖一挫。至十五世紀後半，伊凡第三又娶羅馬帝之姪，始稱尊號曰沙（Csar），用東羅馬雙鷲徽章，隱然以承襲羅馬帝統自命。然彼時突厥之勢正强，君堡遂爲所陷（一四五三年）。俄人志不得逞。至十六世紀，伊凡第四益翬勢力於墨斯科（俄舊都），號爲第三羅馬，遂越烏拉山，進入鮮卑（即西伯利亞），實大彼得以前百年間事也。十七世紀之下半，彼得即位，銳意侵略。但其手段雖在侵略，其用志全在平和，以開化國民爲最大之目的。彼不徒變俄國之兵制，與俄國之海軍而已，以萬乘之尊，親赴荷蘭，雜伍庸作，學種種文明技術，傳之於本國。大彼得之主義方針，即俄國二百年來之主義方針也。大彼得之品性，本在半文半野之間，俄國（指人格之俄國）亦然。雖然，彼常以平和爲競爭之手段，以開發內國爲對外競爭之本原。其欲出君堡也，欲出極東之遼東半島也，皆繼大彼得之遺志，藉此以開化歐俄（俄地之在歐洲者）及鮮卑也。大彼得常言：吾之所欲者，非陸而海也。故既突進於波羅的海，復略格里迷亞，汲汲然欲出於黑海，其目的實在繁殖內地，而以君堡爲世界商務之中心點也。

抑俄國之漲進，不在工商業而在農業。俄人土著之民族，非有地面則不能揮其勢力。其工業近年雖大發達，出入口皆頗增加，雖然，大率盡假手於外國人，而其本國所營者至有限也。俄人雖取保護稅政策，排斥外國商品，然其國內新工業仍不能起，惟舊式產業愈益繁昌耳。然則俄國之帝國主義，必非如他國之欲求市場於異地也。彼雖求得市場。而亦無製造品以充牣之利用之也。故俄人之經略世界。不用飛越遠擾之法。而用就近蠶食之法。無以譬之。譬諸火山。其噴口愈衝愈力。鎔石之汁。蔓延四方。而不知所終極者。俄國之情狀也。

俄人有一種貴族。在其國中最有勢力。所謂軍中門閥是也。彼等素懷野心。欲行侵略主義於亞細亞。其政府之政策。大率爲此輩所鞭策而進取之方針益强。此輩大率謀略優長。手段活潑。且與國同休戚。一國之實權。皆在其手。彼其數世紀以前。蠶食中亞細亞及土耳其也。皆非由政府之命令。不過軍人功名心盛。毅然以一身負責任。征服土民。移植俄族。先以一私人之資格。剏此大業。然後政府以政略隨其後耳。近世黑龍江畔之侵略。亦由謨拉威夫等私人之事業以爲之前驅。然則謂俄人帝國主義。全由君主之雄心而發者。尙非能知其眞相也。彼其民族膨脹之力。有非偶然者也。英人之滅印度也。亦由一公司以私人之資格。篳路藍縷。以啓山林。百戰功成。主權斯得。然後以奉諸政府。其事與俄人在中亞細亞在黑龍江畔所行者正同一轍。但英國商國也。故商人開之。俄國軍國也。故軍人開之。其起於私人一也。其爲民族主義一也。即我中國亦固有之矣。星加坡檳榔嶼之地。皆由廣東嘉應州葉姓者一族與土蠻力戰三次。前後亙十餘年。乃開闢之者也。顧彼則一私人創之。而政府爲其後援。故大業克成。而同族皆受其益。我則有私人而無政府。故葉族既闢星檳。不能自治。不得不拱手以讓諸英人。嗚呼。我民族非劣於他國。而有壓之使不得漲進者焉。此可爲浩歎也。

由此觀之。俄人之帝國主義。其主動力有三。一曰君主之雄圖。二曰民族之漲性。農業之盛大。人口之漸增。三曰軍人之野心。合此三者。並爲一途。此必非如暴風疾雨。可以崇朝而息者也。要而論之。則俄羅斯者。實代表斯拉夫民族之特性者也。斯拉夫爲世界各民族中後起之秀。其前途泱泱。如春潮勃勃。如坼甲。隱然有蹴蹈拉丁凌駕條頓之勢。當今勢力之最可怖者。孰有過於俄者乎。

俄人於所征服之地。其馭之最有方。厚遇其酋長。授以官位。結其歡心。寬待其土民。多興工業。使食其利。因其性不易其俗。隨其教不易其宜。務使之知俄族之可親。以生其喁喁向內之心。故當其侵略之始。恆用絕大蠻力。當頭一棒。使畏俄國之威。其既得之後。則用噢咻煦嫗寬大羈縻。使懷俄國之德。故俄人在亞洲所得屬地。能使其土民忽與俄同化。固由俄族本爲半歐半亞之種。與亞人易於混同。亦由其深察亞人之性質習慣。得其道以馭之也。以視英人德人等之自尊大自表異而屢憎於人者。其手段之强弱優劣。殆相去萬萬也。故歐人謂俄國爲殖民事業成功最多之國。非虛言也。

其四美利堅　距今二百年前。歐人有以愛平等愛自由愛進步愛活動爲目的者。相率而遷於新世界（歐人常稱西半球爲新世界）。其子孫日漸滋殖。日漸漲進。一戰而建造獨立自治之國家者。華盛頓時代也。再戰而實行平等博愛之理想者。林肯時代也。三戰而掌握世界平準（日本所謂經濟今擬易以此二字）之大權者。麥堅尼時代也。美國之地理之人民之歷史。皆有其不得不然之結果。昔以農業國得名者。此後二十世紀中。忽變爲工業國商業國。質而言之。則美國者實將來平準界中獨一無二之大帝國也。

麥堅尼之帝國主義。非麥堅尼一人所能爲也。美國民族之大勢。有使之不得不然者也。平準學大家波流氏曰。『美國昔以其食品苦我歐洲之農業界者。今其製造品且將以滔天洪水之勢。淹沒我歐之產業。使無餘地矣。』蓋美人商業進步之速。實爲古來所未有。一八九九年與一九〇〇年比較。一年之中。其出口貨之增。實四萬萬零六百萬圓。其製鐵事業之壯大。足以寒歐工之膽。自近世托辣士托（各公司聯合資本之義）之制行。平準界之組織一變。世界之貨幣。盡吸集於美國紐約芝加哥諸大市。遂爲全地球金融（謂金銀行情也日本人譯此兩字今未有以易之）之中心點。而平準大權。竟由歐而移於美。今日對美政策。實全歐公共之最大問題也。又不惟歐洲而已。其在東方。美國之物品。亦日增月盛。入中國者。入滿洲者。入西伯利亞者。入日本者。其率皆驟進。如煤油煙草之在日本。開礦機器鐵路材料等之在滿洲其尤著者也彼其勢力之在東西兩洋者如此兩洋之人驚駭之而妒嫉之者又如彼然則美國人之自視果何如昔猶未能自知其力之如此雄且鉅也今則其國民之多數皆以執財界牛耳自任元老院議員洛知氏嘗言『吾美今與歐洲商戰方始交綏諸國出死力以敵我吾之準備一刻不容稍懈非使全世界各國之民皆服從於我國財力之下則不可止也』云云雖其言不無太過然亦可以見美人之意嚮焉矣

麥堅尼審此大勢因風潮而利導之其與西班牙戰也決非欲滅西班牙而擴美國之幅員也實欲得商業政略所不可缺之地也故其政策能得國民多數之贊成爲有識者所許可及其再舉大統領時司法院乃至下新注釋以解憲法使其得免舊論之束縛而自由無礙以實行帝國主義亦可見此主義爲全國人之公言而非一人一黨之私言矣麥堅尼之併夏威（即檀香山日本人譯爲布哇）取菲律賓所以握太平洋之主權而爲東方商力之基礎也前此美國勢力全發揮於歐洲固由其民族相切近亦由大西洋爲文明之中心點美國東部先發達職此之由今則文明之中心移於太平洋故美國之文明亦日趨於西部麥堅尼以爲亞細亞者世界第一大市場也吾美欲占一席位於此間不可不先謀根據之地其奪菲島也實將以馬尼剌爲美國一支店以壓倒香港新加坡而爲泰東之主人翁也故一面併夏威以爲中站一面開尼卡拉運河以通兩洋之氣脈一面獎勵太平洋航業設太平洋海電以通往來其政策皆一貫其經略皆偉大美國之前途誰能限之或疑麥堅尼主義與門羅主義相反對其實不然門羅主義實美人帝國主義之先河也夫門羅主義何自起乎一千八百二十三年美國大統領門羅宣言曰『歐洲列國現在西半球所有之屬地吾美不干預之雖然若其地既已獨立而爲美國所認者歐洲列國或干涉之則是對於吾美而懷敵意者也』云云夫美國果有何權利而爲是宣言乎無他美國不徒以己

之獨立而自足隱然以南北兩大陸之盟主自任。以保護他人之獨立爲天職。也是實帝國主義之精神也。既欲防他國之干涉西半球勢不得不先握大西太平兩洋之海權。故其縣古巴攫菲島實皆此主義之精神一以貫之者也。

麥堅尼最後之演說云。『吾國之生產力。其漲進實可驚。我輩不可不盡全力以求新市場。此實今日最緊切之問題也。商業之漲力壓迫我輩。我輩非以博大之智識强毅之心力以應之則吾國今日之勢力將有不能維持者矣。』云云。今也麥堅尼雖死而帝國主義不死。屏足而立相繼而起者人人皆麥堅尼也。美國之前途誰能限之。

此四國者。今日世界第一等國。而帝國主義之代表也。自餘諸國。或則懷抱帝國主義以進取爲保守。而尚未能達其目的也。或則爲他人帝國主義所侵噬。而勢將不能自存也。全地球八十餘國。可以此三者盡之矣。要之其君相宵旰於在朝。其國民奔走於在野者。安歸乎。歸於競爭而已。今日之能有此等厖大帝國也。前此競爭之結果也。今日之既有此等厖大帝國也。又後此競爭之原因也。蓋自人羣初起以來。人類別爲無量之小部落。小部落相競進爲大部落。大部落相競進而爲種族。種族相競進而爲大種族。復相競焉進而爲國家。進而爲大國家。復相競焉。進而爲帝國。進而爲大帝國。（國家者 State 之義也帝國者 Empire 之義也其性質各不同）自今以往。則大帝國與大帝國競爭之時代也。脫來焦氏所謂國際歷史。勢將壓迫第二流以下之國家。使失其獨立。誠哉。天地雖大。而此後竟無可以容第二等國立足之餘地也。

夫競爭之劇烈而不可止既如是矣。而其競爭之場果安在乎。歐羅巴者十九世紀前半期之舞臺也。若神聖同盟也。(俄普奧三國)若三角同盟也。(法奧意三國)若俄法同盟也。若拿破侖之役也。若德意志伊大利統一之役也。若塞爾維亞門的內哥獨立之役也。若普法之役也。若波蘭問題也。若愛爾蘭問題也。若土耳其問題也。若埃及問題也。(埃及在上古時代常附屬於東洋史之範圍其在近世時代常附屬於西洋史之範圍)凡兵家所衝突。政治家所捭闔。無一不在於歐洲。近三十年來。則全歐均勢之局定。而紅髯碧眼兒之野心。皆飛騰於歐洲以外之天地矣。歐洲以外地非小也。然北亞美利加澳大利亞兩大陸。久已變爲第二之歐洲。主權既定。且將競人而非可競於人矣。於是游刃餘地。僅有南亞美利加亞非利加亞細亞之三土。南美非洲。其位置無可以爲世界競爭中心點之價値。然南美之巴西智利委內瑞辣亞毡丁。其利權固已爲德人鐵血政略所鎔鑄。非洲內地。公果立國戴白人爲君王。而德英法相轇轕相馳逐於此土者亦既有年。比康士菲德(英前相與格蘭斯頓齊名者)之南非政策。且釀爲英杜之爭。至今風潮未平矣。美猶如此。非猶如此。而況我亞天府之奧區者耶。

亞洲競爭界之第一期。在於印度。法人在印之殖民政略既已失敗。英人受之以雄一世。諸國嫉妒之念起焉。俄人越烏拉山驀進於中亞細亞。隱然有拊印背而扼印吭之勢。於是波斯阿富汗遂爲英俄競爭之燒點。英人之擴權力於中國者。其初亦不過經營印度之餘力也。鴉片戰役以前。廣東互市之事。皆東印度公司之附庸也。而法人之初插足於安南暹羅。亦不外欲與印度爭利也。然而亞細亞人之主權則已去其半矣。大勢所趨。愈接愈劇。及競爭之第二期。而重心點專集於中國矣。

俄人以堅忍沈鷙之性質。佐以眼明手快之政略。首看破中國之暗弱。先登捷足以逞侵噬。其圖中國也。凡分兩路。一曰由東北方者。滿洲一帶是也。二曰由西北方者。自西伯利亞以及伊犂新疆帕米爾喀什噶爾一帶是也。

以言乎第一項。則愛琿條約以前之事且勿論。（愛琿條約乃咸豐八年黑龍江將軍奕山與俄將岳福所訂者俄人南下之勢由來已久吾別有俄羅斯侵略史言之甚詳此文專論近勢無暇詞費也）當咸豐十年英法聯軍入京之役。俄使伊格那夫詭稱調停和議。欺總署諸臣更訂界約以爲報酬。割烏蘇里江興凱湖白稜河瑚布圖河琿春河圖們江以東之地。奄有朝鮮日本沿海數千吉羅米突之廣野。其所得乃遠在英法二國之上。於是海參崴之市場始建立焉。及光緒廿三年乘日本戰事後。市還遼之恩。李鴻章遂與俄使喀希尼訂祕密條約。所謂中俄密約者是也。以此條約而滿洲之實權。遂全歸俄人掌握。未幾引起膠州之役。俄遂藉口以攫旅順口大連灣於懷中矣。以言乎第二項。則西北一帶自雍正五年以來爲界約及互市章程交涉者凡十六次。恰克圖爲西伯利亞往來孔道。俄人設行棧於各處卡倫。壟斷其利。懷柔諸酋長。給以兵器彈藥。設電線以通本國。前年且有要索恰克圖達北京鐵路權之議矣。而伊犂一帶自崇厚曾紀澤兩次交涉以來。雖名爲回復主權。而實則俄人與彼之關係切密於中國者多多矣。自滿洲鐵路條約既定以後。西伯利亞鐵路線。其距離縮短五百四十俄里。且工事加易料費大省。而彼得以來二百年間苦心焦慮。欲求一無冰海港而不可得。遂以巴布羅福之條約（光緒廿四年）安坐而得亞洲第一之旅順港。自此以往。而俄人盡將其東歐政略（即巴幹半島與土耳其交涉者）暫置腦後。養精蓄銳以從事於遼東。既得旅順。俄人遂有爲海軍國之資格。於是定計自一八九三年至一八九九年七年之內。備四百六十一兆零十萬羅卜（俄幣名）以爲海軍費。九六九七兩年。復增加二千六百萬。九八年復增加九十萬（皆羅卜數）駸駸乎有於陸上海上皆以東洋主人翁自居之意矣。

其次爲英國。英國當中日戰役以後。政略稍因循。勢力幾墜於地。及膠州起釁以後。漸有一飛衝天之概。計光緒二十三四年之間。英人所得大利益於中國者凡七事。其一、與總理衙門定約揚子江地方不許讓與他國。其二、內地江湖河川許其通航自由。其三、緬甸鐵路延長之以達雲南大理府。復由雲南經楚雄甯遠以通四川。其四、開湖南爲通商口岸。其五、定總稅務司赫德之位置。永用英人。其六、租借威海衞以抵抗旅順。其七、租借九龍以擴張香港。數月之間。而其權力已深入鞏固。而百年大計。於以定矣。其前乎此者固非一朝一夕之故。其後乎此者又豈得尺得寸而止耶。

此外德國則專用强暴手段。如膠州之役。以兩敎師而索百里之地。義和團之變。德皇誓師謂當留百年恐怖之紀念於支那。是其例也。美國則專用籠絡手段。如列强競占勢力範圍。而美國不與聞。今次賠款。而美人以所應得者還諸中國。是其例也。若法蘭西若意大利。雖其帝國主義之內力不及此諸國。然以世界競爭中心點之所在。亦眈眈注意焉。日本者世界後起之秀。而東方先進之雄也。近者帝國主義之聲。洋溢於國中。自政府之大臣。政黨之論客。學校之敎師。報館之筆員。乃至新學小生。市井販賈。莫不口其名而豔羨之。講其法而實行之。試問今日茫茫大地。何處有可容日本人行其帝國主義之餘地。非行之於中國。而誰行之。近者英日同盟之事成。黃白兩種人握手以立於世界。亦可謂有史以來未有之佳話也。然試思此佳話之原因若何。其結果若何。豈非此新世紀中民族競爭之大勢。全移於東方。全移於東方之中國。其潮流有使之不得不然者耶。而立於此舞臺之中心者。其自處當何如矣。

今日之競爭。不在腕力而在腦力。不在沙場而在市場。彼列國之所以相對者姑勿論。至其所施於中國者。則以殖民政略爲本營。以鐵路政略爲游擊隊。以傳敎政略爲偵探隊。而一以工商政略爲中堅也。列國之行殖民政略於中國也。自割香港開五口。以至膠州旅順大連威海以來。四十年間之歷史。多有能道之者。茲不具論。惟論其性質。夫殖民云者。其所殖之民。能有人而非有於人也。何謂有人。凡殖民之所至。則地其地。人其人。富其富。利其利。權其權。如歐美人之在中國是也。何謂有於人。充其地之牛馬。而爲之開耕。備其人之奴隸。而爲之傭役。如中國人之在外洋是也。嗟夫。有競爭力與否。豈必在人數之多寡哉。試以外國人在中國者。與中國人在外國者。列爲兩表。以比較之。而觀其結果。有使人瞿然失驚者。

外國在中國商店及人數表據千八百九十八年一月統計　香港不在內

	商店數	人數
英國	三七四	四、九二九
德國	一〇四	九五〇
葡萄牙	—	九七五
日本	四四	一、一〇六
美國	三二	一、五六四
法國	二九	六九八
瑞典挪威	—	四三九
西班牙	—	三六二
俄國	一三	一一六
合計	五九五	一一、六六〇

中國在外國人數表未得統計報告不能確指姑就所知舉大略耳　英屬香港及俄屬東三省之地不在內

暹羅	約八十萬人
安南	約二十萬人
南洋羣島英屬荷屬合計	約六十萬人
菲律賓羣島	約二十萬人
澳大利亞洲	約四萬人
日本	約七千人
英屬加拿大	約四萬人
美國	約三十餘萬人
墨西哥	約一萬人
中亞美利加巴拿馬一帶	約一萬人
南亞美利加祕魯智利巴西等國	約十萬人
印度	約一萬五千人
南亞非利加	約三千人
太平洋羣島檀香山及其他	約四萬人
西印度羣島古巴夏灣拿一帶	約十五萬人
合計	約二百十餘萬人

試合兩表觀之。外人之來者。不及我旅民二百五十分之一。不及我本國人數五萬分之一。且分爲十數國。其最多者惟英。不過數千人耳。又散處於廿餘租界之中。計每一口岸多不逾千。少不及百。而制度釐然。隱若敵國焉。我民所至。動以億計。而不免於爲人臧獲。若是者豈能盡歸咎於政府之無狀哉。蓋吾民族之弱點。亦有當自省焉者矣。何也。彼各國之以殖民著成績者。皆其民自以私人之資格。開闢斯土。然後政府以政略從其後也。（英人割香港及五口通商。仍是東印度公司爲主動力。）今則民族之爭愈接愈厲。吾國二萬里之地。開門以待他族之闖來。而環球四大洲之中。無地可容吾人之投足。吾昔游美澳時所著汗漫錄有一條云。

> 華人之旅居於他國及其屬地者。白人待之有二法。其一、則聽其簇來而不之禁。但其既至也。則爲設特別不平等之法律以苛治之。如香港、南洋羣島、墨西哥、南亞美利加諸地是也。其二、則於其既至也。與本地人同受治於一法律之下。權利義務皆平等。惟限之不使得至。既去不使復來。如美國、加拿大、澳州、諸地是也。大抵其地白人少未經開墾。需人爲牛馬者。則用第一法。其地白人多開墾就緒。勞力之競爭烈者。則用第二法。要之中國人之不能齒於他人一也。今者White Australia（譯言白澳洲也。巴頓氏演說昌言白澳洲主義。謂必使澳洲爲白人所專有之洲也。）之言又倡矣。十年以後。天地雖大。竟無黃帝子孫側身之所。嗚呼。我國民其思之也邪。其不思也邪。（右一九〇一年一月四日在雪梨市會聽澳洲聯邦首相巴頓氏演說。歸而記其所感。）

觀於此。則殖民與非殖民之辨。可以立見。而優勝劣敗之趨勢。及中國民族之前途。從可想矣。彼歐人之殖民於我中國也。視之與其既得主權之殖民地（如印度新加坡香港菲律賓等）相等。其所以待我者。則吾所謂第一法是也。彼其利吾人之耕而彼食之也。故不必瀦其地。不必俘其人。惟施以特別不平等之法律。以制其死命。斯亦足矣。夫歐人固未嘗全得中國之主權以歸其手也。而吾謂其能施特別不平等之法律於吾民者何也。彼不必用其權以壓我民族使低一級。而能用其權以擡彼族使升一級。不見夫內地商賈欲得優等之權利者。則懸他國旗牌以作護符乎。不見夫內地鄉民。欲得優等之權利者。則夤緣入教以逞武斷乎。在外者則以下於人爲不平等。在內者則以上於我爲不平等。其爲不平等一也。若是乎吾國之久已爲印度新加坡香港菲律賓而不自知也。彼英人固以加拿吉大孟買孟加拉龐打拉薩錫蘭數口岸而制全印矣。中國雖大。以二十餘租界可以生之死之而有餘。而況乎此後之租界不止二十餘也。此殖民政略之可畏如此其甚也。

靈綬氏曰『近世各國所行支那政略。皆鐵路政略也。』可謂至言。豈惟支那。彼近十年來各國所以伸其帝國主義於他地者。安往而不用鐵路政略哉。彼小亞細亞及南美洲所以爲德國人勢力範圍者。以鐵路權也。波斯所以爲英國人勢力範圍者。以鐵路權也。暹羅所以爲法國人勢力範圍者。以鐵路權也。若俄日之於高麗。則既爭此權矣。英人之欲圖杜蘭斯哇。則先覬此權矣。然則今日之中國。其割據此權之形勢何如。請以表示之。

路名	地段	主權國
一滿洲鐵路甲	接西伯利亞線達於海參崴	俄國
二滿洲鐵路乙	自旅順達牛莊	俄國
三榆營鐵路	自山海關達牛莊	英國
四蘆漢鐵路	自北京達漢口	比利時實俄國
五津鎮鐵路	自天津達鎮江	英德兩國

六粵漢鐵路　自廣州達漢口　美國

七山東鐵路　自膠州達沂州　德國

八山西鐵路　自太原達柳林堡　俄國

九江南鐵路甲　自上海達吳淞　英國

十江南鐵路乙　自上海達杭州寧波　英國

十一緬甸鐵路　自緬甸達雲南復分三派一達香港二達漢口上海三達成都　英國

十二越南鐵路　自安南一達廣西一達雲南　法國

此外與鐵路權相輔而行者。則曰開礦權。曰內河通航權。蓋自此等條約結定以後。而外國人之放下資本於中國者。殆六七百兆兩。此等鐵路。姑無論其以行兵爲目的。以通商爲目的。要之彼外人者。何以肯放擲爾許之母財於此政紀紊亂伏莽棼擾之國。而如不介意者。彼其所恃必有在矣。其資本所在之地。即爲其政治能力所及之地。吾若拒之。彼固有辭矣、曰吾與若通商。將以廣利益求安甯也。若能保我利益。還我安寧。吾何爲嘵嘵。不爾則吾安得不爲爾代也。若是乎鐵路政略。果爲實行帝國主義之良謨也。以故榆營鐵路。英俄幾開兵釁以爭之。津鎮鐵路。英德卒持均勢以劃之。彼夢夢者。猶曰此等事業。利用他人資本。而無損於我主權。果爾。則人之竭死力以互攙奪。而絲毫不肯相讓者。不亦大愚而可笑矣乎。此鐵路政略之可畏。如此其甚也、

近數十年來中國士民以仇敎爲獨一無二之大義。傳敎政略之奇險。夫人能言之焉。雖然、自義和團以後。此事幾成偶語棄市之禁。莫有敢挂齒頰者矣。吾非如鄉愚一閧者之謗耶敎。吾非如盈廷瞶瞶者之與傳敎爲難耶

教非不可採。教士非無善人。而各國政府利用此教以行其帝國主義之政策。則我國民不可不日相提撕者也。德相俾士麥。宗教思想最淺薄之人也。其在本國。剝奪教徒之特權。風行雷厲。不遺餘力。至其在中國也。乃與法人爭羅馬教護教之名義。豈所謂司馬昭之心。路人皆見者耶。果也及其身後。而以兩教士易膠州百里之地。山東一省之權。嗚呼。歐美政治家之抱此等思想。懷此等術數者。又豈止俾士麥一人哉。四百年來歐洲戰爭以百數。而藉口於宗教者十之八九。四十年來中外交涉問題以百數。而起衅於宗教者亦十八九。試一覽地圖而比照之於歷史。凡各國新得殖民地。其前此篳路藍縷以開闢之者。何一非自傳教之力而來。此傳教政略之可畏如此其甚也。

昔者憂國之士。以瓜分危言。棒喝國民。聞者將信而將疑焉。及經庚子之難。神京殘破。鑾輿播蕩。而至今猶得安然於湖山歌舞之下。不喪匕鬯。而各國聯盟保華之議。且相應相和。彼夢夢者。以爲瓜分之禍。可以卒免。吾高枕無患矣。不知有形之瓜分。或致殆而致生之。而無形之瓜分。則乃生不如死。亡不如存。正所以使我四萬萬國民。陷於九淵而莫能救也。夫今日之競爭。不在腕力而在腦力。不在沙場而在市場。夫既言之矣。野蠻國之滅人國也。如虎。皮肉筋骨。吞噬無餘。人咸畏之。文明國之滅人國也。如狐媚之蠱之。吸其精血。以瘵以死。人猶昵之。今各國之政策。皆狐行也。非虎行也。姑無論其利用政府疆吏之權。以政府疆吏爲彼奴隸。而吾民爲其奴隸之奴隸也。卽不爾。而握全國平準界之權。已足使我民無復遺類。何以言之。二十世紀之世界。雄於平準界者則爲強國。嗇於平準界者則爲弱國。絕於平準界者則爲不國。此中消息。不待識微者而知之矣。今試觀全地球平準界變遷之大勢如何。資本家與勞力者之間。劃然分爲兩階級。富者日以富。而貧者日以貧。自機器製造之業興。有限公司之制立。而疇昔之習一手藝設一廛肆。得以致中人之產者。絕跡於西方矣。自托辣斯特之風行。（托辣斯特者各公司聯盟以厚競爭之力也前年英國之製鐵業創行之）而小製造廠小公司亦無以自立矣。自今以往。五大洲物產人力之菁英。將爲最小數之大資本家所吸集。至此外之多數者。亦非必迫之使爲餓殍也。要之。苟非搖尾蒲伏於大資本家之膝下。而決不能以自存。此實未來之黑暗世界。前途之恐怖時代。稍有識者所能見也。夫在歐美方盛之國。猶且以此問題日夜絞政治家學問家之腦髓。而未知所以救。況中國之民。不知自爲計。而政府亦莫爲之計者耶。自今二十年以前。中國貧富之界。懸隔最不相遠。十室之邑。輒有擁中人產。號稱小康者。今則日剝月蹙。風景全非矣。除一二租界之外。游其市鎮。則商況淒涼。行其遂郊。則農聲顚頓。號寒啼飢之聲。不絕於耳。鬻身蕩產之形。不絕於目。吾氓蚩蚩。莫知其所由然。或曰是由官吏之朘削也。或曰是由償款之漏巵也。斯固然矣。然豈知猶其小者。非其大者。其大者乃在全球平準界之橫風怒潮。波及於我國也。夫此風此潮之來。今不過萌芽焉耳。而吾之蒙其害者已如是。自今以往。何以堪之。

夫吾國人今日之資本。不足與歐美諸雄相頡頏也明矣。然猶恃天產之富。苟能利用之。則一轉移間。而雄弱之數變焉。雖然。天產之富。非可恃也。非有良政法以導之。護之。劑之。而必不能食其利也。故各國政治家所以講求保護政策。務以全其國民固有之利益者。皇皇焉。兢兢焉。使本國人比較於外國人。而常得特別優等之利益。此地主之權利。而人民所恃以生存者也。夫是以其大權常在本國人之手。而競爭得有所盾。中國則不然。本國人非惟不能得特別優等之利益而已。而與外國人相較。此等利益。反爲外人所特有。夫內河小輪船。皆用外國旗號者。何也。（揚子江一帶多用日商名義西江一帶多用英商美商等名義其實資本皆出自華商也）用本國名。則承辦難。過關難。滋事多而賠累難。攤捐多而應酬難。懸他國旗則百結並解也。行商之多託外國名義何也。有三聯票。完子口半稅。而雖經千百釐卡。無所留難也。鐵路公司官辦則一文不能集。洋款則爭趨惟恐後者何也。明知其大利所在。而又畏法律之不可恃。不能堪官吏之魚肉。附於洋人則高枕無患也。自餘各事莫不皆然。似此不過其一二端而已。夫以吾民風氣之不開。平準學理之不講。雖爲政府者日日家喻戶曉勉其從事於各種之富國事業。猶恐其不肯擔任。且擔任而不能善其事。而況乎其縶縛之而敲削之也。即使無外界之侵入。而生齒日繁。人滿爲患。猶且非興新業不足以相周相救。而況乎掀天揭地之風潮承其後也。夫使吾不能自開其源。而亦無能攙而奪之者。則姑以俟諸異日或尚有無窮之希望在將來也。其奈得寸入尺獲隴望蜀者。旣眈眈相逼乎前。而政府之假狐威者。今日許以寸。明日予以尺。民間之貪蠅利者。甲也導諸隴。乙也導諸蜀。如長隄一決。萬流注入。其勢狂奔泛濫。而莫知所屆。不見夫弈者乎。要害之地爲敵占先數著。則全盤俱負矣。今我國民以敵人前此所下之數子。猶爲閑著乎。夫旣已制我之死命矣。及今知之。而補救固已大難。失今不知。而後局更何堪問也。在本國有地主應享之權利者。猶且如是。其在外者更何有焉。吾嘗遊歷美洲澳洲日本諸地。察華商之情況。皆有一落千丈不可收拾之概。比諸十年前若霄壤矣。吁嗟吁嗟。更後十年。又當若何。若是乎吾中國人之眞無以自存也。由今之道。無變今之政。不及一紀。而十八省千百州縣之地勢。必全爲歐美資本家之領域。則夫此間之數萬萬人所恃以贍饔飧而資事畜者。惟有鬻身入苙充某製造廠之工匠。某洋行之肩挑。某鐵路公司之驛卒。某礦務公司之礦丁。某輪船公司之水手。其最上者則爲通事焉。爲工頭焉。爲買辦焉。至尊矣。至榮矣。蔑以加矣。此非吾過激之言也。二十世紀之人類。苟不能爲資本家。即不得不爲勞力者。蓋平準界之大勢所必然也。夫事勢至於若彼。則我民族其無噍類矣。然而政府可以如故也。官吏可以如故也。彼所取者實。而豈惟其名。所吸者血。而豈惟其膚也。所謂無形之瓜分者。如是如是。以視有形焉者之利害輕重何如哉。嗚呼險哉。工商政略之可畏如此其甚也。

二十世紀民族競爭之慘劇。千枝萬葉。千流萬湍。而悉結集於此一點。然則吾人之應之者當如何。或曰。今後之天下。既自政治界之爭。而移於平準界之爭。則我輩欲圖優勝。宜急起以競於此。嘻、此又不知本末之言也。夫平準競爭之起。由民族之膨脹也。而民族之所以能膨脹。罔不由民族主義國家主義而來。故未有政治界不能自立之民族。而於平準界能稱雄者。不然、中國人貨殖之能力。豈嘗讓他人哉。而今顧若此。毋亦梗其中者多所蠹。而盾其後者之無所憑也。故今日欲救中國。無他術焉。亦先建設一民族主義之國家而已。以地球上最大之民族。而能建設適於天演之國家。則天下第一帝國之徽號。誰能篡之。而特不知我民族有此能力焉否也。有之則莫强。無之則竟亡。間不容髮。而悉聽我輩之自擇。噫嚱吁。前不見古人。後不見來者。念天地之悠悠。獨愴然而涕下。噫嚱吁。吾又安知夫吾涕之何從哉。

中國史上人口之統計

自瑪兒梭士人口論出世。謂人口之蕃殖。以幾何級數增加。每二十五年輒增一倍。達爾文因之以悟物競天擇之原理。迨十九世紀。舉地球萬國。幾無不以人滿為患。而瑪氏達氏之學說。益占勢力於學界。推原各國兵事之所由起。殆皆由民族與民族之相接觸。而有爭競。其所以相接觸之故。大率由於人滿而移住。此天演自然之理。卽中國當亦不能外也。顧吾讀古籍。孔子言不患寡而患不均。又言天下之民襁負其子而至矣。梁惠王問孟子。

鄰國之民不加少寡人之民不加多何也孟子又言天下耕者皆願耕於王之野凡此皆當時諸國爭欲吸集客民之徵也竊疑自黃帝至春秋戰國間已二千餘年何故其現象仍復如彼且其時戰爭日烈之原因抑何在耶深所不解偶檢文獻通考續通考皇朝通考之戶口門讀之觀其歷代統計之比較有令人大失驚者明知吾國調查之學不精且更有種種原因使版籍之數勢必失實雖然不實之中亦有研究之一値也

中國歷代戶口比較表（據三通考撮錄其失載者不杜撰其正誤者不臆改）

（年代）	（戶數）	（口數）
夏禹時	……	一三、五五三、九二三
周初	……	一三、七〇四、九二三
周東遷時	……	一一、九四一、九二三
周末	……	……
漢初	……	……
西漢末	一二、二三三、〇六二	五九、五九四、九七八
東漢光武時	四、二七九、六三四	二一、〇〇七、八二〇
明帝時	五、八六〇、一七三	三四、一二五、〇二一
章帝時	七、四五六、七八四	四三、三五六、三六七
和帝時	九、二三七、一一二	五三、二五六、二二九
東漢末	一六、〇七〇、九〇六	五〇、〇六六、八五六
三國時	……	七、六七二、八八一
晉武帝時	二、四五九、八〇四	一六、一六三、八六三
南北朝全盛時	……	四八、〇〇〇、〇〇〇

南北朝之末	………	一一、〇〇九、六〇四
隋全盛時	八、九〇七、五三六	四六、〇一九、九五六
唐太宗時	三、〇〇〇、〇〇〇(不滿)	………
武后時	六、三五六、一四一	………
玄宗天寶時	九、六一九、二五四	五二、九〇九、三〇六
肅宗至德二年	八、〇一八、七〇一	………
乾元二年	一、九三三、一二五	………
德宗時	三、八〇五、〇七六	………
憲宗時	二、四七三、九六三	………
武宗時	四、九五五、一五一	………
宋藝祖時	三、〇九〇、五〇四	………
眞宗時	八、六七七、六七七	一九、九三〇、三二〇
神宗時	一五、六八四、五二九	二三、八〇七、一六五
徽宗時	二〇、〇一九、〇五〇	四三、八二〇、七六九
南宋高宗時(金在外)	一一、三七五、七三三	一九、二二九、〇〇八
光宗時(並金合計)	一九、二四一、八七三	七三、二九二、九八五
元初	一一、八四〇、八〇〇	五八、八三四、七一一
元末	………	………
明成祖時	一一、四一五、八二九	六六、五九八、三三七
英宗時	九、四六六、二八八	五四、三三八、四七六
武宗時	九、一五一、七七三	四六、八〇二、〇〇五
神宗時	九、八二五、四二六	五一、六五五、四五九

清順治十八年………	二一、〇六八、六〇九
康熙五十年………	二四、六二一、三三四
乾隆十四年………	一七七、四九五、〇三九
四十八年………	二八四、〇三三、七五五

（表例附）

（一）周末漢初元末諸時代。極關緊要。然原書不能言其數。今別證他書附考於後。惟表中則空之。

（二）原書於唐著戶。不著口。其他或著口不著戶。今悉依以爲存闕。

（三）原書於東漢唐宋元明列表甚詳。每帝皆有。今惟取其比較之率有大漲落者。乃列次之。

（四）當數主分立時代。必須合觀各主所屬之戶口。乃爲全國總數。右表所列者。惟南宋高宗時代。未將金所屬列入。其時金之戶數三百萬。合諸宋之數。共一千四百餘萬戶也。口數則原書不載。無從攙入。故闕之。其餘如三國時六朝時及南宋光宗時。皆綜合其總數。列表所據者如下。

（一）三國時

	（戶）	（口）
魏	六六三、四二三	四、四三二、八八一
蜀（亡時）	二八〇、〇〇〇	九四〇、〇〇〇
吳（亡時）	五三〇、〇〇〇	二、三〇〇、〇〇〇
合　計	一、四七三、四二三	七、六七二、八八一（即前表之數）

（二）南北朝全盛時

南朝所可考者惟宋書載孝武時戶九十萬六千八百七十口四百六十八萬五千五百一北朝所可考者惟魏書載孝文遷都河洛時爲全盛戶口之數比晉太康倍而有餘馬氏原案云太康平吳後戶二百四十五萬餘口千六百十六萬餘云倍而有餘則是戶五百餘萬口三千二百餘萬以上也故略列如前表

(三)南宋時

	(戶)	(口)
宋(光宗時)	一二、三〇二、八七三	二七、八四五、〇八五
金(章宗時)	六、九二九、〇〇〇	四五、四四七、九〇〇

合之即前表之數也

(表補附)

(一)周末人口略算

蘇秦說六國於燕趙韓齊皆言帶甲數十萬於楚則言帶甲百萬於魏則言武士蒼頭奮擊各二十萬張儀言秦虎賁之士百餘萬又蘇秦言齊楚趙皆車千乘騎萬匹言燕車六百騎六千言魏車六百騎五千張儀言秦車千乘騎萬匹以秦楚兩國推例之大抵當時兵制有車一乘騎十匹者則配卒一千人故秦楚千乘而卒百萬趙六百乘而卒六十萬然則蘇秦雖不確言齊趙燕韓之卒數然亦可比例以得其概大約齊趙皆當百萬燕韓皆當六十萬蓋當時秦齊楚工力悉敵而蘇秦亦言山東之國莫强於趙故合縱連衡時秦趙齊楚皆一等國而魏韓燕二等國也以此計之七雄所養

兵當合七百萬內外也。

由兵數以算戶數。據蘇秦說齊王云。臨淄七萬戶。戶三男子。則臨淄之卒。可得二十一萬。是當時之制大率每一戶出卒三人。則七國之衆。當合二百五十餘萬戶也。

由戶數以算人數。據孟子屢言八口之家。是每戶以八人爲中數。則二百五十餘萬戶應得二千餘萬人也。

此專以七雄推算者。當時尚有宋衞中山東西周泗上小侯及蜀閩粤等。不在此數。以此約之。當周末時人口應不下三千萬。

(二)漢初人口略算

據史記秦本紀及六國表。則自秦孝公至始皇之十三年。其破六國兵。所斬首虜。共百二十餘萬(余別有表)而秦兵之被殺於六國者尚不計。六國自相攻伐所殺人尚不計。然則七雄交鬨所損士卒當共二百萬有奇矣。而始皇一天下之後。猶以四十萬使蒙恬擊胡。以五十萬守五嶺。以七十萬作驪山馳道。三十年間。百姓死亡相踵於路。陳項又恣其酷烈。新安之坑。二十餘萬。彭城之戰。睢水不流。漢高定天下。人之死傷亦數百萬。及平城之圍。史稱其悉中國兵。而爲數不過三十萬耳。方之六國。不及二十分之一矣。(參用馬氏原案語略加考證)

漢既定天下。用民服兵役者。當不至如六國之甚。然以比擬計之。當亦無逾五六百萬者。(南越東越等不計)

由前表觀之則中國自淸乾隆以前民數未有逾百兆者其最盛爲南宋宋金合七十三兆餘次則明成祖時六十六兆餘又次則西漢孝平時五十九兆餘最少者爲三國乃僅得七兆餘嗚呼孰謂吾先民而僅有此今姑據此不實不盡之統計一研究之

上古邈矣不可考但據原案周東遷時得十一兆餘今所揣度則至戰國而進爲三十兆其間以衞生之不備戰爭之頻數進率祇得如是其與理論殆不相遠及至漢初而六去其五矣則暴秦陳項之亂爲之也漢休養生息二百年自文景迄孝平由五兆進爲五十九兆殆加十倍乃建武中興復銳減至二十一兆幾去三之二矣則王莽赤眉以來之亂爲之也東漢二百年稍蘇復進至五十兆然猶不及西京之盛曾幾何時而三國時代僅餘七兆比盛漢時南陽汝南兩郡之數（竊疑三國時戶口最確實蓋史所載者並其將士若干人吏若干人後宮若干人而一一備列之也）蓋七而餘一矣馬貴與謂與平建安之際海內荒廢白骨盈野三十餘年及文帝受禪人衆之損萬有一存此皆甚言之詞然生民之不遭亦至是極矣隋之極盛可比漢代其所以致此者下節論之隋與唐之比較原書於唐記戶而略口故民數無稽焉然隋大業間有戶八百九十萬餘唐貞觀間乃不滿三百萬亦去三之二矣其有戶無民者尚不在此數馬氏謂經亂離之後十存不能一二則豪傑共逐隋鹿之爲之也至武后時而增一倍爲六百萬戶至玄宗天寶時而增二倍爲九百餘萬戶則唐之極盛也蓋其休養者凡百三十餘年而始得此肅宗至德二年卽玄宗幸蜀之次年也猶八百餘萬再越三年爲乾元二年（以至德三年改元曰乾元）乃僅有百餘萬戶視天寶時（相距不過五年）十去其八矣則安史之亂爲之也其後終唐之世以及宋藝祖之定天下雖時有進退然僅如貞觀時耳則藩鎭迭擾十國交閧之爲之也元明之交竟弗可深考而元初與明初之比較殆相若今無置論焉明代民籍大率上下於五六十兆間天啓

中猶有五十餘兆。及順治十八年。僅二十兆。又五去其三矣。則流寇恣虐滿洲入簒三藩繼亂之爲之也。綜覽二千年來我先民之宅於斯土者。稍得豈田廬長子孫度數十寒暑。輒復一度草薙禽獮。使靡孑遺。如佳期將至。風雨便來。如萌蘖方生。牛羊滋牧。嗚呼舉天下含生負氣之儔。其遭遇之大不幸者。孰有中國人若哉。孰有中國人若哉。瑪爾梭士人口論之公例。獨不行於我中國也亦宜。抑以如此之遭際。而欲責其文明發達與他國享平和幸福者並轡而馳。亦何望矣。

雖然。左表所列。固絕不足爲信據也。不足信據而復列之。則以其於中國國情之考證。固别有裨也。宋李心傳所著建炎以來朝野雜記云『西漢戶口至盛之時。率以十戶爲四十八口有奇。東漢率以十戶爲五十二口。唐人率以十戶爲五十八口。（按由此略可推算唐時公報之人數大率天寶最盛時六百兆矣）自本朝元豐至紹興。率以十戶爲二十一口。以一家止於兩口則無是理。蓋詭名子戶漏口者衆也。然今浙中戶口率以十戶爲十五口有奇。蜀中戶口率以十戶爲二十口弱。蜀人生齒非盛於東南。意者蜀中無丁賦於漏口少爾』吾證以南宋時之統計。而再觀夫宋光宗間爲戶千二百餘萬。爲口僅二千七百餘萬。金章宗間爲戶六百九十餘萬。爲口乃四千五百餘萬。宋之戶倍於金。而口乃僅及金之半。寧有是理耶。以金例宋。則當光宗時。宋民八九千萬乃始與其戶相應矣。宋金合計。則彼時之民已應在百二三十兆以上矣。且吾以爲此數不至宋而始然也。自唐時而當已然。宋之所隱匿者在口。而唐之所隱匿者在戶（實則戶口兩者俱匿特唐宋更各有所偏重耳）杜君卿云『我朝自武德初至天寶末凡百三十八年。可以比崇漢室。而人戶纔比於隋氏。蓋法令不行。所在隱漏之甚也』考隋文帝初年有戶三百六十萬。平陳所得又五十萬耳。乃至大業之始不及二十年。而增至八百九十餘萬。其增進之率。適與瑪氏二十五年加一倍者相合。夫唐貞觀以後之治過隋遠也。吾先民之安居樂業者，在歷史中實以彼時爲最長。人口烏有不蕃殖之理。以隋例唐，隋初據四百萬戶之業，閱二十年而得八百餘萬者，唐初據三百萬戶之業，閱百三十餘年，最少亦應至千八百萬有奇矣。（此尚非以幾何級數遞算）以當時每戶五口有奇之比例算之，則盛唐時代應有民百四五十兆以上。顧統計表上隋唐之相違如彼其遠者，則史稱隋文帝恭儉爲治，不加賦於人，而唐代行租庸調之法，以調稅戶，以庸稅口。（陸宣公奏議云有田則有租有戶則有調有身則有庸）瑪氏所謂庸調之征愈增，則戶口之數愈減，誠哉然也。（唐制戶口有課者有不課者凡鰥寡孤獨廢疾不課九品以上官不課部曲客女奴婢不課天寶十四年戶數共八百九十一萬有奇課者五百三十四萬有奇不課者三百五十六萬有奇口數共五千二百九十萬有奇課者八百二十萬有奇不課者四千四百七十萬有奇以全國之戶而窮無告者居三之二以全國之民而鰥寡孤獨廢疾奴婢居六之五天下有是理乎此皆由立法不善然官吏之不能綜覈與國民之不解納稅義務皆可見矣中國官牘之統計皆此等類何足怪訝特附記以資一粲云爾）明史食貨志云：『太祖當兵燹之後，戶口顧極盛，其後承平日久，反不及焉。靖難兵起，淮以北鞠爲茂草，其時民數反增於前。後乃遞減，至天順間爲最衰。成弘繼盛，正德以後又減。戶口所以減者，周忱謂投倚於豪門，或冒匠竄兩京，或冒引賈四方，或舉家舟居，莫可蹤跡也。』然則明時民數不進之所由，亦可以見矣。清順治十八年，人數二十一兆有奇，康熙五十年二十四兆有奇，乾隆十四年一百七十七兆有奇。前此五十年間所增僅三兆，不過遞加十分之一，後此二十餘年間陡增一百五十兆，遞加八倍有餘。使前表而爲信史也，則是吾中國數千年來濡滯不進之民數，常往來於四五六十兆之間者，至彼二十七年間乃改其度，而爲一大飛躍也。使前表而爲信史也，則瑪爾梭士之徒聞之，當更增數倍之悲觀也。而豈知自唐以來，我民族既早有此數，徒以避賦役而自匿蔽，自康熙五十一年下滋生人丁永不加賦之諭，取漢唐以來口算庸調之法而掃除之，然後千餘年間人口之實數始漸發現也。（康熙五十一年以後曾兩次編審人丁而數仍不進者法令新行未信於民也故至乾隆十四年第三次編審始得此數）迨乾隆四十八年所增復逾半倍爲二百八十餘兆。則依瑪氏所算之率。秩序而進矣。東坡嘗云『自漢以來。丁口之蕃息。與倉廩府庫之盛。莫如隋。其貢賦輸籍之法。必有可觀者。孔子曰。不以人廢言。而況可以廢一代之良法乎。』三代之制。既不可考。信炎漢以還。計口課稅之法。騷擾民間者垂二千年。其餘毒乃至使吾儕今日欲求一徵信之統計表而不可得。及康熙間一舉而廓清之。不謂爲中國財政史上一新紀元不得也。若是者。亦安可以民族主義之餘憤而抹煞之

夫前表之不足徵信。固也。雖然其累朝鼎革時代。與其全盛時代之比較率。則原書所記。雖不中。亦當不遠。如東漢初視西漢全盛得三之一。三國視東漢全盛得七之一。唐初視隋全盛得三之一。宋初視唐全盛得四之一。清初視明全盛得三之一。此其大較也。蓋擾亂既亙二三十年。則壯者塗膏血於原野。舉凡有生殖力者。而一空之。無以爲繼。一也。壯者既去。老弱婦女。勢不能自存。二也。血肉滿地。癘疫緣生。三也。田棄不治。饑饉相隨。四也。故每一次革命後。則當代之人。未有能存其半者也。唐盛時已得百餘兆。（此著者推度之數下同）而宋初僅數十兆。宋盛時已得百餘兆。而元初僅數十兆。明初已得百餘兆。而清初復僅數十兆。皆此之由。泰西歷史爲進化。我國歷史爲循環。豈必論他事。即戶口一端而已然矣。不然。豈有九百年前。（指前表所記南宋時）擁二千萬戶一百三四十兆人之國。而至今僅以四百兆稱者哉。

西人之稱我者。動曰四百八兆。此道光二十二年料民之數也。（其年凡四百十三兆有二萬人云）吾中國官牘上文字。多不足措信。雖康熙改革以後。視前代徵實數倍。猶未敢謂其爲實錄也。顧舍此亦無他可援據。即以道光廿四年此數論之。後此經洪楊之難。兩軍死者殆七八百萬。合以流竄殃及癘疫饑饉及生殖力所損亡。可除出五千萬。以所餘三百六十兆爲本位。計道光廿四年迄今凡六十年。以乾隆十四年至四十八年間之比例。則約四十五年而增

一倍然則光緒十五年時固應有七百二十兆人矣今日其或當在八百兆之間耶以今者行政機關之混亂如此誰與正之懸此數以俟將來新政府之調查而已

論佛教與羣治之關係

吾祖國前途有一大問題曰『中國羣治當以無信仰而獲進乎抑當以有信仰而獲進乎』是也信仰必根於宗教宗教非文明之極則也雖然今日之世界其去完全文明尚下數十級於是乎宗教遂爲天地間不可少之一物人亦有言教育可以代宗教此語也吾未敢遽謂然也卽其果然其在彼教育普及之國人人皆漸漬熏染以習慣而成第二之天性其德力智力日趨於平等如是則雖或缺信仰而猶不爲害今我中國猶非其時也於是乎信仰問題終不可以不講（參觀宗教家與哲學家之長短得失篇）因此一問題而復生出第二之問題曰『中國而必需信仰也則所信仰者當屬於何宗教乎』是也吾提此問題聞者將疑焉曰吾中國自有孔教在而何容復商榷爲也雖然吾以孔教者教育之教也非宗教之教也其爲教也主於實行不主於信仰故在文明時代之效或稍多而在野蠻時代之效或反少亦有心醉西風者流覩歐美人之以信仰景教而致强也欲舍而從之以自代此尤不達體要之言也無論景教與我民族之感情枘鑿已久與因勢利導之義相反背也又無論彼之有眈眈逐逐者楯於其後數强國利用之以爲釣餌稍不謹而末流之禍將不測也抑其教義非有甚深微妙可以涵蓋萬有鼓鑄羣生者吾以疇昔無信仰之國而欲求一新信仰則亦求之於最高尚者而已而何必惟勢利之爲趨也吾師友多治佛學吾請言佛學

一　佛教之信仰乃智信而非迷信

孔子曰。知之爲知之。不知爲不知。是知也。又曰。吾有知乎哉。無知也。又曰。及其至也。雖聖人亦有所不知焉。又曰。未知生。焉知死。蓋孔教本有闕疑之一義。言論之間。三致意焉。此實力行教之不二法門也。至如各教者。則皆以起信爲第一義。夫知焉而信焉可也。不知焉而强信焉。是自欺也。吾嘗見迷信者流。叩以微妙最上之理。輒曰是造化主之所知。非吾儕所能及焉。是何異專制君主之法律。不可以與民共見也。佛教不然。佛教之最大綱領曰『悲智雙修』。自初發心以迄成佛。恆以轉迷成悟爲一大事業。其所謂悟者。又非徒知有佛焉而盲信之之謂也。故其教義云『不知佛而自謂信佛。其罪尙過於謗佛者。』何以故。謗佛者有懷疑心。由疑入信。其信乃眞。故世尊說法四十九年。其講義關於哲學學理者十而八九。反覆辨難。弗明弗措。凡以使人積眞智求眞信而已。淺見者或以彼微妙之論爲不切於羣治。試問希臘及近世歐洲之哲學。其於世界之文明。爲有裨乎。爲無裨乎。彼哲學家論理之圓滿。猶不及佛說十之一。今歐美學者。方且競採此以資研究矣。而豈我輩所宜訢病也。要之他教之言信仰也。以爲教主之智慧。萬非教徒之所能及。故以强信爲究竟。佛教之言信仰也。則以爲教徒之智慧。必可與教主相平等。故以起信爲法門。佛教之所以信而不迷。正坐是也。近儒斯賓塞之言哲學也。區爲「可知」與「不可知」之二大部。蓋從孔子闕疑之訓。救景教徇物之弊。而謀宗教與哲學之調和也。若佛教則於不可知之中而終必求其可知者也。斯氏之言。學界之過渡義也。佛說則學界之究竟義也。

二　佛教之信仰乃兼善而非獨善

凡立教者必欲以其教易天下。故推教主之意。未有不以兼善爲歸者也。至於以此爲信仰之一專條者。則莫如佛。教佛說曰『有一衆生不成佛者。我誓不成佛。』此猶自言之也。至其教人也。則曰『惟行菩薩行者得成佛。其修獨覺禪者永不得成佛。』獨覺者何。以自證自果爲滿足者也。學佛者有二途。其一則由凡夫而行直行菩薩。由菩薩而成佛者也。其他則由凡夫而證阿羅漢果。而證阿那含果。而證斯陀含果。而證辟支佛果者也。辟支佛果即獨覺位也。亦謂之聲聞。亦謂之二乘。辟支佛與佛相去一間耳。而修聲聞二乘者。證至此已究竟矣。故佛又曰『吾誓不爲二乘聲聞人說法。』佛果何惡於彼而痛絕之甚。蓋以爲凡夫與謗佛者。猶可望其有成佛之一日。若彼輩則眞自絕於佛性也。所謂菩薩行者何也。佛說又曰『己已得度。回向度他。是爲佛行。未能自度而先度人。是爲菩薩發心。』故初地菩薩之造詣。或比之阿羅漢阿那含尚下數級焉。而以發心度人之故。即爲此後證無上果之基礎。彼菩薩者皆至今未成佛者也。（其有已成佛而現菩薩身者則吾不敢知）何以故。有一衆生未成佛。彼誓不成佛。故夫學佛者以成佛爲希望之究竟者也。今彼以衆生故。乃並此最大之希望而犧牲之。則其他更何論焉。故舍己救人之大業。惟佛教足以當之矣。雖然。彼非有所矯強而云然也。彼實見夫衆生性與佛性本同一源。苟衆生迷而曰我獨悟。衆生苦而曰我獨樂。無有是處。譬諸國然。吾既託生此國矣。未有國民愚而我可以獨智。國民危而我可以獨安。國民悴而我可以獨榮者也。知此義者。則雖犧牲藐躬種種之利益以爲國家。其必不辭矣。

三　佛教之信仰乃入世而非厭世

明乎菩薩與獨覺之別。則佛教之非厭世教可知矣。宋儒之謗佛者。動以是爲清淨寂滅而已。是與佛之大乘法適成反比例者也。景教者。衍佛之小乘者也。翹然日懸一與人絕之天國以歆世俗。此寧非引進愚民之一要術。然自佛視之。則已墮落二乘聲聞界矣。佛固言天堂也。然所祈嚮者非有形之天堂。而無形之天堂。非他界之天堂。而本心之天堂。故其言曰『不厭生死。不愛涅槃。』又曰『地獄天堂。皆爲淨土。』何以故。菩薩發心當如是故。世界既未至「一切衆生皆成佛」之位置。則安往而得一文明極樂之地。彼迷而愚者。既待救於人。無望能造新世界焉矣。使悟而智者。又復有所歆於他界。而有所厭於儕輩。則進化之責。誰與任之也。故佛弟子有問佛者曰。誰當下地獄。佛曰『佛當下地獄。不惟下地獄也。且常住地獄。不惟常住也。且常樂地獄。不惟常樂也。且莊嚴地獄。』夫學道而至於莊嚴地獄。則其悲願之宏大。其威力之廣遠。豈復可思議也。然非常住常樂之烏克有此。彼歐美數百年前。猶是一地獄世界。而今日已驟進化若彼者。皆賴百數十仁人君子住之樂之而莊嚴之也。知此義者。小之可以救一國。大之可以度世界矣。

四　佛教之信仰乃無量而非有限

宗教之所以異於哲學者。以其言靈魂也。知靈魂。則其希望長。而無或易召失望。以致墮落。雖然。他教之言靈魂。其義不如佛教之完。景教之所揭櫫也。曰永生天國。曰末日審判。夫永生猶可言也。謂其所生者在魂不在形。於本義猶未悖也。至末日審判之義。則謂人之死者。至末日期至。皆從塚中起。而受全知能者之鞫訊。然則鞫訊者。仍形耳。而非魂也。藉曰魂也。則此魂與形俱生。與形俱滅。而曾何足貴也。故孔教專衍形者也。則曰善不善報諸子孫。佛教專衍魂者也。則曰善不善報諸永劫。其義雖不同。而各圓滿具足者也。惟景教乃介兩者之間。故吾以爲景教之言末日。猶未脫埃及時代野蠻宗教之迷見者也。埃及人之木乃伊術保全軀屍殼必有所爲殆令爲將來再生永生地也又按景教雜形以言魂者甚多即如所言亞當犯罪其子孫墮落云云亦其一端也如耶氏之教則吾輩之形雖受於亞當然其魂則固受諸上帝也亞當一人有罪何至罰及其數百萬年以後之裔孫此殆猶是積善之家有餘慶不善之家有餘殃之義而已仍屬衍形教不可謂之衍魂教也〇耶氏言末日審判之義峭緊嚴悚於度世法門亦自有獨勝之處未可厚非特其言魂學之圓滿固不如佛耳夫人生也有涯。而知也無涯。故爲信仰者。苟不擴其量於此數十寒暑以外。則其所信者終有所撓。瀏陽仁學云。『好生而惡死。可謂大惑不解者矣。蓋於不生不滅瞢焉。瞢而惑。故明知是義。特不勝其死亡之懼。縮朒而不敢爲。方更於人禍之所不及。益以縱肆於惡。而顧景汲汲。而四方蹙蹙。惟取自心快已爾。天下豈復有可治也。今使靈魂之說明。雖至闇者猶知死後有莫大之事及無窮之苦樂。必不於生前之暫苦暫樂。而生貪著厭離之想。知天堂地獄森列於心目。必不敢欺飾放縱。將日遷善以自兢惕。知身爲不死之物。雖殺之亦不死。則成仁取義。必無怛怖於其衷。且此生未及竟者。來生固可以補之。復何所憚而不亹亹。』嗚呼。此「應用佛學」之言也。西人於學術每分純理與應用兩門如純理哲學應用哲學純理經濟學應用生計學等是也瀏陽仁學吾謂可名爲應用佛學瀏陽一生得力在此。吾輩所以崇拜瀏陽步趨瀏陽者。亦當在此。若此者。殆舍佛教末由。

五　佛教之信仰乃平等而非差別

他教者。率衆生以受治於一尊之下者也。惟佛不然。故曰『一切衆生。皆有佛性。』又曰『一切衆生。本來成佛。生死涅槃。皆如昨夢。』其立教之目的。則在使人人皆與佛平等而已。夫專制政體固使人服從也。立憲政體亦使人服從也。而其順逆相反者。一則以我服從於他。使我由之而不使我知之也。一則以我服從於我。吉凶與我同患也。故他教雖善。終不免爲據亂世小康世之教。若佛教則兼三世而通之者也。故信仰他教或有流弊。而佛教決無流弊也。

六　佛教之信仰乃自力而非他力

凡宗教必言禍福。而禍福所自出。恆在他力。若祈禱焉。若禮拜焉。皆修福之最要法門也。佛教未嘗無言他力者。然只以施諸小乘。不以施諸大乘。其通三乘攝三藏而一貫之者。惟因果之義。此義者實佛教中小大精粗無往而不具者也。佛說現在之果。卽過去之因。現在之因。卽未來之果。既造惡因。而欲今後之無惡果焉。不可得避也。既造善因。而懼後此之無善果焉。亦不必憂也。因果之感召。如發電報者然。在海東者動其電機。長短多寡若干度。則雖隔數千里外。而海西電機之發露。其長短多寡若干度。與之相應。絲毫不容假借。人之熏其業緣於「阿賴耶」識（阿賴耶識者八識中之第八識也其義不可得譯故先輩唯譯音爲欲知之者宜讀楞伽經及成唯識論）也。亦復如是。故學道者必愼於造因。吾所已造者。非他人所能代消也。吾所未造者。非他人所能代勞也。又不徒吾之一身而已。佛說此五濁惡世者。亦由衆生業識熏結而成。衆生所造之惡業。有一部分屬於普通者。有一部分屬於特別者。其屬於普通之部分。則遞相熏積相結而爲此器世間。（佛說有所謂器世間有情世間者一指宇宙一指衆生也）其特別之部分。則各各之靈魂（靈魂本一也以妄生分別故故爲各各）自作而自受之。而此兩者自無始以來。又互相熏焉。以遞引於無窮。故學道者（一）當急造切實之善因。以救吾本身之墮落。（二）當急造宏大之善因。以救吾所居之器世間之墮落。何也。苟器世間猶在惡濁。則吾之一身。未有能達淨土者也。所謂有一衆生不成佛。則我不能成佛。是實事也。非虛言也。嘻。知此義者。可以通於治國矣。一國之所以腐敗衰弱。其由來也。非一朝一夕。前此之人。蒔其惡因。而我輩今日刈其惡果。然我輩今日非可諉咎於前人而以自解免也。我輩今日而亟造善因焉。則其善果或一二年後而收之。或十餘年後而收之。或數百年後而收之。造善因者遞續不斷。而吾國遂可以進化而無窮。造惡因者亦然。前此惡因既已蔓茁。而我復灌漑而播殖之。其貽禍將來者更安有艾也。又不徒一羣爲然也。一身亦然。吾蒙此社會種種惡業之熏染。受而化之。旋復以熏染社會。我非自洗滌之而與之更始。於此而妄曰吾善吾羣吾度吾羣。非大愚則自欺也。故佛之說因果。實天地間最高尙完滿博深切明之學說也。近世達爾文斯賓塞諸賢言進化學者。其公理大例。莫能出此二字之範圍。而彼則言其理。而此則並詳其法。此佛學所以切於人事。徵於實用也。夫尋常宗教家之所短者。在導人以倚賴根性而已。雖有『天助自助者』一語以爲之彌縫。然常橫天助二字於胸中。則其獨立不羈之念。所減殺已不少矣。若佛說者。則父母不能有所增益於其子。怨敵不能有所咒損於其仇。無歆羨。無畔援。無罣礙。無恐怖。獨往獨來。一聽衆生之自擇。中國先哲之言曰。『天作孽猶可違。自作孽不可逭。』又曰。『自求多福在我而已。』此之謂也。特其所言因果相應之理。不如佛說之深切著明耳。佛教洵偶乎遠哉。

以上六者。實鄙人信仰佛教之條件也。於戲佛學廣矣大矣深矣微矣。豈區區末學所能窺其萬一。以佛耳聽之。不知以此爲讚佛語耶。抑謗佛語耶。雖然。即曰謗佛。吾仍冀可以此爲學佛之一法門。吾願造是因。且爲此南贍部洲有情衆生造是因。佛力無盡。我願亦無盡。

難者曰。子言佛教有益於羣治辯矣。印度者。佛教祖國也。今何爲至此。應之曰。嘻、子何闇於歷史。印度之亡。非亡於佛教。正亡於其不行佛教也。自佛滅度後十世紀。全印即已無一佛跡。而婆羅門之餘燄。盡取而奪之。佛教之平等觀念樂世觀念。悉已摧亡。而舊習之喀私德及苦行生涯。遂與印相終始焉。後更亂以回教末流。遂極於今日。然則印之亡佛果有罪乎哉。吾子爲是言。則彼景教所自出之猶太。今又安在也。夫寧得亦以猶太之亡。爲景教優劣之試驗案也。雖然。世界兩大教皆不行於其祖國。其祖國皆不存於今日。亦可稱天地間一怪現象矣。

論教育當定宗旨

人之所異於羣物者安在乎。凡物之動力皆無意識。人之動力則有意識。無意識者何。不知其然而然者是也。亦謂之不能自主。有意識者何。有所爲而爲之者是也。亦謂之能自主。夫植物之生也。其根有胃。吸受膏液。其葉有肺。吐納空氣。其所以自榮衞者。不一端焉。雖然、不過生理上自然之數而已。彼植物非能自知其必當如此不當如彼而立一目的以求之也。其稍進者爲動物。飢則求食。飽則游焉息焉。求而難得者則相爭。其意識稍發達。略知所謂當如此不當如彼者。然必如何然後能如此。如何然後不如彼。非動物所能知也。最下等之野蠻人。其情狀殆亦爾爾。要而論之。則植物之動。全恃內界自然之消息者也。動物及下等野蠻之動。則內界之消息。與外界之刺激。稍相和合者也。皆不知其然而然者也。若人則於此二界之外。別有思想。別有能力。能自主以求達其所向之鵠。若是者謂之宗旨。

宗旨之或有或無。或定或不定。或大或小。或强或弱。恆爲其人文野之比例差。夫野蠻人之築室也。左投一瓦焉。右堆一石焉。今日支一木焉。明日畚一土焉。及其形粗具。曰是苟完矣。因而居之。若文明人則必先出其意匠。畫其圖形。豫算其材器。未鳩工之始。而室之規模。先具於胸中矣。野蠻人之治國也。因仍習慣。不經思索。遇一新現象出。則旁皇無措。過一時算一時。了一事算一事。若文明人則必先定國體焉。定憲法焉。或採專制之政。或採共治之政。皆立一標準。而一切舉措。皆向此標準而行。若是者所謂宗旨也。未有無宗旨而能成完全之事業者也。故夫負襏襫櫛風雨於畦隴者何爲乎。謀食之宗旨使然也。涸口沫糜腦力於窗下者何爲乎。求學之宗旨使然也。揮黑鐵流赤血於疆場者何爲乎。爭權利之宗旨使然也。然則無宗旨則無所用其耕。無宗旨則無所用其學。無宗旨則無所用其戰。百事莫不皆然。而教育其一端也。

文明人何以有宗旨。宗旨生於希望。希望生於將來。必其人先自忖自語曰、吾將來欲如是如是。此宗旨之所由起也。曰、吾將來必如何然後可以如是如是。此宗旨所由立也。愈文明則將來之希望愈盛。教育制度所以必起於文明之國。而野蠻半開者無之。何歟。教育者其收效純在於將來。而現在必不可得見者也。然則他事無宗旨。猶可以苟且遷就。教育無宗旨。則寸毫不能有成。何也。宗旨者。爲將來之核者也。今日不播其核而欲他日之有根有芽有莖有幹有葉有果。必不可期之數也。

一國之教育與一人之教育。其理相同。父兄之教子弟也。將來欲使之爲士。欲使之爲農爲工爲商。必定其所嚮焉。然後授之。未有欲爲箕者而使之學冶。欲爲矢者而使之學函也。惟國亦然。一國之有公教育也。所以養成一種特色之國民。使之結爲團體。以自立競存於優勝劣敗之場也。然欲達此目的。決非可以東塗西抹。今日學一種語言。明日設一門學科。苟且敷衍。亂雜無章。而遂可以收其功也。故有志於教育之業者。先不可不認清教育二字之界說。知其爲製造國民之具。次不可不具經世之炯眼。抱如傷之熱腸。洞察五洲各國之趨勢。熟考我國民族之特性。然後以全力鼓鑄之。由前之說。則教育宗旨所由起也。由後之說。則教育宗旨所由立也。

吾國自經甲午之難。教育之論。始萌蘖焉。庚子再創。一年以來。而教育之聲。遂徧滿於朝野上下。此實漸進文明之一徵也。雖然、向彼之倡此論任此責者。果能解教育之定義乎。何所爲而爲之乎。果實有見於教育所得將來之結果乎。由何道以致之乎。叩其故。則曰外國皆有教育。吾不可以獨無之云爾。至外國何以有吾國何以無外國何以爲之而能有功。吾國何以爲之而久無效。此問題非彼等所能及也。英有英之教育法有法之教育。德有德之教育。日有日之教育。則吾國亦應有吾國之教育。此問題更非彼等所能及也。其下焉者。見朝廷銳意教育。我亦趁風潮。附炎熱。思博萬一之寵榮。其上焉者。亦不過摭拾外論。瞥見歐美日本學制之一斑。震驚之。豔羨之。而思仿摹之耳。審如是也。是何異鸚鵡聞人笑語而亦學語。孩童見人飲食而亦思食也。審如是也。則今之所謂教育論者。全屬無意識之動。未嘗有自主之思想。自主之能力。定其所向之鵠而求達之。與動物及下等野蠻之僅藉外界刺激之力以食焉息焉游焉爭焉者。曾無以異。以是而欲成就文明人所專有之教育事業。豈可得耶。豈可得耶。

雖然、吾驟責彼等以無宗旨。彼必不服。何也。彼固曰吾將以培人才也。吾將以開民智也。若是者安得謂非宗旨。然則吾於其宗旨之果能成爲宗旨與否。其宗旨之有用與否。無弊與否。其宗旨能合於今世文明國民所同向之宗旨與否。不可不置辯。夫培漢奸之才。亦何嘗非人才。開奴隸之智。亦何嘗非民智。以此爲宗旨。誰能謂其無宗旨者耶。彼等之宗旨。雖未必若是。然五十步與百步之間。非吾所敢言也。試一繙前者創辦京師同文館上海廣方言館之檔案。觀其奏摺中公牘中章程中所陳說者何如。此猶曰在內地者。試一遊日本東京中國公使館中附立之學堂。有前使臣李經方所題一聯云。斯堂培繙譯根基。請自我始。爾輩受朝廷教養。先比人優。此二語實代表吾中國數十年來之教育精神者也。舍繙譯之外無學問。舍陞官發財之外無思想。若此者。吾亦豈能謂其非宗旨耶。以此之宗旨。生此之結果。吾中國有學堂三十餘年。而不免今日之腐敗。所謂種瓜得瓜。種豆得豆。絲毫不容假借者也。今之教育者必曰吾之新教育不如是。吾將教之以格致物理。吾將教之以地理歷史。吾將教之以政治理財。若是者。謂爲學科之進步也可。至其宗旨之進步與否。非吾所敢言也。夫使一國增若干之學問智識。隨即增若干有學問有智識之漢奸奴隸。則有之不如其無也。今試問以培人才開民智爲宗旨者。其所見果有以優於李經方聯語云云者幾何也。吾敢武斷之曰。此等宗旨。不成爲宗旨。何也。教育之意義。在養成一種特色之國民。使結團體。以自立競存於列國之間。不徒爲一人之才與智云也。深明此義者。可與語教育焉耳。

吾欲爲吾國民定一教育宗旨。請先臚列他國之成案。以待吾人參考而自擇焉。凡代表古代者三。曰雅典。曰斯巴達。曰耶蘇教。代表現世者三。曰英吉利。曰德意志。曰日本。

第一雅典　雅典者。古希臘市府之國。而民政之鼻祖也。其市民皆有參預政事之權。故其教育之宗旨。務養成可以爲市民之資格。獎厲其自由之性。訓練其斷事之識。又雅典人所自負者。欲全希臘文化之中心點集於其國也。故務使國民有高尚之理想。有厚重之品格。有該博之科學。一切教育條理。皆由此兩大宗旨而生。故其國多私立學校。授種種羣學哲學等。其人重名譽。輕金錢。有以學問爲謀生之具者。則共鄙棄之。不與齒。其結果也。立法行政之制度。在上古號稱最完善。至今爲各國所仿效。而大儒梭格拉底柏拉圖阿里士多德皆生於其間。

第二斯巴達　斯巴達者。亦希臘一國。與雅典對峙。而貴族專制政體之名邦也。其教育制度。由彼中大立法家來喀格士所定。其宗旨在使斯巴達爲全希臘最强之國。故先使全國人爲軍國民。一國之子弟。一國所公有也。父母不得而私之。童子年七歲即入公立學校。養之教之。皆政府責任。惟其以專制爲政體也。故務束縛之。養其服從長上之性。非至四十以上不能自由。惟其以尙武爲精神也。故專務操練軀體。使之强壯。每使之歷人生不能堪之苦工。有過失者。鞭韃楚毒於長老之前。紀律極嚴。一國如一軍。常以愛國大義。討實而訓警之。故敵愾之心。無時或忘。斯巴達之敎育。卽由此專制尙武兩大宗旨而生者也。其結果也。使其國狎主夏盟。雄長諸侯。

第三耶穌敎會　耶穌敎之敎育。非國民敎育也。雖然。其宗旨之堅忍而偉大。有深足法者。且中古一線之文明。賴之以延。近世無量之文明。因之以發。故不可不論及之。耶穌敎無固有之敎育法。無固有之學制。無固有之敎授材料語。其特色則以耶穌爲敎育之理想。以耶穌爲敎育家之模範也。其宗旨在嚴守律法。而各自尊其自由權。且互尊他人之自由權。以至誠起信爲體。以殺身成仁忍辱耐苦爲用。當中世之初。敎會本無學校。而此宗旨所磅礴鬱積。愈光愈大。及今日而耶穌敎之學堂。遂徧於大地。其結果也。能合無量數異國異種之人。結爲一千古未有之大團體。其權力常與國家相頡頏。時或駕而上之。

第四英吉利　盎格魯撒遜種者。今日地球上最榮譽之民族也。其敎育之宗旨。在養成活潑進步之國民。故貴自由。重獨立。薰陶高尙之德性。鍛鍊强武之體魄。蓋兼雅典斯巴達之長而有之焉。英國之學校。特注重於德育體育。而智育居其末。若以學科之繁。程度之高論之。則英國之視諸國。瞠乎後也。而絕大之學者。絕大之政治家。絕大之國民出焉。何也。其敎育之優點。不在形質而在精神。其父母之視子女也。不視爲己之附庸。而視爲國民之分子。其在家庭。其在學校。皆常有以啓發其權利義務之觀念。而使知自貴自重。其所敎者。常務實業。使其成年之後。可以自立。而斷絕其倚賴他人之心。自其幼時。常使執事。使其有自治之力。雖離父兄。去師長。而不至爲惡風潮之所漂蕩。故英之國民。皆各有常識。各有實力。非徒恃一二英雄豪傑以支拄國家者也。以故六洲五洋中大而大陸，小而孤島，無不有盎格魯撒遜人種之足跡，而所至皆能自治獨立，戰勝他族，蓋皆其教育宗旨所陶鑄，非偶然耳。

第五德意志　德國新造之雄國也，其教育宗旨，可分兩大段，一曰前宰相俾士麥所倡者，二曰今皇維廉第二所倡者，前者民族主義之宗旨也，後者民族帝國主義之宗旨也。當十九世紀之前半，日耳曼民族，封建並立，無所統一，大政家士達因大文家盎特等倡之，俾士麥承之，專發揮祖國之義，喚起曹騰渙漫之人心，使爲一體，其時普國學制之善，甲歐陸，大將毛奇嘗指小學校生徒而言曰「師丹之役，非我等能勝法人，而此輩之能勝法人也」可謂至言，而小學校生徒何以有如許勢力，非徒以其功課之完密而已，實其愛祖國愛同胞之精神爲之也。及今皇即位，常勃勃欲龍跳虎擲於大地，而首注意於教育宗旨，彼嘗自撰勅語數千言，論改革學風之事，曰、我普通學校，我大學校，有共當努力者一事，曰教養一國之少年，使其資格可以輔朕爲全世界之主人翁，是也。此其氣象何等雄偉，其眼光何等遠大，而今日德意志民族所以駸駸然幾與盎格魯撒遜代興者，則皆此二大宗旨之成績也。

第六日本　日本自距今三十年前，爲封建之國者殆八百年，故有一種所謂武士道者，日人自稱之爲太和魂，即尚武之精神是也。又日本帝統，自開國以來，一線相承，未嘗易姓，故其人以尊王愛國合爲一事，尚武尊王二者，實日本教育宗旨之大原也。故國家思想，發達甚驟，自主獨立之氣，磅礴於國中，能吸取歐西文明，食而化之，而不至爲文明之奴隸，智育體育皆日進步，其結果也，能戰勝四百兆民族之中國，三島屹立東海，爲亞洲文明之魁。

由此觀之安有無宗旨而可以成完備之教育者耶安有無完備之教育而可以結完備之團體造完備之國民者耶夫無團體無國民則將不可一日立於大地有志教育者可無儆歟可無勖歟

以上六種舉其宗旨之長者以示標準請更論次其短者其在雅典偏於哲理溺於文學強武之氣稍缺其所養成者只能爲市府的民族不能爲國家的民族故雅典亡而其文學亦與之俱亡是可爲人民恃國家而存立之明證也其在斯巴達專制暴威太甚侵箇人之自由權其民不能離政府之外而自成一活潑強立之國民故其末路諸市叛之失盟主之地位而遂不能復興其在法蘭西自拿破侖稱帝以來中央政府之權力過大其所設學校皆務養成官吏以供己之指揮迄今垂百年雖政體屢更而此風迄不能改故法國學校之學生惟以試驗及第爲第一要件其國民以得一官一職爲第一寵榮虛文盛而實業微形質多而精神少故法人與英人德人相馳逐於世界而決不足以相及其在奥大利前宰相梅特涅以十九世紀第一奸雄把持其政局者四十年其宗旨務在壓制民權柔和民氣教以極陳腐之耶穌聖詩極煩縟之羅馬文學卒亦枉作小人民權之氣終不可遏而奥國國民受毒既久元氣難復至今猶不能與列強並也其在俄羅斯爲今世專制第一雄國其教育事務受監督於宗教大臣之下所謂希臘正教總監者也俄以專制政治立國自不得不行專制教育然以一政府抗世界之大逆流恐不免舉鼎絕臏之慘近者學生騷動之風潮日盛一日去春之事俄皇固不能不讓步焉矣其在日本自三十年來震於歐西文明專求新智識之輸入而於德育未嘗留意既已舉千年來所受儒教之精神破壞一空而西人倫理道德之精華亦不能有所得青黄不接故風俗日壞德心日衰至今朝野上下咸孜孜研究德育問題而大勢滔滔竟如抱束薪以塞瓠子毫無所濟有心者咸憂之焉以上數端亦近世教育界得失之

林也

朱子曰教學者如扶醉人扶得東來西又倒教一人如是教一國殆更甚焉宗旨一偏其流弊中於人心往往有數十年數百年而不能拯其失者觀於法蘭西奥大利日本之前事可爲長太息焉矣夫偏猶不可何况於誤猶不可何况於無試問吾中國今日所謂教育家者爲有宗旨乎爲無宗旨乎曰無也謂彼以教漢奸育奴隸爲宗旨其論未免太苛吾信袞袞諸公之必不然也然舍此以外竟未聞有一人提出一宗旨以表示於國民者何也聞甲之言曰英文要也則教英文乙之言曰日本文要也則教日本文丙之言曰歷史地理要也則教歷史地理丁之言曰師範要也則教師範戊之言曰體操要也則教體操己之言曰小學校最急也則稱道小學校庚之言曰教科書最先也則爭編教科書如蠅之鑽紙任意觸撞如猴之跳戲隨人低昂如航海而無羅針如撫琴而無腔調雖欲以成一小小結構猶且不可况乃爲四萬萬庬大國民之嚮導者耶且前者人人心目中無所謂教育者則亦已耳今既有之則發軔之始實爲南轅北轍所關播核之初永定苦李甘瓜之種莊子所謂其作始也簡其將畢也必巨今乃以亂彈之曲魚目之珠盲人瞎馬夜半臨池天下可悲可懼之事安有過此者耶安有過此者耶

然則爲今之計奈何曰、第一當知宗旨使欲造成文學優美品格高尚之國民也則宜法雅典使欲造成服從紀律强悍耐苦之國民也則宜法斯巴達使欲造成至誠博愛迷信奉法之國民也則宜法耶穌教會使欲造成自由獨立活潑進取之國民也則宜法英吉利使欲造成團結强立自負不凡之國民也則宜法德意志使欲造成君國一體同仇敵愾之國民也則宜法日本苟不能者則雖學法國之拿破侖可也學奥國之梅特涅可也學俄國之皮里加辣陀（現任宗教大臣）可也。彼其宗旨雖謬。然彼固有所為而為之。猶勝於無意識之動力。僅感受外界之刺激。突奔亂撞。與動物野蠻無別也。故必先知宗旨之不可以已。然後吾敢以更端進也。

第二當擇宗旨。今欲為我四萬萬同胞國民求一適當至善之教育宗旨。果何所適從乎。雅典斯巴達。前劫之骨董也。其精神可採。其形質萬不可師。耶穌教於歐洲文明甚有關係焉。然今亦已成退院之僧。於國家主義時代。頗不適用。且其經累次枝節。與吾民族幾冰炭不相容。其不可行無待言也。或曰、俄羅斯與中國政體相近。宜學之。然俄人於內治方且不能抗大勢而思變計。吾何為蹈其覆轍焉。或曰、法蘭西久為歐洲文明之中心點。又為十九世紀全球之原動力。盍試效之。然法民好動。吾民好靜。其性之相反太甚。且按之歷史地理之位置。無一彷彿者。烏從而追之。近年以來。吾國民崇拜日本之心極盛。事無大細。動輒曰法日本。雖然、日本非吾之所宜學也。彼島國。吾大陸。一也。彼數千年一姓相承。我數千年禪篡征奪。二也。彼久為封建。民習强悍。我久成一統。民溺懦柔。三也。無已則惟最雄偉之英吉利與德意志兩民族乎。英人性喜保守。而改革以漸。此我所能學者也。德人昔本散渙。而今乃團結。此我所宜學者也。雖然、彼英民德族者。亦皆各有其固有之特性。積之千餘歲。養之百十年。乃始有今日。又非我空言疾呼曰學之學之而遂能幾者也。

第三當定宗旨。然則我國國民教育之宗旨究何在乎。曰、今日之世界。民族主義之世界也。凡一國之能立於天地。必有其固有之特性。感之於地理。受之於歷史。胎之於思想。播之於風俗。此等特性。有良者焉。有否者焉。良者務保存之。不徒保存之而已。而必採他人之可以補助我者。吸為己有而增殖之。否者務刮去之。不徒刮去之而已。而必求他人之可以匡救我者。勇猛自克而代易之。以故今日各國之教育宗旨。無或有學人者。亦無或有不學人者。不學人然後國乃立。學人然後國乃强。要之使其民備有人格（謂成爲人之資格也品行智識體力皆包於是）享有人權。能自動而非木偶。能自主而非傀儡。能自治而非土蠻。能自立而非附庸。爲本國之民而非他國之民。爲現今之民而非陳古之民。爲世界之民而非陬谷之民。此則普天下文明國教育宗旨之所同。而吾國亦無以易之者也。試問今日所謂教育家者。曾有見於此焉否也。試問彼輩所用之教育方法。其結果能致此焉否也。

兩宗旨或數宗旨對抗。幷行可乎。曰可。世界之進化也。恆由保守進取兩大勢力衝突調和而後成。有衝突必有調和。或先衝突後調和。或卽衝突卽調和。譬若甲之見以爲專制政體適於中國者。則用全力以造專制之國民可也。乙之見以爲立憲政體。丙之見以爲共和政體適於中國者。則用全力以造立憲共和之國民可也。但使其出於公心。出於熱誠。不背乎前所謂普天下文明國共通之宗旨。則雖爲斯巴達可也。雖爲俄羅斯可也。雖爲美利堅法蘭西可也。而必須有貫徹數十年之眼力。擎舉全國民之氣槪。而不可如動物野蠻之受外界刺激。而爲無意識之動。教育云教育云。如是如是。

或曰。如子所云。不可不待諸政府當道之有大力者。曰是不然。吾非不以望諸政府。然不能專諉諸政府。勿論遠者。請言日本。日本之福澤諭吉。非窮鄉一布衣乎。終身未嘗受爵於朝。然語日本教育界之主動者。千口一舌。千手一指。曰福翁福翁。何以故。有宗旨故。耗矣哀哉。吾中國至今無一福澤諭吉其人也。

政治學學理摭言

近世歐美各國憲法及其他法律所規定之諸條件。大率應用最新最確之學理。驟視之其言簡單平淡。若無以大異於古昔。深而味之。皆有其邃且遠者存其專門。治斯學者自能領會。不待喋喋矣。顧吾國人士。知此者希。不揣冒昧。因涉獵所及。輒引伸之以下解釋。一彼一此。首尾不具。不足以稱著述。故名曰摭言。

君主無責任義

凡立憲君主國之憲法。皆特著一條。曰、君主無責任。君主神聖不可侵犯。此其義何。曰、此過渡時代之絕妙法門也。此防杜革命之第一要著也。

君主者。一國之元首。而當行政機關之衝者也。凡行政者不可不負責任。行政者而不負責任。則雖有立法機關。亦爲虛設。所公立之法度。終必有被蹂躪之一日。而治者與被治者之間。終不得協和。是立憲國所大忌也。然則行政首長之君主。反著明其無責任。以使之得自恣。毋乃與立憲精神相矛盾耶。而豈知立憲政體之所以爲美妙者。皆在於此。

憲政之母。厥惟英國。英國人有恆言曰。『君主不能爲惡。』以皮相論之。此可謂極無理之言也。夫君主亦猶人耳。人性而可使爲不善也。豈其履此九五而遂有異也。雖然。考諸英國今日之實情。則此言良信矣。於何證之。夫所謂君主之惡者。則任用不孚民望之大臣以病民一也。民所欲之善政而不舉二也。民所惡之秕政而强行三也。英國則何如。英國憲法皆不成文。故各種權力範圍之消長。其沿革不可不徵諸歷史。今考英國任命大臣之成例。自千六百八十九年維廉第三納桑達侖之言。命下議院中最占多數之黨派之首領。使組織政府。以後沿爲成案。凡非得議院多數之贊成者。不得在政府。至后安時代。茲例益定。當時首相瑪波羅。本保守黨首領。及戰事起。保守黨雖反對。而進步黨贊成之。政府卒不更易。是其證也。及占士第三。雖欲自攬政權。任用私人。卒為議會所抗。不能行其志。至占士第四維廉第四時。王權之限制益嚴。逮前皇維多利亞六十年中。此例益鐵案如山。不能動矣。爾後格蘭斯頓的士黎里兩雄角立時代。每當總選舉時。在朝黨察視議會中不及敵黨之多數。即不待開國會。而自行辭職。由此觀之。英國政府各大臣。非得以君主之意而任免之者也。其任免之權。皆在國民。是君主不能任用失民望之大臣以病民。有斷然也。其不能為惡者一也。英國當查里士第二維廉第二時代。凡政府會議。則君主亦列席而置可否焉。占士第一以後。此例遂廢。一切政略。由大臣行之。君主絕不過問。夫大臣之辦理政務。非經君主畫諾。不能施行。固也。雖然若大臣以不能實行其政略之故。欲去其職。而國會贊成大臣。必欲要求其實行。乃至各選舉區皆贊成國會之要求。則君主例不得拒之。故名士安遜嘗言。『英國自一千七百十四年以後。君主與大臣。其實權易位。前者則君主經大臣之手以治國。後此則大臣經君主之手以治國也。』云云。由此觀之。則英國君主不能阻民所欲行之善政。有斷然也。其不能為惡者二也。自亨利第八以來。君主屢獨斷以辦外交之事。及占士第三以後。至於今日。凡君主引見外國使臣。必以外務大臣陪席。其與外國君主來往書簡。非經首相或外務大臣一覽。不能發出。而君主特權之自由。殆皆喪失。又不徒於外交為然耳。於內治亦然。占士第四時。嘗有愛爾蘭人受死罪之公判者。王欲自行特權。命愛爾蘭總督赦之。首相羅拔比爾反對之。謂非經責任大臣之手。不能行此權。其事遂止。自茲以往。王者益無敢自恣矣。由此觀之。則英國君主不能强行民所惡之秕政。有斷然也。其不能為惡者三也。質而言之。則英國君主。豈徒不能為惡而已。雖善、亦不能為。顧稱此不稱彼者。惡則歸大臣。善則歸其君耳。雖然、彼君主者既肯盡委其權於國民所信用之大臣。而不與之爭。斯即善之大者也則雖謂英國君主能爲善不能爲惡誰曰不宜夫人至於不能爲善不能爲惡則其萬事毫無責任豈待問哉故英國國民無貴無賤無貧無富無老無幼無男無女無不皆有責任惟君主則眞無責任英國憲政各國憲政之母也故凡立憲國之有君主者莫不以『無責任』之一語泐爲憲文雖其行用特權之範圍不無廣狹之殊要其精神則皆自英國來也所謂君主無責任者如是而已如是而已

君主所以必使之無責任者何曰避革命也（此義本甚淺顯人人意中所有也而在立憲君主國之學者多不肯揭破言之日本人尤大忌焉則美其名曰君主神聖故無責任有特權故無責任）凡有責任者不盡其責則去不盡其責而不去則夫立於監督之地位者例得科其罪而放逐之此天地之通義也儒教之言君主政體則有責任之君主也故曰殘賊之人謂之一夫聞誅一夫未聞弒君故曰君之視臣如土芥則臣視君如寇讎故曰湯武革命順乎天而應乎人（春秋之義凡君主爲孔子所絕者不一而足絕之者皆以其不盡責任也孟子言責任之義尤深切著明其語齊王云友人凍餒妻子則如之何士師不能治事則如之何四境之內不治則如之何皆以喚醒責任觀念也又云求牧與芻而不得則反諸其人乎抑亦立而視其死與皆責任之義也）凡以示夫監督人所應行之權利也夫代表一國而當行政之衝者其責任非猶夫尋常責任也十事九盡責而一不盡焉則固已不可以尸其位而彼君主者終其身而當此衝者也短者數年長者數十年雖舜禹復生豈能保無百一之失乎有之而民隱忍焉今日可隱忍其一他日卽可隱忍其百而政其紊國其頹矣有之而民不隱忍焉則是革命終無已時也夫一人之身數十年之久而其責任之難完固已如是而況乎世及以爲禮卜世至數十卜年至數百者耶若是乎君主與責任勢固不能並行重視君主則不可不犧牲責任重視責任又不可不犧牲君主而孔孟乃欲兩利而俱存之此所以中國數千年君主有責任之名無責任之實而革命之禍亦不絕於歷史也

泰西之民知其然也。以爲凡掌一國行政之實權者。不可不負責任。既負責任。則必隨時可以去之留之。而不能以一人一姓永尸其位。而所謂實權者。或在元首焉。或在元首之輔佐焉。苟在元首。則其元首不可不定一任期。及期而代。如古羅馬之『孔蘇』。今合衆國法蘭西之『伯理璽天德』是也。苟欲元首之不屢易。則其實權不可不移諸元首以下之一位。今世立憲君主國所謂責任大臣是也。故夫一國之元首。惟無實權者乃可以有定位。惟無定位者乃可以有實權。二者任取一焉。皆可以立國。混而兼之。國未有能立者也。卽立矣。未有能久存於今日物競天擇之場者也。善哉君主無責任。黠哉君主無責任。

君主無責任。故其責皆在大臣。凡君主之制一法。布一令。非有大臣之副署。（副於君主以署名也）則不能實行。故其法令之不慊民望者。民得而攻難之。曰吾君本不能爲惡也。今其爲惡。皆副署者長之逢之也。故雖指斥其政而不爲不敬。廢置其人而不爲犯上。而彼副署者。亦不得不兢兢於十目十手之下。以自檢自厘。而一國之政務乃完善之至也。君主無責任使然也。

或曰。漢制、有災異則策免三公。（孔子之義。凡君主皆對於天而負責任。故有災異則君主當恐懼修省）是非責任大臣之意乎。其與歐洲今制將毋同。曰是不然。必君主無責任。然後可以責諸大臣。若漢制者。是抗世子法於伯禽之類也。周公輔成王。成王有過。則撻伯禽。夫伯禽非有力以禁成王之過者也。使成王而不賢。則伯禽將終日被撻。冤哉禽矣。漢制、君主獨裁於上。宰相不過出納喉舌。及其叔季。且並此出納之權。而移於尙書。移於中書。而三公獨李代桃僵焉。冤之至也。若立憲國之責任大臣。則君主非特不得而尼之。抑亦不得而助之。彼憲政最完之英國無論矣。卽如德國。君權較盛者也。（德國宰相不以議政之多數少數爲進退）而一千八百八十二年八月。宰相俾士麥請德皇下詔勅以自固其位。反對黨首領波因氏。卽在議院斥其自卸責任。而以皇室爲怨府。其後俾士麥卽失輿望。而不得不避賢路。日本以皇統一系自誇耀。人民尊王心最盛者也。而去年二三月間。伊藤內閣因貴族院反對議院案。乞日皇手諭勸解。舉國萬口沸騰。謂其違犯憲法。假皇權以自擁護。未幾伊藤遂乞骸骨。是皆君主不許助大臣之成例也。若英國議院則例不准稱君主之名。述君主之意。以決議案。有者則爲大不敬。其所以爲坊尤至矣。蓋不如是則責任大臣之實效。未有能舉者也。

曰若是乎立憲國之君主。其爲虛器也章章矣。顧猶懸茲而勿革何爲也。曰是過渡時代實然。天下爲公選賢與能。固百世之大經也。雖然諸民族之性質境遇萬有不齊。有宜於民主者。有未能遽宜於民主者。既未宜焉。則君固不可以不立。君既立矣。則欲其安而不危也。欲其治而不亂也。舍此將奚以哉。況責任大臣之制。有時固更優於民主者乎。（余有別論）

君主無責任也。君主神聖不可侵犯也。二者蓋異名同實也。惟其無責任。故可以不侵犯。惟其不可侵犯。故不可以有責任。易文言之釋亢龍曰。貴而無位。高而無民。是以動而有悔也。蓋立憲君主之象也。无動則无悔。無責任則無侵犯也。而不然者。不病君則病國。不病國則病君。嘻、殆哉岌岌乎。

最大多數最大幸福義

今日歐美所謂文明。皆過渡時代之文明也。其證據不一。若最通行之政治學說所謂『最大多數最大之幸福』者。亦其一端也。

如佛說衆生全體之最大幸福。如孔耶說人類全體之最大幸福。尚矣。卽不能。如盧梭諸先輩所說國民全體之最大幸福。抑其次也。其奈今日皆不可行。今日之天下。一利害矛盾之天下也。有所利於此。必有所不利於彼。或此之利益較增。則彼之利益必不得不稍殺。於是兩造常相搏。而制勝者惟恃强權。野蠻時代。强權常專在少數者。故幸福亦常在少數者。而得幸福者之多數少數。卽文明差率之正比例也。故縱覽數千年之世運。其幸福之範圍。恆愈競而愈廣。自最少數而進於次少數。自次少數而進於次多數。自次多數而進於大多數。進於最大多數。他日其果能有國民全體人類全體皆得最大幸福之一日乎。吾不敢忘。若在今日。則最大多數一語。吾信其無以易也。

日進而趨於多數也。是天演之公例。不可逃避者也。雖然。亦恃人力焉。故學理明則其進也必速。學理誤則其進也必緩。或且凝滯不進者有焉矣。西人惟悟此學理也。故數百年常循自然之運而進行。當中世之末。貴族與國王爭政權。貴族多數而王少數也。（英國憲法原自貴族與王爭而得之者）十六七世紀。人民與教會爭政權。人民多數而教會少數也。十八九世紀以來。平民與貴族爭政權。平民多數而貴族少數也。自今以往。勞力者得與資本家爭政權。勞力者多數而資本家少數也。凡多數之與少數爭。其初也必詘。其究也必伸。此雖天演進化之理不得不然。然常賴學理以左右之。蓋有學理則多數之弱者敢於相爭。而少數之强者不得不相讓。今日歐美之治。皆此一爭一讓所成之結果也。他日或能將此幸福範圍。愈擴愈大。以馴至世界大同之運者。亦一爭一讓所成之結果也。

有宗教言以勸讓。有哲學家言以勸爭。兩者相劑。而世運乃日進焉。泰西之治。實頗賴是。中國儒家言。皆教讓之言也。其語在上之有權力者。教以保民。教以養民。教以利民。皆導之以讓。而勿使濫用其强權也。其語在下之無權力者。則教以恭順。教以服從。亦導之以讓而勿使攖強權之鋒也。夫使上下能交相讓。不亦善乎。而無如但有讓而無爭。則弱者必愈弱。強者必愈強。而世終不可得平。吾昔著飲冰室自由書內一條論放棄自由之罪者。其言曰。『夫物競天擇。優勝劣敗。此天演學之公例也。人人各務求自存。則務求勝。務求勝。則務爲優者。務爲優者。則擴充己之自由權而不知厭足。不知厭足。則侵人自由必矣。言自由者必曰人人自由而以他人之自由爲界。夫自由何以有界。譬之有兩人於此。各務求勝。各務爲優者。各擴充己之自由權而不知厭足。其力線各向外而伸張。伸張不已。而兩線相遇。而兩力各不相下。於是界出焉。苟兩人之力有一弱者。則其強者所伸張之線。必侵入於弱者之界。此必至之勢。不必諱之事也。』故使多數之弱者能善行其爭。則少數之強者自不得不讓。若曰惟讓而已。弱者讓而強者不讓。又將奈何。則其權力幸福。勢必爲彼不讓者所攘奪以盡。故中國教指。雖以人類全體幸福爲目的。而其政治之結果。實則使豪強民賊。獨占幸福。皆此之由。

幸福生於權利。權利生於智慧。故詩曰。自求多福。幸福者必自求之而自得之。非他人之所得而畀也。一羣之人。其有智慧者少數。則其享幸福者少數。其有智慧者多數。則其享幸福者多數。其有智慧者最大多數。則其享幸福者亦最大多數。其比例殆有一定。而絲毫不能差忒者。故言治者。必非可漫然曰吾予國民以最大多數之最大幸福而已。苟使其民不能自有焉。而欲強而予之。未有不兩受其弊者也。故德人祭志埃氏近著力言多數之愚者壓制少數之智者。爲今日羣治之病。而俄國宗教總監坡竇那士德夫氏亦著論極攻政黨及議院政治之弊。而其言皆大動學界。夫多數幸福之優於少數。天經地義。無可辨駁者也。而此等異論。何以能容喙焉。何以能動人焉。則以智慧程度未達於大多數。而欲幸福之程度進於大多數。未有不百弊叢生。而貽反對之徒以口實者也。泰西尚然，而況於中國之今日乎。然則我最大多數之國民欲得最大幸福者，其亦思所以自處矣。法儒波流氏著一書，名曰『今世國家論』，亦駁擊代議政體之弊，而其論旨與德之奈氏、俄之坡氏異。波流之意，以爲代議政治者，多數之專制也。少數者專制多數者固不可，多數者專制少數者亦不可。爲少數之幸福而犧牲多數之幸福，固不可；爲多數之幸福而犧牲少數之幸福，亦不可也。此固太平大同之言也。其奈今日世界文明之程度固未足以語於此，兩害相權則取其輕。然則舍最大多數最大幸福一義，何以哉。故曰今日歐美所謂文明，過渡時代之文明也。若中國者，則又並過渡時代而未能達者也。悯夫。

亞洲地理大勢論

大哉亞細亞。問其面積，則占全世界陸地三分之一也。問其人口，則居全世界生靈一半有奇也。以地勢論，則其在陸土者，有全世界第一之高山（喜馬拉耶山脈），第一之高原（西藏），第一之平原（西伯利亞），第一之湖水（裏海），第一之灌域（土耳其斯坦之低地），第一之低地（叙利亞國佐但溪谷）。其在陸土以外，有全世界第一之水面（太平洋），全世界第一之深淵（日本國千島西三百五十里之處深四千五百尋，世界第一之深海也）。以地氣論，則包羅寒帶、溫帶、熱帶，凡極寒極熱極乾極溼之氣候，無所不有；凡極風變風貿易風恆風颶風之區域，無所不備。以人類論，則有黃人、白人、馬來人之各種，世界三大言語系統皆由此起焉。以生物論，則如象如虎如獅如犀，物類之最麗大而猛烈者，皆於此生焉。語其歷史，則距今二十五萬年前世界最初之人類，實發育於其大陸之中部。爾來絕代之偉人，如釋迦，如孔子，如耶穌，如阼樂阿士打 Zoroaster（波斯之教主，生於西曆紀元前千四百年頃），如摩訶末（即回教教主，或譯爲摩哈默德，唐書曾譯此三字，今從之），相接出現於此土。全世界所有之宗教，如婆羅門教，如佛教，如儒教。如祆教。（即阼樂阿士打之教也名見唐書）如基督教。如回教。如馬尼教。Manicheism（亦波斯教之一種也）等無一非此土之產物也。號稱世界最古之國。如印度。如中華。如猶太。如亞西里亞 Assyria 無一非此土之肇建也。而泰西一切文學哲學美術巧藝。其淵源大率自印度中華亞西里亞巴比倫尼亞 Babylonia 腓尼西亞 Phoenicia 波斯阿剌伯等國而來。無一非此土之子孫也。又豈惟古代而已。即洎近世。而亞細亞人實兩度根據此大陸。以造全世界第一大帝國。則成吉思汗帖木兒其人也。大哉亞細亞。大哉亞細亞。自地勢上觀之。自歷史上觀之。彼歐羅巴亞非利加之二洲。實不過亞細亞之一附庸耳。昔基約博士嘗講述歐洲之風土。以謂歐洲發達之原因。全由於其地勢之（Permeability）（易透達之義）而因以頌揚歐陸構造之佳妙。沾沾自喜焉。殊不知凡物之易於透達者。適足以見其物體之小而已。質而言之。則歐洲之結構也。規模淺小。尋常人類。易擎舉而易指揮之。此其所以速進文明之原因也。亞洲則不然。其規模絕大。其器量宏深。淵淵浩浩。而不可測焉。亞洲之所以為亞洲者。不在現在而在未來也。

今請就歐洲小而易用之理。一一指明之。以相互證。則亞洲之前途。有可懸度者。歐洲文明之初開也。由希臘。何故必由希臘。希臘之地形半島也。（三面環海一面連陸者謂之半島）而此半島中更為小半島焉。此小半島中又更為小半島焉。故其地形最適於利用。語其地勢。則山脈縱橫。溪谷川原。所在皆是。泉甘土肥。而於人類結構小羣。最為利便。加以海岸出入屈曲。有島嶼。有港灣。有峽角。故其海之適於利用也。亦甚。此其開化之所以獨早。非偶然也。希臘之文明。潛移默轉。而入於羅馬。羅馬之在意大利。亦半島也。北界亞爾布士 Alps 山脈。蜿蜒南趨。突入地中海。與阿得里亞的海 Adriatic 為細長之陸地。其規模視希臘半島稍大。而其適於人類之利用一也。希臘云亡。而歐士之文明。銷沈者歷有年所。及中世之末。元氣回復。其捷足飛揚者。則西班牙及葡萄牙也。西葡亦半島也。（西葡兩國之地總名伊比利 Iberia ）其海陸規模亦淺小。所以克爲近世之先進國也。希臘最小。故開化最先。羅馬次小。則次之。伊比利次小。則又次之。三半島興發之次第。其別因雖或尚多。然由於地形大小之比例。殆其主要者也。南歐之文物既已代謝。其舞臺漸移於北。於是人類難使用之地。日以進發。卽其勢自最易者以趨於稍易者。自稍易者以趨於稍難者。自稍難者以趨於更難者。其塗徑歷歷可覆按也。近數百年來。遂經法蘭西英吉利德意志。而入於斯拉夫民族根據地之俄羅斯。歐洲識者謂未來之大希望大結果將在俄人。非無故也。白人之國。角立於歐洲之東西。土壤有限。人滿爲憂。相競利用此規模淺小之歐羅巴。精華將竭。各爭寸土。以至演出狼吞虎噬。弱肉强食之活劇。上天好生之德。不忍視歐人之慘狀也。乃於其中誕降一豪傑焉。曰哥侖布。使爲其同胞揭開久蔽之幕。幕既開。而所謂『新世界』者。突兀躍出於人間。卽亞美利加是也。天之製造此新舞臺也。用全力。注全神。故其地形之結構。斐然可觀。其規模絕大。不如歐陸之淺小。而北亞美利加尤爲美妙。其東其西。皆環以大瀛。恐其內陸氣候之乾燥也。乃鑿廣而深之淡水湖五。以湛潤之。濬全世界第一之長流。以灌漑之。其天然界之美滿。毫無遺憾矣。南美之結構。雖稍亞於北。然亦有大可歎美者。新世界之規模雖絕大。其適於利用之點亦多。此白人所以能成第二之歐羅巴於此間也。上天以爲此新世界者。其面積如此其廣大。其形勢如此其完美。雖無量數之生靈。自舊世界飛渡麕集。當綽綽然容之有餘裕。乃開閽而招之曰。嘻盍歸乎來。歐人受此奇寵。劍及屨及。吶喊一聲。突進闖入。拓草萊。任土地。建邦國。僅數百載。而人滿又見告矣。疇昔以農產國名者。一變而爲製造國。疇昔以共和主義著者。一變而爲帝國主義。歐人昔以爲殖民政略之劇場者。轉瞬之間。卻自行其殖民政略於太平洋以外矣。上天既以此龐大之土賜其驕子。謂此後可以暫安息乎。沈沈而醉者三百年。及起而睨之。則已成爲第二之舊世界。其慘狀視前更劇矣。天亦無如此驕子何也。乃於咄嗟之間。築造澳大利亞洲。忽開其幕而以此最新之舞臺並畀諸歐人。此澳洲者。其地形如一初製之模。海岸之屈曲出入殊少。其山不高。其河不長。無水無湖。不能調和內陸之氣候。其動物也。惟有襁兒於腹之袋鼠。不飛不鳴之鴕鳥。蓋其製造成於急就而百物不完備之一土也。歐人既得澳大利亞也。先利用其可以利用之部分。不數十年而此『最新世界』又成爲第三之歐羅巴矣。於是其動機不得不轉而向於亞非利加。非洲與歐洲相隔一葦水。其西北殆接歐境。雖然其地形大而無當。海岸皆缺交通之利。加以萬里不毛之沙漠。橫亙其中央。炎熱瘴癘。而利用極難。此所以雖相近而用之極遲也。今也新世界之亞美利加既無餘地矣。最新世界之澳大利亞復無餘地矣。然則此視眈眈欲逐逐之歐人。豈能叉手安坐以終古。故近年以來。瓜分非洲之勢。如飆如潮。不轉瞬間。臠割以盡。今者撒哈拉中一粒之沙。皆有主人翁矣。（撒哈拉大沙漠今屬法蘭西勢力範圍）亞非利加之爲第四歐羅巴。其期又將不遠矣。嗟夫嗟夫。螟蛉有子。蜾蠃負之。茫茫四大壤。竟全爲歐羅巴之附庸之奴隸。李義山詩云。自是當時天帝醉。不關秦地有山河。展覽坤圖。不禁且歆且妒而且悚皇也。

渾圓球上六大洲中。其五已入歐人之懷。所餘者惟亞細亞而已。雖然亞細亞之現勢及前途。則又如何。試觀其地圖。（表中所列者日本里也今悤卒未暇改正之讀圖者但以一里當中國七里之比例求之可也）

	面積	人口
亞細亞全洲	二•八八〇•〇〇〇方里	八三五•〇〇〇•〇〇〇人

俄羅斯屬	一•一〇〇•〇〇〇方里	二〇•〇〇〇•〇〇〇人
英吉利屬	三三〇•〇〇〇方里	三〇〇•〇〇〇•〇〇〇人
法蘭西屬	四四•七〇〇方里	二二•〇〇〇•〇〇〇人
葡萄牙屬	一•三〇〇方里	一•〇〇〇•〇〇〇人
歐屬總計	一•四七六•〇〇〇方里	三四三•〇〇〇•〇〇〇人

由此觀之，則亞細亞洲面積十分之五有奇，人口十分之四有奇，既已落歐人掌握中矣。即自其中部以至北部全體之一大地，俄羅斯人所有也。淼淼裏海，將爲俄人之湖也。其南部之中央一絕大之半島曰印度，英吉利人所有也。印度西鄰之阿富汗斯坦、俾路芝斯坦，非英人之保護國，則其勢力範圍也。又法蘭西人自距今四十年前，漸染指於後印度半島，同治元年奪交趾，二年滅柬埔寨，光緒三年經略東京，滅安南爲其保護國，十九年敗暹羅，割其地三之一，於是而亞細亞之法蘭西小帝國立焉。法人之滅安南也，儼然以中國南部將來之主人翁自命，若英國者豈能袖手旁觀哉，故於光緒三年勃起而征緬甸，俘其王，吞其地，於是以印度爲本體，而阿富汗、俾路芝爲其右臂，緬甸爲其左臂，以取威定霸於大陸南部之中央。嗚呼，泱泱大風之亞細亞，今已强半夷爲歐隸，所餘號稱獨立國者，惟波斯、暹羅、朝鮮、日本、中國五者而已。又豈惟亞細亞，實則渾圓球上除歐種以外，所餘獨立國者，惟此五者而已。雖然，波斯何所恃而能獨立於今日乎？波斯之北有俄（中亞細亞及裏海沿岸地），其南有英（阿富汗俾路芝印度），介於俄英勢力兩兩平均之間，僅得自保，俄人得煙草專賣權，英人則得鐵路布設權，兩雄相持，暫延殘喘，苟兩勢一旦不均，則其滅亡可翹足而待矣。暹羅何所恃而能獨立於今日乎？暹羅之西有英（緬甸印度），其東有法（柬埔寨安南），介於英法勢力兩兩平均之間，僅得自保，苟兩勢一旦不均，則其滅亡可翹足而待矣。朝鮮何所恃而能獨立

於今日乎。朝鮮之東有日本。其北有俄。其南有英。介於俄英日勢力三者平均之間。僅得自保。苟三勢一旦不均。則其滅亡可翹足而待矣。日本固今世之雄也。其獨立頗由自力。今且與歐洲第一雄國新聯盟焉。其意氣揚揚自得之概。今勿具論。若我中華。則豈非亞細亞大陸之中心點。而數千年來之主人哉。顧今則何如。葡萄牙自明嘉靖十六年。一五三七年割據南部之澳門。俄羅斯自咸豐八年。一八五八年破尼布楚之約。康熙廿八年即一六八九年中俄所定界約以外興安嶺為境者也而別立愛琿條約。遂駸駸南下。以占黑龍江一帶之地。及十年。一八六〇年更以詭術結北京條約。遂超黑龍江而南。併吞滿洲東海岸二千七百里之地。以開浦鹽斯德港。即海參崴英吉利以道光二十八年鴉片之役。割香港。光緒二十三年。更割九龍。若夫丁酉戊戌之間。列國互逞鯨吞蠶食之謀。德據山東南海岸之膠州灣。英據其北海岸之威海衛。俄占遼東半島之旅順口大連灣。法占南部之廣州灣及桂越間甌脫地。而各國勢力範圍之議。且日進而未有已焉。危乎微哉。中國之為獨立國乎。而此獨立國若一旦不支。則此摶摶渾球。竟為白種一家之私產矣。夫亞細亞者。宏深而難測。偉大而難用者也。而他日有用之之資格者。其為習居此土而有經驗之中國人乎。其為慣用他地而有經驗之歐洲人乎。嗚呼。上帝臨汝。無貳爾心。先之以告誡。繼之以警懼。天或者其深有望於中國人種。而示以履霜堅冰之漸。教以前車覆轍之鑒也。嗚呼。亞細亞之興亡。在於今日。吾記述至此。不禁旁皇繞室。而起舞再三也。

亞細亞之規模既絕大。而不可測。故欲講其山河之形勢。氣候之程度。生物之分布。人情風俗宗教之起源成立。其事固非易易。即勉強記憶。亦不移時而遺忘焉。今以簡要之法敍述其大體如下。

第一。欲知亞洲之地勢山河之形狀。則可為一略圖。如甲乙丙丁。而甲乙線為北冰洋瀕海之記號。甲丙線為太

平洋瀕海之記號、丙丁線為印度洋瀕海之記號、乙丁線為毗連大陸歐羅巴洲之記號。再記其山脈。以（戊）戊為

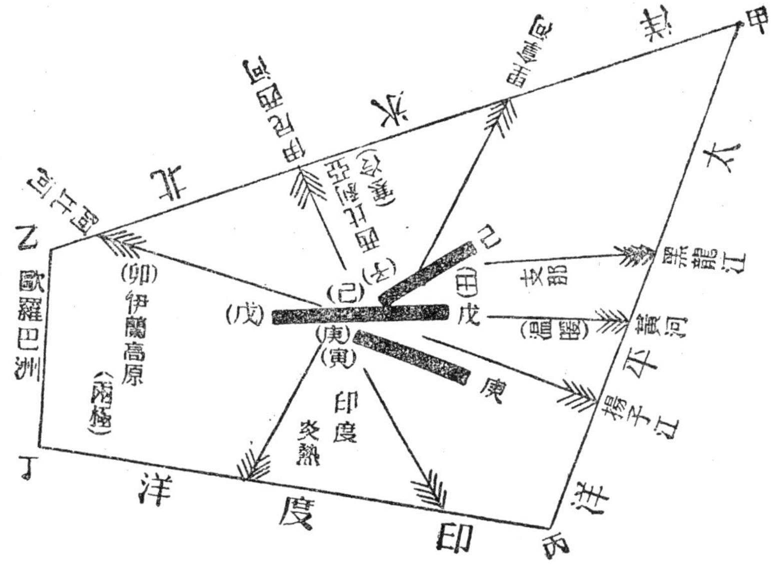

第一圖

汗都喬柱 Hindu-Kush 及崑崙山脈之記號。以（己）己為阿爾泰山脈之記號。以（庚）庚為喜馬拉耶 Himalaya 即雪山 山脈之記號。但觀此則亞細亞洲中央之地勢甚高崇自可想見矣。而全洲川河之源必由此高地而起亦可想見矣。明此形勢則可以悟（戊）（己）己以北之川河。必流注於甲乙線之北冰洋。己（己）（庚）庚間之川河。必流注於甲丙線之太平洋。庚（庚）（戊）以南之川河。必流注於丙丁線之印度洋。勢所必然矣。然後取地圖以對照參觀之。則知里拿 Lena 河、伊尼西 Yenisei 河、阿比 Obi 河等之北流。黑龍江、黃河、揚子江、等之東流。殑伽 Ganges 河即恒河、印度河、等之南流。皆有非偶然者。熟察諸大河系之流域。則可悟亞細亞大陸。實以三大平原一大高原而成。三大平原者、一圖中之（子）。即己（己）（戊）以北一帶。西伯利

七五

亞平原是也。二、圖中之（丑）即己（己）庚以東一帶支那平原是也。三、圖中之（寅）即庚（庚）（戊）以南一帶印度平原是也。一大高原者圖中之（卯）即（戊）以西一帶伊蘭 Iran 高原是也。（即波斯及突厥亞屬之一部）於是乎全洲之地勢山河之大體可以一目瞭然矣。復次言其氣候。則（子）西伯利亞部寒冷也。（丑）支那部溫暖也。（寅）印度部炎熱也。（卯）伊蘭部寒熱皆達於極端也。於是乎各部動植物之差異及各部之物產與其人民職業之差異。亦以推定。

次考亞細亞之人種。則（一）西伯利亞部。劣等黃人種居之。（二）支那部。高等黃人種居之。（三）印度部。高加索人種居之。（四）伊蘭部黃人種與高加索人種雜居之。其人種之分布。亦與其地勢之區別。悉相比附。有如此者。

次考亞細亞洲人民之宗教。則（一）西伯利亞部人民。所奉者沙瑪尼教也。（其附近支那之部分或奉佛教其附近俄國之部分或奉希臘教）（二）支那部人民。（兼中國蒙古西藏朝鮮日本安南暹羅緬甸諸國而言）所奉者佛教也。（我孔子非宗教家余別有論詳言之吾國人所有迷信思想皆受佛教之影響者也）（三）印度部之人民所奉者婆羅門教也。（其中亦有奉佛教者然不如婆羅門教之盛）（四）伊蘭部之人民。（兼中亞細亞諸國如阿富汗斯坦俾路芝斯坦波斯亞剌伯及亞屬突厥諸國民言之）所奉者回教也。其所以生此區別者。亦非偶然。

又以各部之地勢、氣候、生物、民業、人種、宗教之差別。對照比較。則可知其各部特別開化之由。（一）西伯利亞。劣等之文明也。（二）支那之文明。即起於支那。擴布於蒙古西藏朝鮮日本安南暹羅緬甸諸國者也。（三）印度之文明。即桑士格列之文明也。（四）波斯亞剌伯（即伊蘭部）之文明。即回教的文明也。其所以發生之由亦皆可以地理之勢測定之矣。用此方法。不徒可以考一洲之地理而已。即講各國之地理。亦當如是也。試以印度之

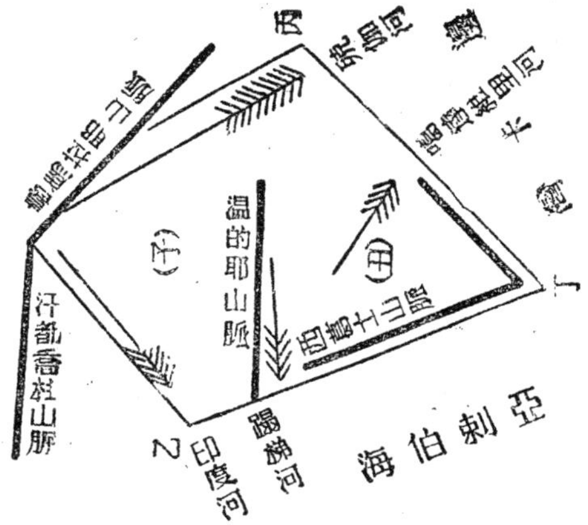

第二圖

地理爲例。先畫定印度之形狀。爲甲乙丙丁記號。如第二圖。丙丁線則瀕於邊卡灣 Bay of Bengal 者也。乙丁線則瀕於亞剌伯海者也。其所有諸山脈。則如圖中所示喜馬拉耶山、汗都喬杜山、溫的耶 Vindhya 山、西噶士 Ghats 山、東噶士山之位置。由是其國內諸河。如印度河、踢梯 Tapti 河、噶達維里 Godavari 河、殑伽河等之水源灌域。及其所流注之尾閭。皆可以悟出。又可見印度之國。由兩大平原結構而成。第一、如圖（子）殑伽河之溪谷也。第二、如圖（丑）溫的耶山與噶士山之間也。用此符號記之。則開卷瞭然矣。學者苟能用此法則以觀各部地理。而按地圖以考證之。則若網在綱。有條不紊。泱泱全洲之形勢。可頃刻而盡納入於腦中矣。治學當得其門徑。此之謂也。

中國地理大勢論

美哉中國之山河！美哉中國之山河！中國者。天然大一統之國也。人種一統。言語一統。文學一統。教義一統。風俗一統。而其根原莫不由於地勢。中國所以遜於泰西者在此。中國所以優於泰西者亦在此。

中國之面積。十五倍於日本。合歐洲列國、如瑞典、那威、丹麥、奧大利、匈加利、德意志、瑞士、伊大利、荷蘭、比利時、法蘭西、西班牙、葡萄牙、其幅員僅足與我頡頏。中國者名爲一國。實一洲也。當周末四五百年漢末四百餘年唐末百餘年間。皆列國並立。與歐羅巴大陸相類。而卒歸於一統之運。不如歐西之國國抗衡。多歷年所者。蓋彼則山嶺交錯。縱橫華離。於其間多開溪谷。爲多數之小平原。其勢自適於分立自治。此則莽莽三大河。萬里磅礴。無邊無涯。其形勢適與之相反也。

中國現今地理。可概分爲兩部。一曰本部。十八行省是也。二曰屬部。滿洲蒙古回部西藏是也。亞洲者。全地球之宗主也。中國者亞洲之宗主也。本部者。又中國之宗主也。請先論本部。

文明之發生。莫要於河流。中國者。富於河流之名國也。就本部而三分之。復可爲中南北三部。北部者。黃河流域也。中部者。揚子江流域也。南部者。西江流域也。三者之發達先後不同。而其間民族之性質。亦自差異。此亦有原理焉。凡河流之南北向者。則能連寒溫熱三帶之地。而一貫之。使種種之氣候。種種之物產。種種之人情。互相調和。而利害不至於衝突。河流之向東西者反是。所經之區。同一氣候。同一物產。同一人情。故此河流與彼河流之間。往往各爲風氣。故在美國則東西異尚。（美國之河皆自北而南）而常能均調。在中國則南北殊趨。（中國之河皆自西而東）而間起衝突。於一統之中。而精神有不能悉一統者存。皆此之由。

自周以前。以黃河流域爲全國之代表。自漢以後。以黃河揚子江兩流域爲全國之代表。近百年來。以黃河揚子江西江三流域爲全國之代表。穹古之事不可紀。今後之局猶未來。然則過去歷史之大部分。實不外黃河揚子江兩民族競爭之舞臺也。前者西江未發達。故通稱中部爲南部。數千年南北相競之大勢。即中國歷史之榮光。

亦中國地理之骨相也。今請以政治上文學上風俗上兵事上兩兩比較而論之。

其在政治上。北方視南方。（以下所言南方皆指揚子江流域也非指極南之西江）常占優勢。蓋我黃族之始祖。本自帕米爾高原。迤邐東下。而揚子江上流。崇巒峻嶺。壁立障之。故避難就易。沿河以趨。全國文明。自黃河起點。而傳布於西方帝王實力亦起於是。積之者厚。故其勢至今猶昌也。今以歷代帝王都徵之。

黃河流域國都表

	代	都	今地	河系
三皇	太昊伏羲氏	陳	河南陳州府	在蔡河之岸蔡河後淤入黃河
	炎帝神農氏	曲阜	山東兗州府	在泗水之南洙水之北
	黃帝軒轅氏	涿鹿	直隸順天府	在拒馬河右岸拒馬經兩淀而入白河然案古地圖實屬黃河河系
五帝	少昊金天氏	窮桑	山東兗州府	泗水附近
	顓頊高陽氏	帝丘	直隸大名府	黃河古金隄附近
	帝嚳高辛氏	亳	河南河南府	在伊水之岸伊水入洛洛入河
	帝堯陶唐氏	平陽	山西平陽府	在汾河左岸平水之北
	帝舜有虞氏	蒲坂	山西蒲州府	媯汭之傍
三代	夏	安邑	山西解州	在永河之傍
	殷	亳	河南歸德府	在黃河揚子江之間淤河之南
	周	洛陽	河南河南府	洛水之北卽其左岸
	秦	咸陽	陝西西安府	渭水之北卽其左岸

漢　西漢	長安	陝西西安府	渭水之南即其右岸
漢　東漢	洛陽	見上（凡見上者則缺之下同）	
魏（三國之一）	鄴	河南彰德府	
西晉	洛陽		
後魏	洛陽		孝文帝自代徙都之
北齊	鄴		北齊承東魏之舊
後周	長安		後周承西魏之舊
隋	長安		文帝都長安煬帝遷洛陽
唐	長安		其末葉爲後梁所劫遷於洛陽
五代　後梁	汴	河南開封府	黃河幹流之南即其右岸
五代　後唐	洛陽		
五代　後晉	汴		
五代　後漢	汴		
五代　後周	汴		
宋	汴		初都汴百六十六年而南遷自此以後稱南宋
金	北京　汴		金初都上京（今會寧）後厭其僻北遷燕京（今北京）復爲蒙古所逼南遷汴京
元	大都	直隸順天府	即北京也
明	北京	直隸順天府	北京雖非黃河流系然實延緣於此河系之平原上也明永樂始遷
清	北京		

由此觀之。歷代王霸定鼎。其在黃河流域者。最占多數。固由所蘊所受使然。亦由對於北狄。取保守之勢。非據北方而不足以爲拒也。而其據於此者。爲外界之現象所風動所薰染。其規模常宏遠。其局勢常壯闊。其氣魄常磅礴英鷙。有俊鶻盤雲橫絕朔漠之概。

揚子江流域國都表

代	都	今地	河系
六朝 吳三國之一	建業	江蘇江甯府即南京	揚子江幹流之南即其右岸
東晉	建康		
宋	建康		
齊	建康		
梁	建康		
陳	建康		
南宋	臨安	浙江杭州府	雖在錢塘江口然實延緣於揚子江之河系也高宗始遷揚州繼定都於此
明	應天府	江蘇江寧府	即南京也太祖初都之成祖遷於北京末葉福王復都之

由此觀之。建都於揚子江流域者。除明太祖外。大率皆創業未就。或敗亡之餘。苟安旦夕者也。爲其外界之現象所風動所薰染。其規模常綺麗。其局勢常清隱。其氣魄常文弱。有月明畫舫緩歌慢舞之觀。

此外不依此兩河流以立國。而其歷史稍有可觀者。則有蜀之成都。今四川成都府也。（蜀本據長江之上游亦可强謂之揚子江流域）後魏之平城。今山西大同府也。其割據年代稍短。或地位稍偏。於政治歷史無甚關係者。漢初則有若南越尉佗之在廣東。凡八十五年。閩越無諸之在福建。凡九十五年。（皆不在兩流域內）兩晉則有若漢劉淵之都平陽。（黃河流域）趙石勒燕慕容皝之都鄴。（黃河流域）秦苻堅後秦姚萇之都長安。（黃河流域）南燕之在山東。（黃河流域）諸涼之在甘肅。（不在兩流域內）唐末則有若吳楊行密之在淮南。（揚子江流域）凡四十九年。蜀王建孟知祥之在四川。（準揚子江流域）前後凡六十四年。楚馬殷之在湖南。（準揚子江流域）凡五十五年。閩王審知之在福建。（不入兩流域內）凡四十九年。吳越錢鏐之在兩浙。（準揚子江流域）凡八十四年。南漢劉隱之在廣東。（不入兩流域內）凡七十年。近世則有若太平洪秀全之在金陵。（揚子江流域）凡十一年。合前兩表統之數千年王霸之國都。其在黃河流域者十六。得姓三十六。其在揚子江流域者二。得姓十。其準黃河流域者一。（北京）得姓四。其準揚子江流域者三。（成都臨安湖南）得姓六。其不在兩流域內者五。得姓七。數千年政治都會略具於是矣。校其發達之大勢。東周以前。南方未始建國也。春秋戰國以後。而楚吳越始强。其力足與北方諸國相埒。及於漢末。而竊據者率起於北。及於唐末。而竊據者多起於南。此亦兩地勢力平均之一消息也。今請將五大都氣運之久暫列爲一表以求其原因結果。

一	長安	黃河流域	凡九百七十年
二	洛陽	同	凡八百四十五年
三	汴京	同	凡二百五年
四	燕京	準黃河流域	凡七百十八年（迄今日）
五	金陵	揚子江流域	凡三百六十六年

北方宅都時代。而南方無他都者。亘二千餘年。其南方宅都時代。而北方無他都者。惟明太祖建文共三十五年

耳。然則雖謂政治之中心點常在黃河流域可也。至同一黃河流域。而其勢力自西而趨於東者。則亦有故。黃族初發軔於崑崙之墟。次第東下。至黃帝顓頊已寖達黃河下流。而爲洪水所苦。不得不復折而邑於山陜之高土。及夏禹成第一次統一之業。文武周公成第二次統一之業。秦政成第三次統一之業。而皆起自黃河上游。積千餘年之精英。而黃河上游。遂爲全國之北辰。仁人君子之所經營。梟雄桀黠之所攙奪。莫不在於此土。取精多用物宏。故至唐而猶極盛焉。東北方之燕。自古以來。不足爲中原之重輕久矣。故自隋以前。其地只能如蜀閩南粵以僻陋在遠。不爲羣雄之所爭。當擾攘之勢。常自立數十年以待戡定焉耳。試徵其歷史。北燕在春秋時。最稱弱小。能自見於中國者。不過三四。七雄之時。爲齊所取。後賴五國之力。樂毅爲將。然後勝齊。然卒於得七十餘城。不能守也。然則幽燕非能自立之地也。（戰國策蘇秦說趙王曰趙北有燕燕固弱國不足畏也又燕王曰寡人國小西迫强秦南近齊趙齊趙强國也又曰天下之戰國七而燕處弱焉又奉陽君曰燕國弱也東不如齊西不如趙云云此外尚多洪容齋隨筆備引之）及楚漢之交。趙王武臣爲燕軍所得。趙廝養卒謂其將曰。一趙尚易燕。況以兩賢王滅燕易矣。其在東漢。彭寵以漁陽叛。卽時夷滅。其在三國。公孫淵據地僭號二十餘年。終不能並鼎而四。其在十六國。稱燕稱趙者多矣。未嘗有僅據燕薊之地者也。夫在昔之燕不足重輕也如彼。而今則海宇之內。歛袂而往朝者。七百餘年。他地視之瞠乎其後者。何也。其轉捩之機。皆在於運河。中國南北兩大河流。各爲風氣。不相屬也。自隋煬濬運河以連貫之。而兩河之下游。遂別開交通之路。夫交通之便不便。實一國政治上變遷之最大原因也。自運河既通以後。而南北一統之基礎。遂以大定。此後千餘年間。分裂者不過百年耳。而其結果。能使江河下游日趨繁盛。北京南京兩大都。握全國之樞要。而吸其精華。故逮唐中葉。而安祿山史思明用范陽盧龍之衆。蹂躪中國。實惟幽燕勢力之嚆矢。至宋而金源宅京於此。用之以俘二帝。盜中國之强半矣。蒙古紾金臂而奪之。遂以滅金滅宋混一寰區矣。明祖南人。安南。奠都金陵。而燕王棣卒以靖難之師起北方。復宅金元之故宅以至於今。非地運使然。實地勢使然也。爾後運河雖淤涸。而燕京之勢力不衰者。一由積之既久。取精用宏。與千年前之鎬洛相等。一由海道既通。易河運以海運。而燕齊吳浙閩越一氣相屬。燕乃建高瓴而注之也。由此觀之。凡一地之或盛或衰。其間必有原因焉。以消息之。凡百皆然。而燕京其一例耳。自今以往。其在陸者長城之險已夷。其在海者津沽威海旅順重重門戶。亦已盡失。鐵路輪船既通。而運輸交通之形勢亦大異疇昔。此後有宅中圖治者乎。他日之燕京。或成爲今日之長安洛陽。未可知也。

中國爲天然一統之地。固也。然以政治地理細校之。其稍具獨立之資格者有二地。一曰蜀。二曰粵。此二地者。其利害常稍異於中原。蜀、揚子江之上游也。其險足以自守。其富足以自保。而其於進取不甚宜。故劉備得之以鼎魏吳。唐玄幸之以逃安史。王建孟知祥據之以傳數世。然蜀與滇相輔車者也。故孔明欲圖北征。而先入南。四川雲南。實政治上一獨立區域也。粵、西江流域也。黃河揚子江開化既久。華實燦爛。而吾粵乃今始萌芽。故數千年來未有大關係於中原。雖然、粵人者中國民族中最有特性者也。其言語異。其習尚異。其握大江之下流而吸其菁華也。與北部之燕京。中部之金陵。同一形勝。而支流之紛錯過之。其兩面環海。海岸線與幅員比較。其長率爲各省之冠。其與海外各國交通。爲歐羅巴、阿美利加、澳斯大利亞、三洲之孔道。五嶺亙其北。以界於中原。故廣東包廣西而以自捍。亦政治上一獨立區域也。他日中國如有聯邦分治之事乎。吾知爲天下倡者。必此兩隅也。

其在文學上。則千餘年南北峙立。其受地理之影響。尤有彰明較著者。試略論之。

(一)哲學　吾國學派。至春秋戰國間而極盛。孔墨之在北。老莊之在南。商韓之在西。管騶之在東。或重實行。或毗理想、或主峻刻、或崇虛無、其現象與地理一一相應、夫既言之矣、逮於漢初、雖以竇后文景之篤好黃老、然北方獨盛儒學、雖以楚元王之崇飾經師、然南方猶喜道家、春秋繁露及其餘經說、北學之代表也、淮南子及其餘詞賦、南學之代表也、雖然、自漢以後、哲學衰矣、洎及宋明、茲道復振、濂溪康節、實爲先驅、雖其時學風、大略一致、然濂溪南人、首倡心性、以窮理氣之微、康節北人、好言象數、且多經世之想、伊川之學、雖出濂溪、然北人也、故洛學面目亦稍變、而傾於實行焉、關學者、北學之正宗也、橫渠言理、頗重考實、於格致蘊奧、間有發明、其以理學提倡一世、猶孔荀之遺也、東萊繼之、以網羅文獻爲講學宗旨、純然北人思想焉、陸王皆起於南、爲中國千餘年學界闢一新境、其直指本心、知行合一、蹊徑自與北賢別矣、凡此者、皆受地理上特別之影響、雖以人事揉雜之、然其結果殆有不容假借者存也。

(二)經學　兩漢以後、儒學統一、先秦學術之界域、殆銷滅矣、雖然、於經學之中、又自有南北之流別、當六朝時、北人最喜治三禮、如徐遵明、劉炫、劉焯、李鉉、劉獻之、沈重、熊安生等、皆以禮學名家、南人最喜治易、常以易老並稱、如王弼、郭象、向秀之流、史皆稱其邃於老易、晉書南史及世說新語等書每述時流之學輒言其深於易老、北史儒林傳云、『大抵南北所爲章句、好尚互有不同、江左、周易則王輔嗣、尚書則孔安國、左傳則杜元凱、河洛、左傳則服子愼、尚書周易則鄭康成、詩則並主於毛公、禮則同遵於鄭氏、南人簡約、得其英華、北學深蕪、窮其枝葉』、其言可謂居要、由此觀之、同一經學、而南北學風、自有不同、皆地理之影響使然也。

(三)佛學　六朝唐間、佛學掩襲一世、佛學之空、與儒學之實、立於反對之兩極端者也、然佛學之中、流派自異、象教宏興、肇始姚秦、秦北地也、鳩摩羅什三叉實難首事繙譯、自茲以往、文字盛行、至南方緇徒、學博不及北派、而理解或過之。謝靈運云。諸公生天雖在靈運先。成佛必居靈運後。蓋南人自負之言也。隋唐之際。宗風極盛。天台、（智顗章安等）法相、（玄奘窺基等）華嚴、（杜順賢首宗密等）三宗。號稱教下三家。皆起於北。陳義閎深。說法博辯。而修證之法。一務實踐。疏釋之書。動輒汗牛。其學統與北朝經生頗相近似。惟禪宗獨起於南。號稱教外別傳。達摩入中國。首爲梁武所皈依。黃梅、（禪宗五祖弘忍）大鑑、（禪宗六祖慧能）開山吳越。專憑悟證。不依文字。蓋與老莊陸王頗符契焉。同一佛學。而宗派之差別若是。亦未始非地理之影響使然也。

(四)詞章　燕趙多慷慨悲歌之士。吳楚多放誕纖麗之文。自古然矣。自唐以前。於詩於文於賦。皆南北各爲家數。長城飲馬。河梁攜手。北人之氣概也。江南草長。洞庭始波。南人之情懷也。散文之長江大河一瀉千里者。北人爲優。駢文之鏤雲刻月善移我情者。南人爲優。蓋文章根於性靈。其受四圍社會之影響特甚焉。自後世交通益盛。文人墨客。大率足跡走天下。其界亦寖微矣。

(五)美術音樂　吾中國以書法爲一美術。故千餘年來。此學蔚爲大國焉。書派之分。南北尤顯。北以碑著。南以帖名。南帖爲圓筆之宗。北碑爲方筆之祖。遒健雄渾。峻峭方整。北派之所長也。龍門二十品。爨龍顏碑。弔比干文等爲其代表。秀逸搖曳。含蓄瀟灑。南派之所長也。蘭亭。洛神。淳化閣帖等爲其代表。蓋雖雕蟲小技。而與其社會之人物風氣。皆一一相肖有如此者。不亦奇哉。畫學亦然。北派擅工筆。南派擅寫意。李將軍（思訓）之金碧山水。筆格遒勁。北宗之代表也。王摩詰之破墨水石。意象逼眞。南派之代表也。音樂亦然。通典云。『祖孝孫以梁陳舊樂雜用吳楚之音。周隋舊樂多涉胡戎之技。於是斟酌南北。考以古音。而作大唐雅樂。』直至今日。而西梆子腔與南崑曲。一則悲壯。一則靡曼。猶截然分南北兩流。由是觀之。大而經濟心性倫理之精。小而金石刻畫游戲之末。幾無一不與地理有密切之關係。天然力之影響於人事者。不亦偉耶。不亦偉耶。

大抵自唐以前南北之界最甚唐後則漸微蓋「文學地理」常隨「政治地理」為轉移自縱流之運河既通。兩流域之形勢日相接近天下益日趨於統一而唐代君臣上下復努力以聯貫之貞觀之初孔穎達、顏師古等奉詔撰五經正義既已有折衷南北之意祖孝孫之定樂亦其一端也文家之韓柳詩家之李杜皆生江河兩域之間思起八代之衰成一家之言書家如歐（歐陽詢）虞（世南）褚（遂良）李（邕）顏（眞卿）柳（公權）之徒亦皆包北碑南帖之長獨開生面蓋調和南北之功以唐為最矣由此言之天行之力雖偉而人治恆足以相勝今日輪船鐵路之力且將使東西五洲合一爐而共冶之矣而更何區區南北之足云也。

其在風俗上則北俊南嬿北肅南舒北强南秀北僿南華其大較也龔定菴詩云『黃河女直徙南東我說神功勝禹功安用迂儒談故道犁然天地劃民風』自注云『渡河而南天異色地異氣民異情』蓋南北之差殊稍有識者皆能見及矣然猶不止此

古書中以地理言風俗者莫善於史記貨殖傳今節錄其一二

關中自汧雍以東至河華膏壤沃野千里自虞夏之貢以為上田而公劉適邠大王王季在岐文王作豐武王治鎬故其民猶有先王之風好稼穡殖五穀地重重為邪及秦文孝繆居雍隙隴蜀之貨物而多賈獻孝公徙櫟邑櫟邑北卻戎翟東通三晉亦多大賈武昭治咸陽因以漢都長安諸陵四方輻輳並至而會地小人衆故其民益玩巧而事末也

夫三河在天下之中若鼎足王者所更居也建國各數百千歲土地小狹民人衆都國諸侯所聚會故其俗纖

儉習事種代、石北也地邊胡數被寇人民矜懻忮好氣任俠爲姦不事農商其民羯羠不均自全晉之時固已患其慓悍而趙武靈王益厲之其謠俗猶有趙之風也中山、地薄人衆猶有沙丘紂淫地餘民民俗懁急仰機利而食丈夫相聚游戲悲歌慷慨起則相隨椎剽休則掘冢作巧姦冶

鄭衞俗與趙相類然近梁魯微重而矜節濮上之邑徙野王野王好氣任俠衞之風也

夫燕、亦勃碣之間一都會也人民希數被寇大與趙代俗相類而民雕捍少慮

臨淄亦海岱之間一都會也其俗寬緩闊達而足智好議論地重難動搖怯於衆鬭勇於持刺故多劫人者大國之風也其中具五民而鄒魯濱洙泗猶有周公遺風俗好儒備於禮故其民齪齪儉嗇畏罪遠邪及其衰好賈趨利甚於周人

夫自鴻溝以東芒碭以北屬巨野此梁宋也其俗猶有先王遺風重厚多君子雖無山川之饒能惡衣食致其蓄藏

以上言北方風俗

越楚、則有三俗夫自淮北沛陳汝南南郡此西楚也其俗剽輕易發怒地薄寡於積聚　陳、在楚夏之交通魚鹽之貨其民清刻矜已諾

彭城以東東海吳廣陵此東楚也其俗類徐僮朐繒以北俗則齊浙江南則越夫吳自闔廬春申王濞三人招致天下之喜游子弟亦江東一都會也

衡山九江江南豫章長沙。是南楚也、其俗大類西楚。與閩中于越雜俗。故南楚好辭。巧說少信。江南卑濕。丈夫早夭。

九疑蒼梧以南至儋耳者。與江南大同俗。而揚越多焉。番禺亦其一都會也。

潁川南陽、夏人之居也夏人政尚忠朴猶有先王之遺風。潁川敦愿秦末世遷不軌之民於南陽。其俗雜。好事業。多賈。

總之。楚越之地。地廣人稀。飯稻羹魚。或火耕而水耨。果蓏蠃蛤。不待賈而足。地勢饒食。無饑饉之患。以故呰窳偷生。無積聚。而多貧。是故江淮以南。無凍餓之人。亦無千金之家。

以上言南方風俗

此二千年前哲人所觀察之大略也。雖至今物換星移。迥非疇昔。然其以地理人事兩者合證。以推原其各種特別風俗所由成。可謂目光如炬矣。以今日論之。則大河以北自漢受匈奴降衆居之三輔。民夷雜處。及晉而五胡亂華。繼以北魏中原遺民不覩漢官威儀者。垂數百年。全唐盛時。一霎此恥。逮於五季。石晉以燕雲十六州賂契丹。終宋之世。遼金交擾。逾元涉清金甌全缺。故北方之俗。漢胡雜焉。雖然以數被邊患。故故其民尚有如史記所謂矜懻忮。好氣任俠者。排外之心。稍强。甘涼素蹂躪於回。其俗雜漢回。悍而急。僄而好亂。關中古帝王都也。然自隋唐之交。喋血六七。水薄其味。土變其質。近加以明季張李之踐踏。嗚呼耗矣。故其民貧而悴媮而不揚。山西古三晉也。夙邊胡踐掠。最數。故其俗堅忍而好蓄藏。至今猶能以商豪於國中。然樸塞固陋。今猶有穴居者。直隸爲帝都者。七百餘年。舉天下便辟巧媚之士湊集焉。加以從龍入關之裔。驕侈淫泆。恣慢横暴。雍乾以後益挫抑氣節。其士夫夫相率以羣居終日言不及義。好行小慧。故京師之俗雜五方而爲首惡之區。其民臥土炕毳服。如韃鄉焉。雖然燕齊之交。其慓悍之風猶存。至今响馬標客。猶椎埋俠子之遺。河南自昔四戰之國。而今則寥廓之區也。其民勇不逮北。智不逮南。無足云者。大江左右自晉南渡後中原衣冠文物萃焉。故史公所言關中三河之俗。自中世以來乃見之於江南。中間胡元盜國百年中稍衰息矣。元人詩云『玉樹後庭花不見。北人租地種茴香。』蓋傷之也。然南俗旣已脆弱。而歷代都此者率皆偏安媮惰之主。導以驕侈淫泆。故其俗文而少氣。知者多而行者寡。雖然江浙固今世文明之中心點也。江漢之間。近世之滎陽成皋也。天下有事。爲必爭之區。故洪楊之難。武昌三陷。漢陽四陷。其民數更喪亂。人無自安之心。故俗習於巧黠。好小亂而無遠志。皖南江右俗在吳鄂之間。可代表南人之特性焉。湖南古南楚也。北通南域。南接猺疆。故其人進取之氣頗盛。而保守之習亦強。近數十年。自伐其功。囂張大甚。然其尙氣敢任。有足多者。四川雲貴兩廣福建。自昔以來其利害與中原不甚相切。蜀人饒富。善保守而缺進取。至今其俗與千年前不甚變異。常爲他地之人入之以嬰守。其土著民族有活潑氣象者鮮焉。滇黔三苗南蠻之故墟也。其民之稍優秀者。大率流宦遷賈。來自他鄉。至其原民。則猶有羲皇以上之遺風焉。廣西瘠土也。民食不相給。而與中原遠。故洪楊用之以發難。近數十年。游勇麕集。椎埋相結。故其人最喜亂。視揭竿之事爲日用飲食。廣東自秦漢以來卽號稱一大都會。而其民族與他地絕異。言語異。風習異。性質異。故其人頗有獨立之想。有進取之志。兩面瀕海。爲五洲交通孔道。故稍習於外事。雖然其以私人資格與外人交涉者太多。其黠劣者或不免媚外倚賴之性。閩人蓋亦同病焉。

昔希臘之雅典。其民分三俗。以地勢爲別。一曰山谷之民。二曰平原之民。三曰海濱之民。三民之性質習尙職業各異焉。印度人亦分三俗。以河流爲別。一曰身毒河之民。二曰布拉馬河之民。三曰恆河之民。三民之性質習尙職業亦各異焉。中國則兼兩者而有之。是故以東西差別之。則有高原之民。有平原之民。有瀕海之民。以南北差別之。有白河流域之民。有黃河流域之民。有揚子江流域之民。有珠江流域之民。坐此之故。全地政治雖歸於統一。而民間社會風俗。華離破碎。殆如異國。此亦地勢所不得不然者也。

其在兵事上。則吾中國讀史地理兵要之書。作者雖不乏。然苦無條理。其於兵事地理與民族之關係。能言其故者蓋少焉。中國干戈之國也。統覽數千年之史乘。其三十載不見兵革者殆希。二十四部之正史。不過一大相斫書。二十一省之土地。不過一大修羅場。然則以兵事言地理。亦治此學之一大法門也。吾欲有所論。吾請舉自漢以來用兵之地列表而統計之。

歷代革命軍及割據所憑藉地理表

	(人)	(地)	(今地)
秦末	陳勝吳廣	蘄	安徽鳳陽府
	項羽	會稽	浙江紹興府
	劉邦	沛	江蘇徐州府
秦末	武臣	趙	山西
	田儋	齊	山東
	韓廣	燕	直隸
	周市	魏	河南
	王無諸	東越	福建
	尉佗	南越	廣東

時代	人物	古地	今地
漢初	彭越	定陶	山東曹州府
	英布	六	安徽六安州
	陳豨	代	山西代州
	盧綰	薊	直隸順天府
七國	吳	廣陵	江蘇揚州府
	膠西	高密	山東萊州府
	膠東、淄川、濟南		山東濟南府
	楚	彭城	江蘇徐州府
	趙	邯鄲	直隸廣平府
西漢之末	樊崇	莒	山東沂州府
	王匡等	新市	湖北安陸府
	陳牧等	荆州	湖北荆州府
	光武	舂陵	湖北襄陽府
	隗囂	成紀	甘肅秦州
	公孫述	成都	四川成都府
	竇融	河西	甘肅甘涼肅諸州

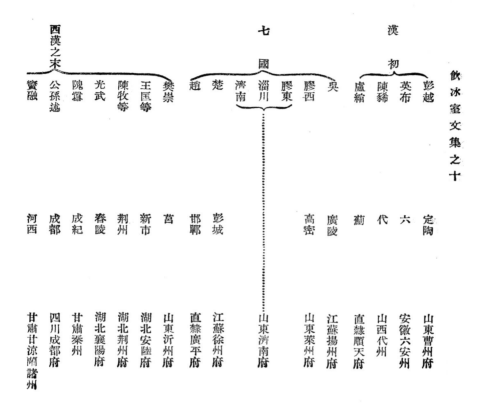

東漢之末

劉永	睢陽	河南歸德府
彭寵	漁陽	直隸
李憲	廬江	安徽安廬二州
張步	臨淄	山東
張角	鉅鹿	直隸順德府
袁紹	鄴	河南彰德府
曹操	鄄	山東曹州府
袁術	壽春	安徽鳳陽府
劉表	襄陽	湖北襄陽府
呂布	徐州	江蘇徐州府
公孫度	遼東	直隸
孫策	壽春	安徽鳳陽府
劉備	益州	四川
劉淵	左國城	山西汾州
李雄	成都	四川
石勒	襄國	直隸順德府
慕容皝	龍城	直隸承德府
拓跋祿官	上谷	直隸宣化府
張寔	姑臧	甘肅涼州府

十六國	苻洪姚萇	關中	陝西
	慕容廆	大棘城	盛京
	慕容沖	平陽	山西平陽府
	慕容德	滑臺	河南衛輝府
	乞伏乾歸	苑川	甘肅鞏昌府
	呂光	姑臧	甘肅涼州府
	禿髮烏孤	西平	甘肅西甯府
	沮渠蒙遜	張掖	甘肅甘州府
	李暠	敦煌	甘肅安西府
	馮跋	和龍	直隸順德府
	赫連勃勃	統萬	甘肅甯夏府
兩晉	王敦	武昌	湖北
	蘇峻	歷陽	安徽和州
	張駿	涼	甘肅
	孫恩	會稽	浙江
	劉裕	京口	江蘇鎮江府
	盧循	番禺	廣東廣州府
	楊玄感	黎陽	山西潞安府
	竇建德	漳南	山東東昌府

時代	人物	地	今地
隋末	李密	滎陽	河南開封府
	林士弘	江南	
	李子通	海陵	江蘇揚州府
	杜伏威	歷陽	安徽和州
	劉武周	馬邑	山西代州
	薛舉	隴西	甘肅鞏昌府
	李軌	河西	甘肅蘭州府
	蕭銑	巴陵	湖南岳州府
	梁師都	朔方	陝西榆林府
	李淵	晉陽	山西太原府
	沈法興	毘陵	江蘇常州府
	劉黑闥	漳南	山東東昌府
中唐	安祿山史思明	范陽	直隸順天府
	劉展	廣陵	江蘇揚州府
	僕固懷恩	汾州	山西汾州府
	朱滔	盧龍	直隸
	田悅	魏博	直隸河南
	王武俊	鎮冀	山西
	李納	淄青	山東

	李希烈	彰義	河南
唐末	黄巢	曹濮	山東安徽間
	楊行密	淮南	安徽
	王建	蜀	四川
	馬殷	楚	湖南
	王審知	閩	福建
	錢鏐	吳越	浙江
	劉隱	南漢	廣東
	李昪	南唐	江南
	孟知祥	蜀	四川
	高季興	荆南	湖南
	李元昊	西夏	甘肅
元末	方國珍	台州	浙江台州府
	劉福通	永平	直隸永平府
	李二	徐州	江蘇徐州府
	徐壽輝陳友諒	羅田	湖北黄州府
	張士誠	高郵	江蘇揚州府
	明玉珍		四川雲南
	郭子興朱元璋	濠州	安徽鳳陽府

明	燕王棣	燕	直隸
明	宸濠	南昌	江西
明末	張獻忠		四川
	李自成		山陝
清初	鄭成功	臺灣	
	吳三桂		雲南
	耿精忠		福建
	尚之信		廣東
近世	苗匪		貴州
	白蓮教		湖北荆州
	蔡牽		福建汀州
	洪秀全		廣西永安州
	義和團		山東

以上所列。其革命成功者著之。其雖不成而割據稍久者亦著之。其雖不能久而略地甚廣者亦著之。其雖不成不久不廣而勢潮甚猛爲天下倡者亦著之。其遝藉朝柄以篡竊得勢者。無論爲成、爲敗、爲一統、爲割據。皆不著。以其無與於用兵也。其異族起兵外域入主中夏者不著。以其與境內之地理性質無關也。二千年來兵事地理之關係於歷史者。略具是矣。試統計其各省主動多寡之數。則

直隸十五　山東十　湖北七　浙江四　湖南三　雲南一

甘肅十三　安徽九　四川七　福建四　廣東三　江西一
江蘇十一　山西八　河南五　陝西三　廣西一　貴州一

其所以能用兵之故。雖有種種特別原因。不能盡以歸諸地理。要之地理爲其一重要之主因。無可疑也。以此表校之。除直隸甘肅山西三處。多由西北異種乘藉竊據。其主動不專由我民族外。自餘則惟山東江蘇安徽河南湖北。爲最能擧事之地。此其故何也。黃河揚子江兩流域勢力使然也。而其間成功最鉅者。爲漢之劉邦光武唐之李淵明之朱元璋。其次者爲楚之項羽魏之曹操宋之劉裕。李淵曹操起於黃河流域。劉裕起於揚子江流域。其餘皆起於江河兩流域之交。質而言之。則淮水流域之民族。數千年來。最有大力於中原也。夫淮域所以能獨占優勝者何也。其東通海。其北界河。其南控江。其地理之適於開化。蓋天然矣。直隸割據起事雖多。未有能成者。惟明燕王靖難之師。則挾以親藩之力。非可以尋常論也。其次則安史之亂。雖蹂躪天下之半。而卒以敗亡。直隸者布政之地。非用兵之地也。甘肅興者不讓直隸。然成就之率更在其下。水利乏而不足以爲通。不足以爲繼也。若夫四川。每天下有亂。則常獨立。而其滅亡最後。一見之於公孫述。再見之於劉備。三見之於李雄。四見之於王建孟知祥。五見之於明玉珍。六見之於張獻忠。七見之於最近之石達開。不知來。視諸往。他日中國若有事。亦若是則已耳。雖然。蜀利保守而不利進取。地勢實然也。然則幽幷甘涼梁益之地。用之者雖多。而成之者實寡。其不得不讓淮漢者。非偶然矣。

大抵中國地理開化之次第。自北而南。三代以前。河北極盛。秦漢之間。移於河南。寖移於江北。六朝以後。江南亦駸駸代興焉。而自漢迄今。全史之大部分。皆演於江河間之原野。彼龍拏虎擲。甲興乙仆。殆未有出山東安徽江蘇河南湖北數省外者也。淮漢民族之在中國。其猶近世條頓民族之在世界也。而點綴其間者。則有幽燕趙代隴蜀諸族。其猶歐洲之有拉丁與斯拉夫也。此外位其南者。未嘗有能為一國之重輕者也。其有之則自近百數十年始也。

疇昔南北交通之運未盛。故江南常足以自守。吳割據垂八十年。晉南渡百年。益以宋齊梁陳百六十餘年。宋南渡一百五十年。蓋地勢統合之力未大定也。項羽亦不用烏江丈人之言耳。使其用之。則杜牧所謂「江東子弟多才俊。捲土重來未可知」。夫孰敢謂羽之才反出孫權下也。魏文臨江而歎。謂天之所以限南北。孫皓謂長江天塹。豈能飛渡。有自來矣。逮於輓近。則南北兩文明互發達。互和合。而趨於統一。非南混同於北。則北混同於南。事機與昔大殊矣。不見夫福王魯王畫江之局。不兩年而澌亡乎。不見乎近世洪楊有三分天下之二。徒以株守金陵。不圖北進。卒以十餘年之建國。消於朝露乎。雖曰人謀之不臧。抑地勢亦有不得不然者也。故古之語兵事者。以滎陽成臯為第一要點。以其為黃河流域之咽喉也。近之語兵事者。以武昌漢陽為第一要點。以其為揚子江流域之眉目也。黃梨洲明夷待訪錄。主建都金陵之議。謂『秦漢之時。關中風氣會聚。田野開闢。人物殷盛。吳楚方脫蠻夷之號。風氣樸略。故金陵不能與之爭勝。今關中人物不及吳會久矣』云云。可謂能知地運變遷之大原。顧亭林足跡徧天下。乃謂『秦地華陰綰轂關河之口。雖足不出戶。而能見天下之人。聞天下之事。一旦有警。入山守險。不過十里之遙。若志在四方。一出關門。亦有建瓴之勢』云云。自謝身歷。而以此規梨洲。是猶漢唐以上之言也。庸詎知地運之駸駸自北而南者。今固有以異於古所云也。

雖然。歷覽前史。大抵北人南伐者則得志。南人北伐者則不得志。其在北者。如五胡起而晉以東。金源起而宋以南。蒙古起而宋金夷。滿洲起而明社屋。皆外種憑藉異域。姑勿具論。劉項同爲淮人。而漢踞關中巴蜀。楚踞江淮。成功卒歸漢氏。三國鼎立。而吳入於晉。六朝並峙。而陳入於隋。自古南渡偏安之局。曾無一焉能北進以恢復者。（幸陝幸蜀者有恢復。渡江者無恢復。其故可思也。）不可謂非地理上一疑問也。北伐之師。惟項羽以江東八千破秦。孫堅以吳會一旅入洛。最稱名譽。然卒歸於敗衂。爾後劉裕之滅南燕滅後秦。號稱南朝第一盛舉。亦不能竟其功。此外南北交戰。南人之有功者。千餘年來。不過三役。一曰周瑜之於赤壁。二曰謝玄之於淝水。三曰虞允文之於采石。然皆防禦而已。於進取則概乎未之有聞也。豈徒南人文弱之爲哉。毋亦地勢地運使然矣。直至明祖用江淮之衆。放逐胡元於漢北。光復舊物。混一海內。南之挫北。蓋自茲役始。明祖雖暴。其爲漢族之名譽。又烏可誣也。而考地理與歷史之進化相關係者。亦可於此思其故矣。

自唐以前。湖南浙江福建兩廣雲南諸省。曾未嘗一爲輕重於大局。（項羽雖起於會稽。其根據地不在此。）自宋以後。而大事日出於此間矣。宋之南渡在浙。其亡也在廣東。明之亡也。始而江。繼而浙。而閩。而粵。而滇。而桂。此亦地運由黃河揚子江而漸趨於西江之明徵也。湘中古之南楚。號稱大國。而二千年間用之者。惟一蕭銑。一馬殷。乃咸同以來。曾胡驟起。湘軍之聲譽。東至東海。南踰嶺南。西闢回部。西南震苗疆。至今尙炙手可熱。三湘民族之有大影響於全國。實自五十年以來也。兩廣亦然。疇昔惟有尉佗劉隱等諸羈縻。及洪楊發難。乃裹五嶺之民。淩厲蹴踏。奄半天下者。垂十餘年。兩廣民族之有大影響於全國。亦自五十年以來也。浙人閩人於明末魯唐監國時代。崎嶇海上。奔走國難者。號稱極盛。浙閩民族之大有影響於全國。亦自二百年以來也。自今以往。而西江流域之發達。日以益進。他日龍拏虎擲之大業。將不在黃河與揚子江間之原野。而在揚子江與西江間之原野。此又以進化自然之運推測之而可以知其概者也。獨恨蹙蹙臥榻。鼾睡已屬他人。沈沈昆明。妖灰未蘇前劫。舉目有山河之異。誰泣新亭。中原無頗牧之才。空肥戎馬。對圖揾淚。掩卷驚神。問天意其蒼茫。哀民生其憔悴。嗚呼予欲無言。嗚呼予欲無言。

歐洲地理大勢論

歐羅巴其天之驕子乎。以員輿上最小之一洲。洲內剖分爲大小國者十數。而宰制天下。巍然爲全世界之主人翁。至於今日。而亞澳非南北美五大壤。幾全爲歐羅巴人之附庸矣。噫嘻。曷克有此。吾他無能妒焉。妒其地理。試以歐羅巴大陸形狀比諸一西婦。伊比利 Iberia 半島（西班牙葡萄牙）其頭也。批勒尼 Pyrenees 山脈其頸也。法蘭西比利時荷蘭其胸也。英吉利爲伸右手之狀。意大利爲伸左手之狀。丁抹德意志奧匈國巴幹半島（羅馬尼亞門的內哥赫次戈偉訥等國）土耳其其腹也。俄羅斯洋袴也。更細摹之。則葡萄牙者頭上（西班牙）所冠之帽也。法蘭西之比黎敦半島其肩也。愛爾蘭右手（英吉利）所捧之物也。西西里島左手（意大利）所捧之物也。瑞典挪威踢足而上蹴之形也。試比照於全地地圖。則歐羅巴洲之半島之海角之灣之島嶼。視他洲爲特多。其海岸線之比例。視他洲爲特長。以故船舶交通之利便。冠絕宇內。以故物產之交換易。言語技術思想之交換易。凡有形無形之各種事物。莫不彼此相摩相厲。相競相師。開化速進。皆此之由。

雖然。渾言之曰歐洲。曰歐洲人。而不知歐洲之地有盛有衰。歐人之中有弱有强。蓋今所謂霸九洲之民族。乃歐人之一部。非歐人之全體也。而甲民族與乙民族盛衰消長之間。亦時與地理有切密之關係。試縱論之。

歐洲民族大別爲三(一)拉丁民族(二)條頓民族(三)斯拉夫民族

拉丁民族居歐洲之南部意大利比利時法蘭西西班牙葡萄牙及羅馬尼亞强半之人民皆屬之拉丁者羅馬之別名也此等國民沐古羅馬之榮澤以進於文明之域雖然羅馬人者征服他國掠奪其人民土地以創成大國者也坐是之故貴族軍人非常跋扈而平民一無權力上流社會滿盈驕奢寖成浮華輕薄之風而歐南諸國天候和煦空氣清明時鳥好花優美豔麗其人受此外境界所薰染自有一種戲曲的小說的性質其與羅馬文明固已針芥相吸故一旦受之而發達益甚其人情風俗宗教政治及製造物品倏成爲一種特別之羅馬派固無足怪

惟其然也故拉丁民族諸國其人民之性情常華而脆驕而奢汰而惰不見夫法蘭西人皆浮華輕薄之種子乎不見夫西班牙人皆驕侈淫泆之陋民乎惟其然也故拉丁民族諸國其宗教不重理想而重儀式輪奐其教堂焉繁重其禮拜焉若此者拉丁民族之所長也其教派皆宗天主崇法皇

惟其然也故拉丁民族諸國其政治時而爲君主政體時而爲民主政體時而爲貴族政體時而爲神父政體國中紛紛革命之慘劇踵相接其人浮動而不能自治

惟其然也故拉丁民族諸國其製造物品率以奢美豪汰相尙如酒類煙類玻璃細工陳設品花瓶裝飾具其奇技淫巧以悅婦人者多出於是而日用必需之品反缺焉

此諸國者其始爲感情所刺激常有經營四方之志或探險覔地或用武力征富擴絕大之版圖開極盛之殖民地雖然不轉瞬間銷聲匿影至今日而昔年之全盛渺不可復覩矣讀西班牙葡萄牙今昔之歷史識者未嘗不

廢書而歎也。希梭也。拿破侖也。此民族中之豪傑也。讀其傳記。而拉丁人之眞面目見焉矣。

條頓民族。居歐羅巴中部以北。英吉利德意志荷蘭丁抹瑞典挪威之人民屬之。此諸國者。其氣候比於拉丁族國較寒。其生物之發育較遲。其物產之種類亦較少。惟其然也。故條頓民族諸國。其人民之性情。忍耐刻苦。質朴節儉。不以浮華奢美爲事。孳孳然惟生產是務。故其意想緻密。帶數理的性質。與拉丁人之小說的戲曲的絕異。惟其然也。故條頓民族之宗教。核名實。貴理想。不拘拘於儀式。不屑屑於品物。其教派皆宗婆羅的士坦（即所謂耶穌新教也）

惟其然也。故條頓民族諸國。其政治之變動少。革命之事不數數。民皆安其業。樂其生。循序以進化。

惟其然也。故條頓民族諸國。其製造物品。皆日用飲食所必需者。而不貴奢美華飾之物。羅紗也。鐵工器具也。皆此民族所最饒者也。其人善爲他人所崇敬所信用。故互市通商。日增月盛。華盛頓也。威靈頓也。此民族中之豪傑也。讀其傳記。而條頓人之眞面目見焉矣。

欲知拉丁條頓兩民族性質之差別。觀其所創造之殖民地。而可見也。美國也。澳洲也。紐西倫也。條頓民族所移住者也。墨西哥也。中美洲諸國也。南美洲諸國也。拉丁民族所移住也。兩兩對照。其得失之林粲然矣。大抵拉丁民族之殖民政略。貴族派也。條頓民族之殖民政略。平民派也。拉丁民族之殖民地。好裝飾。條頓民族之殖民地。貴營業。拉丁民族之殖民地。政府干涉之。條頓民族之殖民地。人民自治之。拉丁民族之殖民地。重課出入之船舶。條頓民族之殖民地。豁免海關之稅。則拉丁民族之殖民地。由政府派軍隊以開之。條頓民族之殖民地。由人民集公司以拓之。拉丁民族每闢一地。必先建禮拜堂。條頓民族每闢一地。必先設會議所。拉丁民族之殖民地。首置酒庫。條頓民族之殖民地。首修道路。拉丁民族之殖民地。多有貴族巨紳之園林。條頓民族之殖民地。多有窶人移民之田圃。要而論之。則拉丁民族善粉飾其殖民地。條頓民族善利用其殖民地。拉丁民族因得殖民地而勞費。以爲國病。條頓民族因得殖民地而豐富。以爲國榮。以故拉丁民族。或放棄其殖民地而無所惜。條頓民族。常保持其殖民地而不憚勞。以故拉丁民族之殖民地日以式微。條頓民族之殖民地日以繁盛。以此察之。其於兩民族消長之原。思過半矣。

斯拉夫民族。居歐洲之東北部。而俄羅斯人實其代表也。其所宅者。茫漠無涘之平原也。故其性質。沈毅而深遠。宏渺而不可測。其職業。以農耕爲主。其教派。以希臘教爲宗。蓋政教混淆一種不可思議之宗門也。其文學。黯黯然而有宏深肅括氣象。要之。拉丁民族。歐洲之先鋒也。條頓民族。其中軍也。斯拉夫民族。其後殿也。拉丁民族。其全盛時代在過去。條頓民族。其全盛時代在現在。斯拉夫民族。其全盛時代在將來。質而言之。則拉丁民族之事業。如花然。如劇然。斯亦不足畏也已。條頓民族。商人之性質也。其腦髓所含者。算術也。是雖可畏。然猶非其至者也。至於斯拉夫民族。其事業非花非劇非商非算。幽涼而沈雄。宏遠而强毅。彼拿破崙以五十萬鐵騎。壓俄境也。俄人直取其數百年之國都。五六十萬人口之大都會。一炬而摧燒之。以陷法軍於絕地。其經營泰東也。則横貫萬里不毛之西伯利亞。建一空前絕後之大鐵路。自囁嚅小兒之國民視之。幾以爲五石之瓠。瓠落而無所容。此其氣象何等偉雄。其掌蹠何等高遠。斯拉夫民族之事業。此其代表矣。嘻。俄羅斯。秦也。其心目中豈復有六國乎。

學者既知歐洲三大民族之性質。則可因其所在之地。以考地理與人事之關係。如圖。爲短句股直角之三角形。

(一)南部。即拉丁民族之諸國。(法蘭西、意大利、西班牙、葡萄牙、羅馬尼亞等)地勢高崇。沼澤少。氣候溫暖。花

歐洲三大民族分布之地

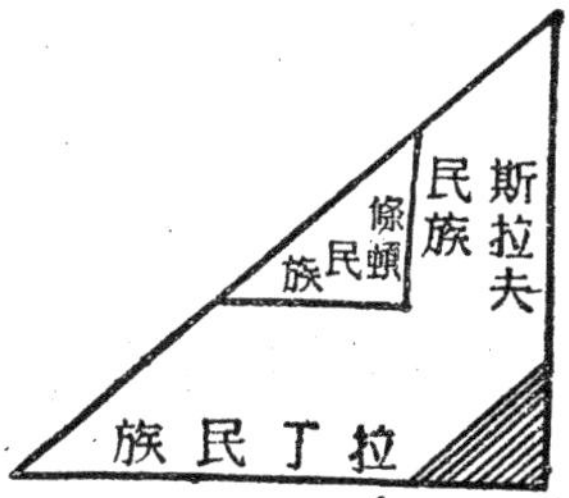

果豐熟。於天然界獨占優勝。(二)中部及中部之北方爲條頓民族之諸國。（英吉利、荷蘭、德意志、丁抹、瑞典、挪威、等）地勢較南部稍平坦。沼澤多氣候略寒。於天然界悉劣於南部一等。(三)東北部爲斯拉夫民族之國（俄羅斯）地勢扁平。湖沼極多。氣候特寒。於天然界各事物。遠在南部中部之下。然後於三部三族所建國之間。徧考其宗教政體人情風俗。乃至人民之職業物產之製造。種種殊異之處。則如網在綱。炳若觀火矣。試舉其例。如葡萄牙拉丁民族之邦國也。則其人情之浮薄輕佻。其宗教之爲天主教。其政治上之變化騷動甚多。其製造品之多酒類裝飾類。皆不問而可知矣。荷蘭條頓民族之邦國也。則其人情之忍耐節儉。勉於職業。力於貿遷。其宗教爲耶穌新教。其政治上之變化少。其製造品皆人生必需之物。又不問而可知矣。由是以論將來趨勢。則荷蘭之前途希望多。葡萄牙之前途希望少。其亦可燭照而數計矣。又荷蘭與比利時壤境相接。面積相等。同爲一小國。同在一平坦之方域。而甲則爲條頓民族。人尚節儉。奉新教。言語文字。皆宗日耳曼。乙則爲拉丁民族。人情奢靡。其國都布羅士里。Brussels 自號爲小巴黎。奉舊教。言語文字。皆宗法蘭西。蓋其差異也如此。苟知其故。則以觀歐羅巴之人文地理。誠有通其一萬事畢之樂焉矣。又時或一國之中。異種異族之民相雜居者。亦常各自保持其特別之性格。如瑞士然。其東部爲德意志民族（條頓）之所棲。其西部爲法蘭西民族（拉丁）之所集。故東部人民。忍耐節儉。奉新教。操德語。西部人民。好奢侈。奉舊教。用法文。至如奧匈國。巴幹半島諸國。爲條頓人與斯拉夫人條頓人與黃色種人相雜居者。其現象亦復如是。準此推之。則歐洲諸國之國情。皆可洞悉矣。

由此觀之民族性質與其國家之强弱盛衰其關係之捷於影響也如此以拉丁人前此之氣蓋一世而猶不可恃然則有拉丁民族之所短而無其所長者更何以自處焉君子每披瀛海圖而不禁瞿然以驚也

地理與文明之關係

程子謂讀書爲玩物喪志此語在今日幾於爲世詬病矣雖然今之學者其能免於此四字之誚者幾人哉舊學之訓詁家金石家詞章家不必論矣即今所謂涉獵新學研究西書者亦大率取其形質遺其精神若是則雖博士多於鯽而於國民之進步無當也吾恐中學之八股家考據家去而西學之八股家考據家又將來矣是以鄙人敍論諸學恆取其於精神上有關係者欲讀者因之而悟讀書致用之法不至爲程子之所呵地理學者諸學科之基礎而學校所不可缺者也今集譯東西諸大家學說言地理與文明之關係者草爲是篇爲學僮之一助云爾

詩曰天生蒸民有物有則則者何因果之謂也觀乙果可以知甲因覩乙因可以推丙果苟持此法以研究天下事物則能得其公例之所在有通其一萬事畢之樂不特此也既知其果之所必至又知其果之所從來則常能造善因以補助之使其結果日趨於至善學術之有助於進化其功在是

世界文明之原因其所由來甚複雜固非可僅以一學科之理論而證明之者也雖然以地理學者之眼觀之亦有可以見其一斑者今略論如下

均是土地也均是人類也而文明程度之高下發達之遲速莫或相等者何也英儒洛克曰地理與歷史之關係一如肉體之與精神有健全之肉體然後活潑之精神生焉有適宜之地理然後文明之歷史出焉寒帶熱帶之地其人不能進化者何也人之腦力體力爲天然力所束縛而不能發達也管子曰倉廩實而知禮節衣食足而

知榮辱。亞里士多德曰。人必能自養其欲。自給其求。然後高尚之思想事業乃起焉。極寒極熱之地。其人窮日之力以應付天然界之洊迫。猶且不給。以故文明之歷史。獨起於溫帶。

北半球之大陸三。曰亞細亞。曰歐羅巴。曰北亞美利加。南半球之大陸亦三。曰澳大利亞。曰阿非利加。曰南亞美利加。北三陸皆廣大。合計方二千二百五十萬英方里有奇。南三陸皆狹小。合計一千六百五十萬英方里有奇。北陸之地勢甚複雜。多港灣。多內海。（如地中海黑海等皆謂之內海）多半島。（半島者一面連於陸三面突出於海者也）多附屬之島嶼。其地面之複雜。亦與相應。有山脈。有高原。有平地。有河流。而三陸相互之位置。亦便於交通。南陸則不然。其地勢甚單純。灣港內海半島島嶼皆極少。且位置各遠隔。交通不便。又北陸皆位於溫帶。南陸皆位於熱帶。使人類而與物類等也。則南陸之適宜。當過於北。何也。動植物往往自南北極而進於中帶。自中帶而進於熱帶。愈進而愈繁殖。故動植物全盛之世界。在於南半球。實天演之公例也。惟人類則反於此公例。何也。人類所以進化者。不徒恃物質上之勢力而已。而並恃精神上之勢力。故物類之爭生存也。惟在熱度之強盛。營養之足用而已。人則不然。恆視其智識道德。以爲優劣勝敗之差。人物所循天演之軌道。各自不同。蓋以此也。夫酷熱之時。使人精神昏沈。欲與天然力相爭而不可得。嚴寒之時。使人精神顦顇。與天然力相抵太劇。而更無餘力以及他。熱帶之人。得衣食太易。而不思進取。寒帶之人。得衣食太難。而不能進取。惟居溫帶者。有四時之變遷。有寒暑之代謝。苟非勞力則不足以自給。苟能勞力。亦必得其報酬。此文明之國民。所以起於北半球之大原也。

土地高低。亦與文明之發達有比例。區而分之。可爲三種。一曰高原。二曰平原。三曰海濱。

（一）高原　中亞細亞也。裏海黑海之間也。亞剌伯也。亞非利加之巴巴利沙漠也。南亞美利加之帕拉格維也。

倭里那哥也。皆高原也。高原之特質。最適於畜牧。牧民逐水草而居。問其富則數畜以對。而非數地以對也。雖行族長政治。頗近似於國家。然舍血族之外。更無他道以相團結。雖有如成吉思帖木兒等野蠻中之英雄時出於其間。然終不能成一鞏固之國家。故文明無可言焉。

(二)平原　有河流則土地豐饒。中國之有黃河揚子江。印度之有恆河印度河。巴比倫之有夭弗里士河臺格里士河。埃及之有尼羅河。皆其最者也。此等之地。始有農業。人皆土著。民自名田。有地主之權謂之名田漢人用語也家族政治。一變爲封建政治。行國變爲居國。而鞏固之國體乃始立。中國印度埃及巴比倫皆在數千年以前。巍然成一大國。文明爛然。蓋平原之地勢使然也。

(三)海濱　驟觀地圖。則河海者所以使土地閡隔。而華離也。然徵諸歷史上之事實。則人類交通往來之便。全恃河海。德儒黑革曰。水性使人通。山性使人塞。水勢使人合。山勢使人離。誠哉是言。歐洲人自十五世紀以來。與隔海之亞美利加及印度交通頻數。已非一日。而於陸地接壤之亞細亞及亞非利加內地。反閡塞而疏逖之。此其一證也。南北兩美洲之間。有巴拿馬地峽。以爲之連。亞歐非三洲之間。有地中海以爲之隔。而世界文明之起原。反以地中海爲中心點。又其一證也。

海也者。能發人進取之雄心者也。陸居者以懷土之故。而種種之繫累生焉。試一觀海。忽覺超然萬累之表。而行爲思想。皆得無限自由。彼航海者。其所求固在利也。然求之之始。卻不可不先置利害於度外。以性命財產爲孤注。冒萬險而一擲之。故久於海上者。能使其精神日以勇猛。日以高尙。此古來瀕海之民。所以比於陸居者活氣較勝。進取較銳。雖同一種族。而能忽成獨立之國民也。腓尼西亞之於猶太。葡萄牙之於西班牙。荷蘭之於德意志。是其例也。同爲希臘種。而埃倭尼亞人與獨利安人之性質迥別。同爲黃種。而中國人與日本人風氣攸殊。皆海之爲之也。太古之文明雖起於埃及與安息之間。而發揚之者實腓尼西亞與希臘人。曰瀕海之故。羅馬解紐以後。文明進步最速者厥惟意大利。曰瀕海之故。美洲新大陸開闢以來。西歐諸國之沿海岸者駸駸日進。而俄國獨瞠乎後焉。曰瀕海不瀕海之故。三大陸比較之。則亞非利加高原之地也。亞細亞高原平原交錯之地也。歐羅巴高原平原海濱三者調和適均之地也。以面積論。則歐羅巴爲五洲之殿。以海岸線論。則歐羅巴爲五洲之冠。此其於文明程度有大關係焉。今示其表如下。

	(面積)	(海岸綫)
亞細亞	一七•二一〇•〇〇〇英方里	三六•〇〇〇英里
亞非利加	一一•五〇〇•〇〇〇英方里	一七•〇〇〇英里
北亞美利加	九•〇〇〇•〇〇〇英方里	四三•〇〇〇英里
歐羅巴	三•八〇〇•〇〇〇英方里	一九•五〇〇英里

亞洲面積殆五倍歐洲。而其海岸線之長不能倍之。歐洲面積不及非洲三之一。而海岸線乃加乎其上。夫非洲人所以難進文明者何也。歐洲之陸地距海岸五百英里以外者。殆不多見。非洲則大率皆在一千英里以外也。然使海岸線雖短。而內地能有河流可便舟楫。如亞細亞之天弗里士河、臺格里士河、黃河、揚子江、恆河、印度河。南亞美利加之倭里挪哥河、亞廝遜河、拉布拉打河。北亞美利加之聖羅凌河、密士必河等。大者輪船往來可達三千英里。次者亦艨艟樓艦可以通行。則亦能補海岸之不足。其利滋溥。亞非利加則不然。雖有尼羅河、康哥河、尼叉河、潛比西河之四大流。而皆不適於交通。蓋其瀑多湍急。不許人泝流而上也。加以有大沙漠橫斷洲之南

北。絕運輸之道。而全洲四分之三屬於熱帶。其文明所以不克暢進者。實天然之缺陷使然也。

亞細亞之地理。雖似歐羅巴。然雪山之大。非亞爾布士之比。其印度半島略似意大利。然其幅員太大。幾爲大陸而非半島。其南雖有澳大利亞洲。然不如歐羅巴與亞美利加之接近。至於印度洋與地中海比較。尤相去懸絕。故亞洲東西南北各自成一小天地。而文明之競爭不起焉。波斯與印度之間。惟有一路可通。亞力山大以來用兵所通行者是也。而卡布兒之高原。又使之與西亞細亞相隔絕。若夫中國與印度之間。更無一路可適用於行軍通商者。雪山之峻嶮。常在千丈乃至千八百丈以上之高度。而帕米爾高原。盛夏積雪。故舍海路外。無可以相通之道。坐是亞細亞雖有創生文明之力。而無發揚文明之力。蓋由各地孤立。故生反對保守之惡風。抱惟我獨尊之妄見。以地理不便。故無交通。無交通故無競爭。無競爭故無進步。亞洲所以弱於歐洲。其大原在是。

於亞細亞之西。歐羅巴之南。亞非利加之北。環瀦其中央者有地中海焉。使三大陸互相接近。互相連屬。齎平原民族所孕育之文明。移之於海濱。而發揮光大之。凡交通貿易殖民用兵。一切人羣競爭之事業。無不集樞於此地中海。故觀文明傳播之大勢。亞細亞其母也。因與他二大陸隔海相接之故。一超而傳諸希臘。意大利。及羅馬併吞地中海諸國。復征服部羅羣地。乃再躍而散於歐洲之西端。及哥侖布尋得美洲。遂再奮而磅礴於南北亞美利加。其西漸之跡。歷歷可稽。豈非以地中海爲主動之原力耶。假此地中海而在東方。則文明必先東被。而開闢新世界之偉業。必將成於亞洲人之手矣。由此觀之。地理之關係於文明。有更重大於人種者矣。

以地勢言之。歐羅巴不過亞細亞附庸之一半島耳。然因其幅員不廣。故各地之聯絡交通易。而有高原。有平原。有海濱。山脈河流。經界複雜。故能分立諸國。使諸種國民角起相競。雖然其缺憾亦有一焉。則氣候嚴寒。不能自創文明是也。幸有大西洋之熱流。自墨西哥灣倒捲而向東北。使西歐諸國溫度增加。又亞非利加大沙漠。常以熱風播盪南歐。故歐羅巴氣候比諸亞洲美洲之同緯度者。寒溫迥殊。要之其地勢與地氣。皆非能自造文明者。惟受之於他方而自播殖之。發揮之。光大之。是其所長耳。

蓋文明之初發生。必在得天獨厚之地。厚者何。卽氣候溫暖。物產饒足。謀生便易是也。故歷觀古今中外。從無文明起於寒地者。前章所述之埃及印度中國巴比倫諸地。其所以能爲文明祖國者。非徒地勢使然亦地氣使然也。至如北美之墨西哥。南美之秘魯。亦爲文明先進之國。哥侖布未闢新洲以前。此二國既已斐然有文物矣。東半球文明祖國。皆居溫帶。而沿河流。此兩國則無有大河。而亦能早達者。則全以氣候之故。墨西哥在北緯二十一度。秘魯在南緯二十一度半。皆熱帶與溫帶之交也。

古代初民。無有資本。必其地之天然力極豐饒。常足償其勞力而有餘者。然後文明生焉。此義前既屢言之矣。地何以豐饒。多溼氣。多熱氣。而兩者又相和合者是也。反是則貧瘠也。兩美洲之大河。皆在東部。注於大西洋。其西部注於太平洋者無一焉。由落機與安底斯兩山脈皆偏在西部故河流者溼氣之所從出也。故西半球之溼氣。惟東部獨多。

若夫熱氣之所集。則南北美各不同。北美溼氣雖在東部。而熱氣卻在西部。東西兩海岸。其溫度相差殊甚。此不獨美洲爲然耳。卽東半球亦然。同一緯度也。而歐洲西岸與亞洲東岸大異。其故安在。蓋由南北兩冰洋與赤道下之大洋。其潮水之溫度相反。而地軸之轉。自西而東。故太平洋之潮流。繞亞澳兩洲間之羣島。北轉而達臺灣。掠日本東北。趨達美國之海岸。南轉而達卡里佛尼亞。復與赤道潮合流。大西洋之流亦然。流至墨西哥灣。爲大陸所遮。不能出與太平洋合。乃迴流沿福羅里打海岸。北轉至赫的拉岬。與北海之寒潮接。東流而達歐羅巴西岸。其北流者則環蘇格蘭挪威。使其寒氣大減焉。由是觀之。赤道下之熱流。其行於北半球者。常以大陸之東岸爲歸宿之地。此東西寒煥差異之原因也。而墨西哥正在熱流集注之區。溫度最盛。又美洲至北緯二十度以南。地勢忽縮小爲巴拿馬地峽。其形恰與埃及之卡兒的亞相彷彿。因此之故。東西兩海岸接近。全國之地味氣候。皆等於島嶼。故雖無大河。而溼氣不乏。然則北亞美利加洲溼熱兩氣。最充盛最調和者。惟墨西哥。此所以能獨優於大陸。而在十六世紀以前已有文明也。由此觀之。凡原因同者。其結果必同。雖土地遠隔。人種各殊。而天演之公例不少異也。

南美之現狀與北美異。所謂東岸寒而西岸煥者。惟北半球爲然耳。南半球則適與相反。蓋南冰洋之寒潮。繞南半球諸陸之西岸。而赤道熱流。反在其東岸也。南美洲溼熱兩氣。皆集於東方。故南美東部之土地。無論屬於熱帶溫帶寒帶者。皆極豐饒。然則文明不起於其間。又奚以故。曰溼熱之盛過度。動植物之繁殖。不可思議。人力爲天然力所壓。而不能盡其性也。夫海底有寒熱兩潮流。空中有寒熱兩風圈。皆由地軸東轉。簸盪而成。其理一也。自北緯二十八度至南緯二十八度之區。一年內凡爲東北風西南風者。各半。西人所謂貿易風也。此貿易風之經大西洋而達南美東岸也。所含大洋中水氣。遇冷而墜。大雨時行。而爲安底斯山所阻。不能越嶺而西。其雨皆灌溉於巴西之地。故巴西天然力之盛。甲於全球。雖然。以太盛之故。人力爲其所壓。惜哉。其幅員面積與歐羅全洲相埒。徒委爲蠻族之巢窟。自葡人覓得此土以來。垂四百年。非不屢欲運歐洲之文明以化被之。然其力只及於東岸。若其內地依然四百年前之故我而已。森林深而農業不進。蟲害甚而收穫難期。山高而不可登。河大而無由渡巴西所以不能孕育文明。曰惟此之故。國於巴西之西者有祕魯焉同在一大陸同在一緯度。而地勢有相逕庭者。巴西既位熱帶之溫度。而世界第一大河亞馬遜灌溉之諸小河流灌溉之貿易風之大雨灌溉之豐沃過度人力無權祕魯之地則跨有安底斯山東麓之高原於太平洋邊之海岸安底斯山之西終歲無雨又無樹木至其東麓亞馬遜河上流一帶常降雨而不過度森林亦生焉南冰洋之寒潮達其西岸調和其氣候使不過熱故南美洲中溼氣熱氣會合適宜之地惟一祕魯此所以文明早發與墨西哥同也。

以上所舉專就物質的文明而論之。若夫精神的文明與地理關係者亦不少凡天然之景物過於偉大者使人生恐怖之念想像力過敏。而理性因以減縮其妨礙人心之發達阻文明之進步者實多苟天然景物得其中和則人類不被天然所壓服而自信力乃生非直不怖之反愛其美而爲種種之試驗思制天然力以爲人利用以此說推之則五大洲之中亞非美三洲其可怖之景物較歐洲爲多不特山川河嶽沙漠等終古不變之物爲然耳如地震颶風疫癘等不時之現象歐洲亦較少於他洲故安息時代之文明大率帶恐怖天象之意宗敎之發達速於科學（成一科之學者謂之科學如格致諸學是也）迷信之勢力强於道理彼埃及人所拜之偶象皆不作人形祕魯亦然墨西哥亦然印度亦然及希臘之文明起其所塑繪之羣神始爲優美人類之形貌其宗敎始發於愛心而非發於畏心此事雖小然亦可見安息埃及之文明使人與神之距離遠希臘之文明使人與神之距離近也而希臘所以能爲世界中科學之祖國者實由於是。

卽就歐洲內論之亦有可以證明此例者歐洲中火山地震等可怖之景惟南部兩半島最多卽意大利與西班

牙葡萄牙是也。而在今日之歐洲。其人民迷信最深。教會之勢力最強者。惟此三國。且三國中。雖美術家最多。而大科學家不能出焉。此亦天然之景物與想像理性之開發有關係。一明證也。

要而論之。歐羅巴以前之文明。（謂文明未入歐洲以前即埃及安息時代是也）全恃天然界之恩惠。其得之也。非以人力。故雖能發生。而不能進步。歐洲則適相反。其天然界不能生文明。故自外輸入之文明。不可不以人力維持之。兢兢焉勲勲焉。而此兢兢勲勲之人力。即進步之最大原因也。

雖然。無亞細亞之文明。則歐羅巴之文明終不可得現。歐人忘其本而漫然譏訕亞人。非所宜也。歐人動曰。亞細亞者神權政治之巢穴。專制主義之地獄也。以此相詆。未免失當。記不云乎。物有本末。事有終始。知所先後。則近道矣。凡人羣之初起也。必有一種野蠻的自由政治之第一級。在使人脫離此等蠻性蠻習。故彼時之國家。不可不首立政府。定法律。以維持一羣之平和秩序。不可不鞏固主權。以禦外侮。而弭內亂。然則非用强力行威權。安能致此。夫惡法律雖不及善法律。然猶愈於無法律。惡政府雖不及善政府。然猶愈於無政府。故當人羣進化之第一期。但求有法律有政府而已。至其善惡優劣。暫可不問。此古今中外之所同也。歐人豈得獨非笑之。

且亞細亞之神權。其裨益於世界者固不少。彼其神權治下之文明。即今日歐美文明所從出也。歐美文明。淵源於羅馬。羅馬淵源於希臘。希臘淵源於亞細亞。（歷史家以埃及亦屬於亞細亞之範圍）又不惟古代之淵源而已。即近世之文明。亦莫不然。近世文明之所自出有四。一曰耶穌教。二曰羅馬法。三曰希臘之文學哲學。四曰中國隋唐之文明。其第一件本爲亞洲猶太之土產。經羅馬人之手而傳諸全歐者也。其第三第四兩件。自中世以來。經阿剌伯人之手而傳入者也。於近世歐洲文明進步最有大功者。曰羅盤針。藉以航海覓地。曰火器。藉以強兵衛國。曰印書術。藉以流通思想。開廣民智。而此三者。皆非歐洲人所能自發明。彼實學之於阿剌伯。而阿剌伯人又學之於我中國者也。今日歐人雖演造種種技術。還以授諸東方。亦不過報恩反哺之義。加利息以償前負耳。歐人固可輕蔑我耶。雖然今日受其報與否。又我國人所自擇矣。

人羣進化之第一期。必以專制政治為文明之母。此不獨亞洲為然。卽歐洲亦莫不然也。歐人脫神權專制之軛。行人民自由之治。亦不過在十八世紀之末十九世紀之初。距今百年間耳。亞細亞歷史之缺點。不在其昔代之行專制。而在今日之猶安於專制。不知何年何代乃脫其樊耳。夫所謂進化第一期必要專制者。其事固自有程度。其時固自有限制。苟逾其程越其限而猶用之。則不為羣益。反為羣害。勢所必然也。蓋專制之效力在使內部人民愛平和重秩序。養成其服從法律之風也。既平和矣。既秩序矣。自治之習慣既成立矣。於此時也。則政府當減縮其干涉之區域。以存人民自由之範圍。人文愈開。則此範圍愈當擴充。於是政府與人民之權限。不可不確定焉。非特禁人民之互侵自由而已。而政府亦不得自侵之。蓋人羣進化之第二期。所重者不在秩序而在進步。而欲使人民進步。必以法律保護各人之權利。使其固有之勢力。得以發達。實為第一要義。善乎斯賓塞之言也。曰、『天下事有泛言之見為惡。對言之則為善者。亦有泛言之見為善。對言之則為惡者。如專制與自由是也。專制至惡也。而在人羣進化第一期。不可不謂之善。自由至善也。而在人羣進化之第一期。不可不謂之惡。』亞細亞之所短。在徒抱文明之基礎。而不能入於進化之第二期也。而其原因由於天然之境遇所得過厚。其精神為天然力所制也。歐羅巴之所長。在經過第一期。卽入於第二期。語其事實。則自美國獨立法國革命以來。百餘年間之現象。是其明效大驗也。地理與文明關係之徵驗既若是矣。然則歐洲竟非吾亞洲所能及乎。是又不然。蓋人力則足以制天然也。彼歐洲本爲文明難發生之地。而竟發生之。則吾亞洲雖爲文明難進步之地。曷爲不可以進步。近來學術日明。人智日新。乃使亞細亞全洲。鐵路徧布。電線如織。雖喜馬拉耶之崇山。不能阻中國與印度之交通。雖比兒西亞之高原。不能塞印度內地與東西兩洋之往來。亞細亞亦將爲文明競爭之舞臺矣。人事遷移。向上未艾。或者亞非利加之沙漠。南北極之冰原。且有爛花繁錦。與各大陸國民相輝映者。未可知也。嗚呼。萬事悠悠。羣生莽莽。雖曰天命。豈非人事耶。吾友因明子之詩曰。丈夫當此湧血性。茫茫大地覽河山。不覺英雄壯志生。世之覽者。亦將有感於斯文。

飲冰室文集之十一

論美菲英杜之戰事關係於中國

百年以前。法國之革命。美國之獨立。爲全地球千古未有之大事。而我中國人。茫乎杳焉。無一人知其影響者。三十年以前。普法之戰。俄土之戰。亦爲歐洲非常之舉。而我中國人號稱先覺者。僅聞其名。若有若無。此無怪其然也。其關係實淺鮮也。三家村田舍翁。戶以內卽其小天下。雖中原逐鹿。劉與項仆。蜩螗羹沸。而彼一無所聞焉。無關係也。病痲木者。爇其手。螫其足。恬然無所痛苦焉。無關係也。夫人苟能與他人永無關係。則一身以外之事。不聞可也。國苟能與他國永無關係。則一國以外之事。不聞可也。

人類肇生之始。人之與人。國之與國。皆無關係者也。然爲生存競爭之力所驅迫。有使之不得不關係者。我不關係人。人將關係我。絕之無可絕。壅之無可壅。而關係起焉。競爭之力愈盛。則關係之界愈廣。此理與勢之無可逃者也。嗚呼。自輪船鐵路電線旣通。而地球之面積。日縮日小。而人類關係之線。亦日織日密。以今日美國與菲立賓之戰。英之與杜蘭斯哇之戰。以與前者法國革命之役。美國獨立之役。普法之役。俄土之役相比較。其事之孰大孰小。不待智者而辨矣。雖然。前事之關係於我中國者。若毫釐之微。今事之關係於我中國者。若邱山之重。試一言之。

美菲之關係中國。以其勝敗爲關係。美之搆難於菲立賓也。實美人經略亞洲之第一著也。美國自開國以來。守閉關獨立主義。不與聞他洲之事。近歲以來。爲生存競爭之力所迫。不能不伸其遠蹠於西半球之外。於是一舉而干預古巴。再舉而合併檀島。三舉而經營菲立賓。比者瓜分中國。與歐人均霑利益之議。且明見諸公文矣。今茲之役。使美國而勝。則太平洋東西岸（西岸本國東岸菲立賓）與中央（檀香山）之海權。皆歸於美國之手。美人用菲立賓以經略中國東南海岸諸省。其力不讓於歐洲列雄。而我臥榻之側。又增一虎矣。故美國而勝。可以速中國瓜分之局。此其關係者一。

菲立賓之逐西而抗美也。實我亞洲倡獨立之先鋒。我黃種興民權之初祖也。菲立賓而勝。可以爲黃種人吐氣。而使白種人落膽。且菲之統領與中國有關係。（阿圭拿度之外祖母中國人也）其將帥且多支那產焉。菲而獨立。使中國人有所觀感。其影響自及於大陸。當有不期然而然者。菲而獨立。則太平洋東岸有新興之國二。（其一日本其二菲立賓）與我中國相提攜。而爲之屏蔽。中國有豪傑起。整頓國勢。此二國者皆我援矣。合力以抵禦歐勢之東漸。歐人雖强。其能無畏。故菲立賓而勝。可以助中國獨立之勢。此其關係者又一。

英杜之關係中國。不以其勝敗爲關係。俄人之經略中國也。以西伯利亞鐵路爲最大關鍵。然其工程浩大。俄人之財力不能成之。故假之於法。法人之力猶不足以給之。故近者與英協商。又欲假之於英。英之力固足以應俄人之求者也。英一旦有戰事。今豫算戰費已三千六百萬磅有奇。其結局或尚不止此。英之國力既困於此。則二三年內未必能有其餘。以假諸俄人。如此則西伯利鐵路不能成就。此點觀之。則是役也。可以緩中國瓜分之局。此其關係者一。

雖然。俄德法之眈眈逐逐。垂涎於中國也久矣。所以不敢先發者。恐英國之議其後耳。今英有戰事。而俄法遂得乘間而猝發。俄人之於高麗之馬山浦也。於阿富汗之鐵道也。皆乘英杜之戰之影響而起者也。而法國遂亦猝然有廣州灣之事。此事之結局雖未知如何。然擒我道員。奪我兵船。勒令黜革兩廣總督。（此皆据十月十五十六日時事新報所載北京特電之言未知確否）其雲頭之獰惡。似比於德人膠州之役猶過之。頃法國爲此事特開臨時議會。或者因英人有事於非洲。不暇東顧而乘機以圖捷算。亦未可料也。如法人有異謀。俄德必緣之而起。英人救護不及。從而保有其勢力範圍而已。如此則中國之危險。有不可思議者。就此點觀之。則是役也。可以速中國瓜分之局。此其關係者又一。此兩事者。地球現時之最大問題也。各國報紙無日不記載之討論之。然我中國人關心之者。蓋少矣。其不關心也。謂其與我無關係也。而不知其關係如此其重大也。嗟乎羣雄紛紛。全局泯泯。牽者一髮。動者一身。猛虎在門。仇敵比隣。我其昏昏。人其欣欣。夫菲立賓與杜蘭斯哇。猶其小焉者也。憂國之君子。或將有感於斯文。

格致學沿革考略

吾中國之哲學、政治學、生計學、羣學、心理學、倫理學、史學、文學等，自二三百年以前，皆無以遠遜於歐西。而其所最缺者，則格致學也。夫虛理非不可貴，然必藉實驗而後得其眞。我國學術遲滯不進之由，未始不坐是矣。近年以來，新學輸入，於是學界頗談格致，又若舍是即無所謂西學者然。至於格致學之範圍，及其與他學之關係，乃至此學進步發達之情狀，則瞠乎未有聞也。故不揣檮昧，剌取羣書，草爲是篇。自愧少而失學，於兹學理例未窺一二，本論臚列若干人名、書名、年代，猶如說食已不能飽，且其漏略紕繆之處，亦知不免。雖然，亦可以省學者搜羅鈔錄之勞也。故不辭乾燥無味之誚，著而存之云爾。

著者識

導言

凡天下萬事萬物。未有突然而生者。大抵其物愈貴。則其發生也愈遲。而其發達也愈緩。學問者事物之最繁賾而高尚者也。故欲語一學問之沿革。不可不上下千古。泝端竟委。觀前此萌達之跡。爲將來進步之階。學問之種類極繁。要可分爲二端。其一形而上學。卽政治學、生計學、羣學等是也。其二形而下學。卽質學、化學、天文學、地質學、全體學、動物學、植物學、等是也。吾因近人通行名義。舉凡屬於形而下學皆謂之格致。兩者相較。其繁賾雖相等。而形而上學之高尚。更過於形而下學。故質化天地動植諸學。其釐然成一完全學科也較早。今試上下千古。述其梗概。

第一節　上古格致學史

當巴比倫人盛時（約在西曆紀元前二千年）已有度量衡。又有滴漏。其制自日出以至日沒。平分爲十二時。自日沒至日出。亦平分爲十二時。因冬夏晝晷之異。而每時之長短亦以爲差。又積多年之經驗。知每十九年則新月之生者二百三十五回。每十八年則日蝕者十一次。又能知五緯星及其運行度數云。埃及人（約紀元前二千年）之知識。比於巴比倫人所得較多。彼等能知一年之日數爲三百六十五。又積經驗。知每四年加一閏。又頗曉化學。又已作醫藥。又知以臂指爲衡量諸法。

其在歐洲。則希臘人勃興以後。拓諸多殖民地於小亞細亞沿岸。而密理圖一地。文物最盛。七賢之首。厥惟德黎 636-545 B.C. 實產於此。德氏觀察自然之現象。而推見其全體。肇創幾何學。設種種定理。以明日蝕月蝕之原因。又知摩擦琥珀使熱。則能引輕物。其弟子亞諾芝曼德 611-545 B.C. 始以日晷儀輸入希臘。因之定子午線測冬至夏至。更推算緯度。測定黃道赤道之斜率。畢達哥羅士生於小亞細亞沿海之一小島。於幾何學更加發明。又爲天文學律學地學之始祖。其言天文學也。頗知地動之說。其言律學也。知弦之長短與音之高低成比例。且推此以筭天運。其言地學也。因見陸地有介蟲之殼。而知海陸之變移。

安那薩哥拉 500-428 B. C. 雅典學派之鼻祖也。當時俗論。舉凡一切現象。皆歸諸造物者之意。安氏首翻新說。以爲悉由物理。嘗言太陽爲一大石。坐此受罰下獄。又知行星與恆星之別。及日月食之原因。同時有名希剝拉底者二人。一生於 470 B. C. 著名之數學家也。一生卒於 460-257 B. C. 著名之醫學家。而泰西所稱爲醫學初祖者也。

安那薩哥拉分物質爲無量數。而同時有與之反對之一學派出焉。稱曰阿屯派。倡自德謨頡利圖 400 B. C. 成於伊壁鳩魯 342-270 B. C. 皆言物質之數有限。而可得剖分。剖分至極微。以不可剖爲限。命之曰阿屯。

唵披鐸黎 490-430 B. C. 始分物質爲地水火風四類。其後阿里士多德 384-322 B. C. 名之曰原質。

阿里士多德。哲學大家也。雖然。其有功於格致學者亦正不少。其於天文學。知地爲球體。而測算其周徑。其於物理學。爲動力說之初祖。後儒言力爲平行四邊形。阿氏已發之矣。然其功最偉者。尤在動物學。西儒之研究動物者。雖始於湼麻安 520 B. C. 然以該博之識類分動物。實始於阿氏。彼嘗區動物爲九類。一胎生四足類。二鳥類。三卵生四足類。四鯨類。五魚類。六軟體類。七多足軟殼類。八多足蟲類。九無足有殼類。更細別之。則其所謂胎生四足類者。即今儒所謂哺乳類。雖蝙蝠亦歸其中。誠爲特識。惟鯨類以無足之故。不歸於此。然知其有肺以呼吸。且屬胎生。故別之於魚類之外。所見亦卓矣。其弟子阿芙拉士最留意於植物。實爲植物學初祖。所著植物書。與其師之動物書。同爲千餘年來之寶笈云。

自亞歷山德亞（希臘馬基頓國之國都也）學校之開。（約紀元前300至541之間）一時碩儒名宿皆集此校。試舉其略。（一）歐几里得330-275 B.C.所著幾何原本至今衣被萬國其功之高固不待言。歐氏又已知光學有直進反射兩公例。（二）亞里士特奇。310-250 B.C. 始公言地球繞日之說。且言地球斜倚於軌道之面運轉而成四季地體自轉而成晝夜。又算日之距離與月之距離之比例而詳論日月地球之半徑。（三）渥奇邁特者其數學物理學在古代皆稱第一。其所論圓橢圓拋物線等之理皆精透異常。又發明重學槓杆之定例及螺旋之原理。（四）埃拉士德辣254卒 B.C. 專格致人物之腦質。（五）里羅菲士 300-200 B.C. 稱解剖學之大家。此亞歷山德亞學校前期之名儒也。後此數百年則有（六）雅里奴士講求原數之理。（七）埃拉特士的尼 194卒 B.C. 知赤道下之地晝夜無長短之分。其各地長至之日同在某季節者。即知此兩地與赤道之距離線相等也。因名此線爲平行圈。於是作直角之線。名爲子午線因其長率以算得地球之周徑。其所測定者爲四萬六千啓羅米突與今世所算不甚相遠矣。（八）希巴奇士 200-125 B.C. 爲校中最著名之天文家測定地軸方向之變化。（九）菩德黎彌阿。與希氏齊名始以地球爲中心。以推一切天體。後世稱氏爲菩派之天文學蓋自歌白尼未出以前凡千四百年間。談天者皆祖之。菩氏又作地圖自歐洲東迄支那實爲地圖之鼻祖。（十）格底士比阿及其弟子希龍皆著名物理學大家。蓋吸氣管之用。前此阿里士多德雖已知之。至格氏始發明壓氣管之法用以壓搾空氣作新滴漏。希龍稍知重心之理。又嘗欲作汽機而未成。（十一）士特拉坡（與耶穌同時）始研究地震及火山之理其動物學亦與阿里士多德所著並傳不朽云要之上古時代之格致學史幾爲亞歷山德亞一校所壟斷及此校之學風衰。

而中古之幕開矣。

第二節　中古格致學史

自亞歷山德亞被略奪於阿剌伯其學者大半走集於君士但丁奴不（今土京也）之。雖然其時干戈雲擾。人心不靜。委心績學者寡。不過傳古人之業而已。及阿剌伯人平亞非利加之北海岸。更併吞西班牙半島。乃於哥兒多、北達、卡希拉、等處設立高等學校。大獎厲希臘學術。又於東方之印度時有取材。故學風復興。

解剖人身者阿剌伯人宗教所禁也。故其於解剖之學一無進步。雖然醫學極見重於時。希剌拉底、雅里奴士、阿里士多德、等所著書皆譯以阿剌伯文。化學天文學數學等。亦其所好。歐几里得、渥奇邁特、菩德黎彌阿等之著作亦皆有譯本。

阿剌伯人之治化學。不過欲藉之以變粗金為貴金。其起源自埃及。化學史上稱為亞爾迦米時代。其著名之化學家有迦比爾 702-765 者。云五金之屬。大率由水銀硫黃而來。金銀諸貴金多含水銀。銅鐵諸粗金多含硫黃。迦氏抱此思想。以為金屬可互相變化。其為謬誤。自不待言。但以此故設種種試驗。因以發明事實者亦不少。彼嘗熱明礬以為硫酸。又嘗以綠礬與硝石或明礬共熱之為硝酸。欲以之鍊造五金。又和合硝酸硇砂以為强水。得以試其成金與否。故醋酸雖自古已有。至乾溜木材以製之。則自亞爾迦米派始。而鹽酸製法亦創於是時。迦比爾又為蒸汽、滲漬、結晶、等種種新法。皆為後儒試驗之所資。

其天算之學。不過傳希臘舊術。無甚進步。亞爾巴的尼當時最著名之天文家也。代數之學。亞歷山德亞學校之赫布及的阿富安旣已創立。至是阿剌伯人亞爾卡里 835 復博考之於希臘印度學者。著代數學一書。久爲後世所誦法。

其在物理學則亞爾哈禁最爲名家。彼以爲善德黎彌阿所謂入射角與屈折角之比例不變云云。甚爲謬誤。乃更設定律以試驗之。又以光之從日體發來者。因有空氣隔之成爲波折。故雖日落而立於地球上者。尙能見光。其所論凹面鏡反射之理。實足爲深於幾何學之證也。

阿剌伯人之有功於博物學者。以其譯出希臘文之書傳諸歐洲。然其所自著述亦有足多者。如盧西亞希士 868 卒 以動物學名。亞拜達 1248 卒 以植物學著。雖然其能出阿里士多德之範圍者蓋寡焉。卡威尼 1283 卒 論物體以爲萬物由不完全而進於完全。先有土壤礦物。次有植物動物。次有人。而最高貴之天使最後起焉。又以呼吸者所以散身內之熱也。水中動物以水冷故。故不必有肺以主呼吸云云。當十二世紀之時。西部之阿剌伯人始以格致之學識轉輸於景教國。阿里士多德之書。由阿剌伯文重譯爲拉丁文。其著名之譯家爲米迦士噶。而亞丁赫德亦以拉丁語譯歐氏之幾何原本。其他種種之希臘學。莫不藉阿剌伯人媒介之力。次第輸進。而十字軍者亦使希臘學西行之一原因也。東西兩路夾持而進。於是新學之端緒漸開矣。

腓力特列第二好學右文。首創大學於拿布及帕亞兩地。於是數學家有黎阿拿特 1175 生 佐達奴 約 1200 化學家有羅志拿倍根 1214-1284 與近世哲學家之倍根爲兩人 倍根常曰。格致之學。必當以實驗爲基礎。又曰一切科學皆以數學爲其根實。爲後世實驗家之祖。

當時阿里士多德之學。與耶穌敎相和合。別成一種學派。有持異議者。輒目爲邪說。動見抵排。實事求是之倍根。

卒鬱鬱不得志以死。及千四百五十三年。君士但丁奴不被陷。學者抱殘守缺。逃於意大利。得見希臘原書。知前此由阿剌伯文重譯者殊多謬誤。而馬丁路得 1482-1546 亦指摘羅馬舊教之誤。於是科學革新之氣運漸至矣。雖然羅馬教皇之威權猶盛。常以苛刑峻法束縛人心。學者以倡新說致死罪者踵相接。故茲學之萌蘖。每被摧殘。然其時中國文明三利器。一曰火藥。二曰羅盤針。三曰印書術。亦已由阿剌伯人之手達於歐西。用兵航海讀書之法。皆闢一新境。其機固自不可遏矣。

於是有尼哥拉格沙者出。漸疑地動之理。以爲凡圓體之物。皆能自然運動。則球形之地。亦當常動云云。尼氏復製測量溼度表。有益於世。

哥侖布士 1451-1506 尋出阿美利加洲以來。旣有許多新奇生物。足供博物之資。而方位角變化之發明。亦實自此君始。惟伏角之變化。則哈爾特曼 1489-1564 之所發見也。

十四世紀亞爾迦米最盛之時代。考出種種物質甚衆。當時有華靈毡士者。大名鼎鼎之學者也。嘗考出「安支孟」以爲一種原質之中。有許多化合物生焉。其所說明。與近來之說不同。彼謂物質可以互相變化。又於迦比爾所定硫黃水銀兩原質之外。加以鹽爲第三原質。然則據迦比爾及華靈毡士之說。是化學一定之物質。非各自獨立。不過某種物質內。有一種特質附之耳。華靈毡士之三原質。比阿里士多德之四原質。稍爲進步。以其基於實驗者多也。

華靈毡士研究鹽類。實爲藥學時代之先河。藥學時代。以製出貴重藥品爲務者也。其專門名家。有巴拉舍呂士 1493-1541 黃耶孟德 1577-1644 彼等不特能多製藥品而已。巴氏旣能發明水質。黃氏又能發明無水炭酸。

謂凡物發酵之際而無水炭酸生焉化學上氣質之名由黃氏所命也

其在天文則自歌白尼所著天文學一書出世於是星學爲一大進步彼嘗疑勃列摩士所列之天文統系過於複雜與自然界純一美麗之公例不合因殫精覃思深考其故卒創純一統系之說以爲地球繞日周轉此其說實前者亞歷山德亞學校之學者所曾見及也彼所持論身後始公於世故得幸免於危難而信其說者尙寡此亦有故焉蓋當時未明吸力之用故人人皆疑曰地球苟常繞動則拋物於上者何以其物復墜於下乎星學大家哲可勃辣亦以此故不採其說猶以爲五緯星繞太陽而太陽繞地球此實前者利瑪竇輩所傳授中國之天文說也雖然歌白尼旣能詳細考察其說遂爲後世佸諸不拉 1546-1601 之所憑藉當時又有拿俾 1550-1617 普立俄 1556-1631 等發明對數之理以測算星學使學者事半功倍至辣因荷 1511-1617 遂採用歌白尼所定統系作星學表及法皇俄列哥里第十三爲防耶穌生日有所變亂因於一千五百八十二年改正曆學所謂俄列哥里曆是也自是所謂舊曆者唯藉俄羅斯用之僅保殘喘耳

哲可勃辣之所以反對地球繞運之說者以不審繞動之定例也至卑聶剔治 1530-1590 始證明圓體運動由於兩直線運動之結果謂物體旣欲自線之盡處離去而爲離心力又常向於中心而爲向心力者也雖然其所說尙未能使此問題了無疑義及布爾諾 1550-1600 因見自船檣上拋物向下不問其船之動定所落常在於一處遂持此例以駁哲可勃辣謂歌白尼之說顚撲不磨其引證可謂直捷明切乃當時守舊者流謂爲違背教義處以焚刑眞理與僞理不相容新學與舊學常相搏古今同慨矣

動力之定例至斯的文 1548-1620 而益發明力之爲三角形亦彼所創說也其所言流質之壓力及流質中物

體之平均皆獨有心得惜其所著書用荷蘭語故當時之人未能盛傳其說眞遺憾也。

其在光學則摩羅臘士 1494-1575 始研究光線之屈折嘗述眼球中「靈珠」之作用更釋近視遠視之理其後有達坡陀 1538-1615 亦肆力於光學者。

其在磁氣學電氣學則希爾巴 1540-1603 以地球磁石說見稱於時其所持之說後經赫松 1611卒 拔豐 1584-1626 之推論遂確定焉希爾巴知玻璃硫黃之類摩擦至熱皆可以攝取輕物名其質曰電氣其智識又比德黎進一步矣。

其時英國碩儒倍根 1561-1626 出焉嘗著一書論講求科學之方針以爲欲明眞理當自實驗始不可任意推測循臆見以武斷雖然其書未爲當時所重也。

其在生物學當阿里士多德學說披靡一世之時有欲將一切新智識融會而貫通之者三人焉曰德瑪康鎮布 1186-1263 曰亞比波士撻 1193-1280 曰文貞波威 1264卒 皆留意於物種分類有所發明而華渣里堯 1514生 以醫學聞專力解剖之術指出人類與他種動物骨骼之差異以正雅靈士之誤偶因解剖人體政府惡之將處極刑倖而得免是實新解剖學之始祖也。

家士尼 1516-1565 德國人也能通希臘拉丁法蘭西意大利英吉利語遊歷諸國查考「符羅剌」及「符歐那」始作動物標本室及植物園查驗植物之可充藥用者幾中毒死著一書詳言動物之出產情狀習慣皆得自實驗或其友人之實驗者實今世動物學之初祖也彼於植物亦盡心考究爲之分類以花與種爲基礎又嘗查地中鑛產及花岡石火成石水成石等著有專書而迦渣片士分植物爲草本木本又因種子而分爲十五類。

學者知雄花之作用。實自彼始。而精細查考。盡窺其奧。則至近世卡米拉琉始告成功。

以上敍中古格致學史竟。其時代斷自十六世紀之前半。實爲過渡時代。其於各科一定之統系。未能確立也。

第三節　近古格致學史

近古格致學。各有專門。皆不泥於舊說。大有進步。其在星學。則有卡利列 1564–1642 創造千里鏡。以上觀天象。考出木星之衞星（即繞木星之月也）又知月中有山。知天河爲衆星集合之地。知土星有光環繞之。因見太陽之黑點。而知其繞本軸自轉。遂敢犯舊教之所忌。遽將歌白尼之說。公之於世。以此獲罪下獄。後僅得免。當時又有吉布列者 1571–1630 因哲可勃辣之所測。推出三定例焉。卡利列之千里鏡。凸面「靈珠」與凹面靈珠相合而成。彼乃改用兩凸面靈珠。以便於觀測。至其身世所遇之艱難。與卡利列同慨。

卡利列不特於光學星學。能考出新理而已。彼以爲物之下墜。無論如何物體。其速率必同。因著爲拋物公例。其動力平行四邊形。亦其所創見。與葛珊智 1592–1655 笛卡兒 1596–1650 所謂慣性定例。共爲力學基礎。擺子之理。彼自少年已從事研究。後欲利用之以製鐘表。考出擺子長短與振動時刻。大有關係。其後李舍又知緯度不同者。振動時間。爲之差異。於是擺子之公式。與重力之加速度。始可得而算焉。卡利列又創造寒暑針（或曰其弟子威華尼所作或曰德列比若符辣特所發明皆非也）乃利用空氣之膨脹者。其弟子復改訂之。至時芝能第二 1610–1670 始用酒精以造流質寒暑針。

卡利列雖知空氣確有重量。而就其壓力實驗有得者。則其弟子德里舍利之力也。1608–1648 其後伯利耶因巴卡爾 1623–1662 之說而詳察之益足證明其所實驗之不誤晴雨表於是乎作。同時有培兒 1626–1691 及瑪利乙 1620–1684 考出氣質之壓力與體積凡在一定溫度之下則有一定之關係是爲壓力表之根據亞孟頓 1663–1705 考出在一定容積之下其壓力與溫度有一定之關係而空氣寒暑針益加改良至十九世紀迦婁薩及達爾頓復發明此理世人遂不復知爲亞孟頓之創作可謂數典忘其祖矣。迦婁薩嘗言是沙兒所考得者

卡利列名滿一時各國負笈從遊者日衆而最稱高足弟子者爲迦立迦 1602–1686 嘗創造空氣噴水筒又嘗作起電機知以小物投之爲其所吸復旋爲所距云。

近古格致學第一名家當推奈端稍治斯學者所能知也卡利列卒之年 1642 而奈端生住世八十五年以千七百二十七年荷學界非常之榮譽以卒奈端因吉布列之三定例闡明吸力公理而利用之以測算天體之質量又發明潮汐與吸力相關之理不特爲天算學一切之基礎而於思想界亦有絕大之影響焉又說明物質化合之理蓋奈氏以前考物質者常齗齗焉於原質之平面或凸凹面以爲於化分大有關係自奈氏出始知爲無用云。

吉布列之三定例(其一)謂各行星以太陽爲中心而成橢圓形之運動奈端演之曰行星動於中心周圍之力因其與中心距離平方爲反比例而各生差異也(其二)謂橢圓之面積與行星運動歸原之時刻成比例奈端演之曰使行星常從於其軌道之力卽所以使其常向於太陽也(其三)謂行星之距離及歸原時刻常結合於一定例之下奈端演之曰凡行星之吸力常向於太陽非有差異但因其吸力與中心之距離之差而變其形耳。

奈氏此三定例之發明。實爲百世以下言力學者所莫能難也。惟圓體運動擺子運動之法則。則其功不可不歸諸海京士 1629-1695

海京士於實用力學。勞績最著。爲創造時辰表一事。自卡利列及其弟子。屢思作時表。種種計畫。卒未能成。海京士不惟能造成懸擺之時表。而更研究彈性之作用。創爲法條之時表。而當時助其成功。發明彈性與等時性之原理者。則福喀氏 1626-1703 也。

奈端與海京士皆於光學上大有所盡力。奈端發明光之分散。有一定原則。使笛卡兒以虹證光之說。益加完備。獨其考光色分散之量。與屈折之量相比例。謂屈折望遠鏡。到底不能臻於精巧。是其謬誤也。後此荷爾及多倫德 1706-1791 嘗駁正之。其時奈端主張光之射出。海京士主張光之波動。皆與希臘時代學者所論異其撰。至十七世紀之末。射出說最有力。故奈端之盛名。終非海京士所能及也。

顯微鏡之改良。自福喀始。相傳創作之者爲顏星氏。然據卡利列所說。則一六二二年。羅馬已有其物。則其發明之在前。古可以概見。但自福喀以後。顯微望遠兩鏡之製造。皆大有進步云。

笛卡兒曾關於光之速度有所論述。至黎美爾 1644-1710 指正其誤。後五十年。復有布辣德黎者。言光之蒙氣。因以算其速率。愈得精確。而此蒙氣說。又爲地動說添一有力之論據。

寒暑表漲落之學理。至法靈海特 1686-1736 黎阿迷爾 1683-1757 沙晃 1701-1744 三氏而始大成。寒暑表之盛行。實自茲始。

三十自述

風雲入世多，日月擲人急，如何一少年，忽忽已三十。此余今年正月二十六日在日本東海道汽車中所作三十初度口占十首之一也。人海奔走，年光蹉跎，所志所事，百未一就，攬鏡據鞍，能無悲慚。擎一既結集其文，復欲爲作小傳。余謝之曰：若某之行誼經歷，曾何足有記載之一値。若必不獲已者，則人知我，何如我之自知。吾死友譚瀏陽曾作三十自述，吾毋寧效顰焉。作三十自述。

余鄉人也，於赤縣神州有當秦漢之交，屹然獨立羣雄之表數十年，用其地與其人，稱蠻夷大長，留英雄之名譽於歷史上之一省。於其省也，有當宋元之交，我黃帝子孫與北狄異種血戰不勝，君臣殉國，自沈崖山，留悲憤之記念於歷史上之一縣，是即余之故鄉也。鄉名熊子，距崖山七里强，當西江入南海交匯之衝，其江口列島七，而熊子宅其中央，余實中國極南之一島民也。先世自宋末由福州徙南雄，明末由南雄徙新會，定居焉，數百年棲於山谷。族之伯叔兄弟，且耕且讀，不問世事，如桃源中人。顧聞父老口碑所述，吾大王父最富於陰德，力耕所獲，一粟一帛，輒以分惠諸族黨之無告者。王父諱維清，字鏡泉，爲郡生員，例選廣文，不就。王母氏黎。父名寶瑛，字蓮澗，夙教授於鄉里。母氏趙。

余生同治癸酉正月二十六日，實太平國亡於金陵後十年，清大學士曾國藩卒後一年，普法戰爭後三年，而意大利建國羅馬之歲也。生一月而王母黎卒。逮事王父者十九年。王父及見之孫八人，而愛余尤甚。三歲仲弟啓勳生。四五歲就王父及母膝下授四子書、詩經。夜則就睡王父榻，日與言古豪傑哲人嘉言懿行，而尤喜舉亡宋亡明國難之事津津道之六歲後就父讀受中國略史五經卒業八歲學爲文九歲能綴千言十二歲應試學院補博士弟子員日治帖括雖心不慊之然不知天地間於帖括外更有所謂學也輒埋頭鑽研顧頗喜詞章王父父母時授以唐人詩嗜之過於八股家貧無書可讀惟有史記一綱鑑易知錄一王父父日以課之故至今史記之文能成誦八九父執有愛其慧者贈以漢書一姚氏古文辭類纂一則大喜讀之卒業焉父慈而嚴督課之外使之勞作言語舉動稍不謹輒呵斥不少假借常訓之曰『汝自視乃如常兒乎』至今誦此語不敢忘十三歲始知有段王訓詁之學大好之漸有棄帖括之志十五歲母趙恭人見背以四弟之產難也余方游學省會而時無輪船奔喪歸鄉已不獲親含殮終天之恨莫此爲甚時肄業於省會之學海堂堂爲嘉慶間前總督阮元所立以訓詁詞章課粵人者也至是乃決舍帖括以從事於此不知天地間於訓詁詞章之外更有所謂學也己丑年十七舉於鄉主考爲李尙書端棻王鎭江仁堪年十八計偕入京師父以其穉也挈與偕行李公以其妹許字焉下第歸道上海從坊間購得瀛環志略讀之始知有五大洲各國且見上海製造局譯出西書若干種心好之以無力不能購也

其年秋始交陳通甫通甫時亦肄業學海堂以高才生聞既而通甫相語曰吾聞南海康先生上書請變法不達新從京師歸吾往謁焉其學乃爲吾與子所未夢及吾與子今得師矣於是乃因通甫修弟子禮事南海先生時余以少年科第且於時流所推重之訓詁詞章學頗有所知輒沾沾自憙先生乃以大海潮音作師子吼取其所挾持之數百年無用舊學更端駁詰悉舉而摧陷廓淸之自辰入見及戌始退冷水澆背當頭一棒一旦盡失其故壘惘惘然不知所從事且驚且喜且怨且艾且疑且懼與通甫聯牀竟夕不能寐明日再謁請爲學方針先生

乃教以陸王心學而並及史學西學之梗概。自是決然舍去舊學。自退出學海堂。而間日請業南海之門。生平知有學自茲始。

辛卯余年十九。南海先生始講學於廣東省城長興里之萬木草堂。徇通甫與余之請也。先生爲講中國數千年來學術源流歷史政治沿革得失。取萬國以比例推斷之。余與諸同學日劄記其講義。一生學問之得力皆在此年。先生又常爲語佛學之精奥博大。余夙根淺薄。不能多所受。先生時方著『公理通』『大同學』等書。每與通甫商榷。辨析入微。余輒侍末席。有聽受無問難。蓋知其美而不能通其故也。先生著新學僞經考。從事校勘。著孔子改制考。從事分纂。日課則宋元明儒學案二十四史文獻通考等。而草堂頗有藏書。得恣涉獵。學稍進矣。其年始交康幼博。十月入京師。結婚李氏。明年壬辰。年二十。王父棄養。自是學於草堂者凡三年。

甲午年二十二。客京師。於京國所謂名士者多所往還。六月日本戰事起。惋憤時局。時有所吐露。人微言輕。莫之聞也。顧益讀譯書。治算學地理歷史等。明年乙未。和議成。代表廣東公車百九十人上書陳時局。既而南海先生聯公車三千人上書請變法。余亦從其後奔走焉。其年七月。京師强學會開。發起之者爲南海先生。贊之者爲郎中陳熾。郎中沈曾植。編修張孝謙。浙江溫處道袁世凱等。余被委爲會中書記員。不三月。爲言官所劾。會封禁。而余居會所數月。會中於譯出西書購置頗備。得以餘日盡瀏覽之。而後益斐然有述作之志。其年始交譚復生。楊叔嶠。吳季清鐵樵子發父子。

京師之開强學會也。上海亦踵起。京師會禁。上海會亦廢。而黄公度倡議續其餘緒。開一報館。以書見招。三月去京師。至上海。始交公度。七月。時務報開。余專任撰述之役。報館生涯自茲始。著變法通議。西學書目表等書。其冬公度簡出使德國大臣。奏請偕行。會公度使事輟。不果。出使美日祕大臣伍廷芳復奏派爲參贊。力辭之。伍固請。許以來年往。既而終辭。專任報事。丁酉四月。直隸總督王文韶湖廣總督張之洞大理寺卿盛宣懷連銜奏保有旨交鐵路大臣差遣。余不之知也。既而以箚來黏奏摺上諭焉。以不願被人差遣辭之。張之洞屢招邀。欲致之幕府。固辭。時譚復生宦隱金陵。間月至上海。相過從。連輿接席。復生著仁學。每成一篇。輒相商榷。相與治佛學。復生所以砥礪之者良厚。十月。湖南陳中丞寶箴江督學標聘主湖南時務學堂講席。就之。時公度官湖南按察使。復生亦歸湘助鄉治。湘中同志稱極盛。未幾。德國割據膠州灣事起。瓜分之憂。震動全國。而湖南始創南學會。將以爲地方自治之基礎。余頗有所贊畫。而時務學堂於精神教育亦三致意焉。其年始交劉裴邨林暾谷唐紱丞。及時務學堂諸生李虎村林述唐田均一蔡樹珊等。

明年戊戌。年二十六。春大病幾死。出就醫上海。既痊。乃入京師。南海先生方開保國會。余多所贊畫奔走。四月。以徐侍郎致靖之薦。總理衙門再薦。被召見。命辦大學堂譯書局事務。時朝廷銳意變法。百度更新。南海先生深受主知。言聽諫行。復生暾谷叔嶠裴邨以京卿參預新政。余亦從諸君子之後。黽勉盡瘁。八月政變。六君子爲國流血。南海以英人仗義出險。余遂乘日本大島兵艦而東。去國以來。忽忽四年矣。

戊戌九月至日本。十月與橫濱商界諸同志謀設清議報。自此居日本東京者一年。稍能讀東文。思想爲之一變。己亥七月。復與濱人共設高等大同學校於東京。以爲內地留學生預備科之用。卽今之清華學校是也。其年美洲商界同志始有中國維新會之設。由南海先生所鼓舞也。冬間美洲人招往遊。應之。以十一月首途。道出夏威夷島。其地華商二萬餘人相繫留。因暫住焉。創夏威夷維新會。適以治疫故。航路不通。遂居夏威夷半年。至庚子六月方欲入美。而義和團變已大起。內地消息。風聲鶴唳。一日百變。已而屢得內地函電。促歸國。遂回馬首而西。比及日本。已聞北京失守之報。七月急歸滬。方思有所效。抵滬之翌日。而漢口難作。唐林李蔡黎傅諸烈先後就義。公私皆不獲有所救。留滬十日。遂去適香港。既而渡南洋。謁南海。遂道印度。游澳洲。應彼中維新會之招也。居澳半年。由西而東。環洲歷一周而還。辛丑四月。復至日本。

爾來蟄居東國。忽又歲餘矣。所志所事。百不一就。惟日日爲文字之奴隸。空言喋喋。無補時艱。平旦自思。只有慚悚。顧自審我之才力。及我今日之地位。舍此更無術可以盡國民責任於萬一。茲事雖小。亦安得已。一年以來。頗竭綿薄。欲草一中國通史。以助愛國思想之發達。然荏苒日月。至今猶未能成十之二。惟於今春爲新民叢報。冬間復創刊新小說。述其所學所懷抱者。以質於當世達人志士。冀以爲中國國民遒鐸之一助。嗚呼。國家多難。歲月如流。眇眇之身。力小任重。吾友韓孔广詩云。舌下無英雄。筆底無奇士。嗚呼。筆舌生涯。已催我中年矣。此後所以報國民之恩者。未知何如。每一念及。未嘗不驚心動魄。抑塞而誰語也。

孔子紀元二千四百五十三年壬寅十一月任公自述。

（附）我之爲童子時

我所愛之童子乎。汝若不知我爲誰。問汝先生及汝父兄。或能告汝。汝欲聽我爲童子時之故事乎。我大半忘記。所記一二。請以語汝。

我爲童子時。未有學校也。我初認字。則我母教我。直至十歲。皆受學於我祖父。我父我祖父母及我父母皆鍾愛我。幷責罵且甚少。何論鞭撻。然我亦嘗受鞭三次。至今猶歷歷可記。汝等願聞此老受鞭之故乎。

我家之敎。凡百罪過。皆可饒恕。惟說謊話。斯不饒恕。我六歲時。不記因何事忽說謊一句。所說云何。亦已忘却。但記不久卽爲我母發覺。時我父方在省城應試也。晚飯後。我母傳我至臥房。嚴加盤詰。我一入房。已驚駭不知所措。蓋我母溫良之德。全鄉皆知。我有生以來。只見我母終日含笑。今忽見其盛怒之狀。幾不復認識爲吾母矣。我母命我跪下受考問。我若矢口自承其罪。則此鞭或遂逃却。亦未可知。無奈我忽睹母威。倉皇失措。妄思欺飾以霽母怒。汝等試思。母已知我犯罪。然後發怒。豈復可欺飾者。當時我以童子無識。出此下策。一何可笑。汝等勿笑。可憐我穉嫩溫澤之軀。自出胎以來。未嘗經一次苦楚。當時被我母翻伏在膝前。力鞭十數。我母當時敎我之言甚多。我亦不必一一爲汝等告。但記有數語云。『汝若再說謊。汝將來便成竊盜。便成乞丐。』汝等試思我母之言。得毋太過否。偶然說句謊話。何至便成竊盜。便成乞丐。我母旋又敎我曰。『凡人何故說謊。或者有不應爲之事。而我爲之。畏人之責其不應爲而爲也。則謊言吾未嘗爲。或者有必應爲之事。而我不爲。畏人之責其應爲而不爲也。則謊言吾已爲之。夫不應爲而爲。應爲而不爲。已成罪過矣。若己不知其爲罪過。猶可言也。他日或自能知之。或他人告之。則改焉。而不復如此矣。今說謊者。則明知其爲罪過而故犯之也。不惟故犯。且自欺欺人。而自以爲得計也。人若明知罪過而故犯。且欺人而以爲得計。則與竊盜之性質何異。天下萬惡。皆起於是矣。然欺人終必爲人所知。將來人人皆指而目之曰。此好說謊話之人也。則無人信之。旣無人信。則不至成爲乞丐焉而不止也。』我母此段敎訓。我至今常記在心。謂爲千古名言。汝等試思此爲名言否耶。最可憐者。我伯姊陪我長跪半宵。猶復獨哭一夜。伯姊何爲哭。懼我父知之。我所受鞭扑。更甚於今夕也。雖然。我伯姊之懼徒懼矣。我母愛我甚。且察我已能受教。遂未嘗爲我父言也。嗚呼。吾母棄養將三十年矣。吾姊即世亦且十年。吾述此事。吾涕沾紙矣。汝等有母之人。須知天下愛我者。無過於母。而母之教訓。實不易多得。長大而思母訓。恐母不我待矣。

敬告留學生諸君

某頓首。上書於所最敬最愛之中國將來主人翁留學生諸君閣下。某聞人各有天職。天職不盡。則人格消亡。今日所急欲提問於諸君者。則諸君天職何在之一問題是也。人之天職本平等也。然被社會之推崇愈高者。則其天職亦愈高。受國民之期望愈重者。則其天職亦愈重。是報施之道應然。不得以尋常人爲比例而自諉者也。今之中國岌岌矣。朝廷有欲維新者。則相與咨嗟焦慮。曰噫無人才。民間有欲救國者。則相與咨嗟焦慮。曰噫無人才。今靡論所謂維新救國者。其果出於眞心否。乃若無人才則良信也。既無現在之人才。固不得不望諸將來之人才。則相與矯首企踵。且祝且禱曰。庶幾學生乎。庶幾學生乎。此今日舉國有志之士所萬口一喙。亮亦諸君所熟聞也。夫以前後一二年之間。而諸君之被推崇受期望也。忽達於此高度之點。是一國最高最重之天職。忽落於諸君頭上之明證也。諸君中自知此天職者固多。其未知之者當亦不乏。若其未知也。則某欲諸君自審焉。自認焉。若其已知也。則某有欲提出之第二問題。即諸君之天職爲何等之天職是也。某竊以爲我國今日之學生。其天職與他國之學生則有異矣。何也。彼他國者。沐浴先輩之澤。既已得有鞏固之國勢。善良之政府。爲後輩者。但能盡國民分子之責任。循守先業。罔使或墜。因於時勢。爲天然秩序之進步。斯亦足矣。我國不然。雖有國家。而國家之性質不具。則如無國家。雖有政府。而政府之義務不完。則如無政府。故他國之學生所求者。學而已。中國則於學之外更有事焉。不然。則學雖成。安所用之。譬之治生。然彼則藉祖父之業。有土地。有會社。有資本。爲子弟者但期練習此商務才足矣。我則錢不名一。地無立錐。雖讀盡斯密亞丹約翰彌勒之書。毋亦英雄無用武地耶。謂余不信。請罄其說。今諸君所學者。政治也。法律也。經濟也。武備也。此其最著者也。試思生息於專制政體之下。而公等挾持所謂議會制度責任內閣制度地方自治制度等種種文明之政治。將焉用之。以數千年無法律之國。僅以主權者之意爲法理。主權者之口爲法文。權利義務。不解爲何物。而公等挾持浩如煙海之民法刑法商法刑事訴訟法。將焉用之。全國利權。既全歸他族之手。此後益刳割餽遺而未有已。官吏猛於虎狼。工商賤於螻蟻。而公等挾持所謂經濟學經濟政策。將焉用之。朝野上下。以媚外爲唯一之手段。其養兵也。不過防家賊耳。居今日之中國。而爲軍人。舍屠戮同胞外。更無他可以自效。而公等以軍國民自命。挾持此等愛國敵愾之尙武精神。將焉用之。自餘諸學。莫不皆然。由是觀之。諸君學成之後。其果有用耶。其果無用耶。同一不龜手之藥。或以封。或不免於洴澼絖。吾見夫今日中國之社會。諸君亦洴澼絖焉耳。苟不欲爾者。則除是枉其所學以求合者也。枉其所學以求合。殆非諸君意也。於是乎不龜手之藥。乃瓠落而無所容。某竊嘗爲諸君計矣。諸君於求學之外。不可不更求可以施演所學之舞臺。舊舞臺而可用也。則請諸君思所以利用其舊者。舊舞臺而不可用也。則請諸君思所以築造其新者。一言蔽之。則毋曰吾積所學以求當道者之用我。而必求吾有可以自用之之道而已。此實諸君今日獨一無二之天職。而歐美日本之學徒所不必有事者也。乃諸君中或有僅以閉戶自精。不問時事。爲學者唯一之本分。是吾所未解一也。某以爲諸君之在他日。非有學校外之學問。不足以爲用於中國。其在今日。非求學問之程度。倍蓰於歐美日本人。不足以爲用於中國。他日之事且勿論。今日之事。問果能有倍蓰於人者乎。靡論倍蓰也。平等焉且無有矣。靡論平等也。半之焉且無有矣。夫諸君今日於學初發軔也。吾又安敢以他人數十年之學力遽責望於新學之青年。然立夫今日以指將來度卒業之後能倍蓰之乎。能平等之乎。能半之乎。是不可不自審而自策勵也。僅平等之猶不足以爲用。乃諸君中或有學未半他人而沾沾然有自滿之色。是吾所未解又一也。諸君其勿妄自菲薄。猥與本國內地老朽之徒校短長也。彼老朽者。靡特諸君今日之學足以傲之。雖摭拾一二報紙之牙慧。亦可以爲腐鼠之嚇焉矣。諸君自思其受社會之推崇期望者。視彼輩何如。顧乃以僅勝於彼而自豪也。閉門以居雄長婢僕。勇士其羞之矣。今諸君立於世界競爭線集注之國。又處存亡絕續間不容髮之時。其魄力非敢與千數百年賢哲挑戰。不足以開將來。其學識非能與十數國大政治家抗衡。不足以圖自立。豈乃爭甲乙於一二學究。賣名聲於區區鄉曲也。某聞實過於名者安。名過於實者危。成就過於希望者榮。希望過於成就者辱。此某所日夜自悚懼而深願與諸君共之者也。諸君之被推崇受期望既已如彼矣。他日卒業歸國。則我國民之秀者。其必列炬以燭之。張樂以迓之。舉其生平所痛苦所願望。而一以求解釋於諸君。諸君中之眞成就者。吾知其必有以應也。而不然者。虛有其表。摭拾一二口頭禪語。傲內地人以所不知。內地人寧能測焉。則從而神明之。彼亦久假不歸。忘其本來。侈然號於衆曰。吾之學自海外來也。愈被崇拜則愈滿盈。愈滿盈則愈恣肆。甚者則弁髦道德。立身行己處處授人以可議之地。及數月數年以後。與彼眞成就者相形見絀。破綻盡露。則後此之非笑有數倍於前此之名譽者矣。損一人之名譽猶可言也。或者不察。乃曰吾曩昔所崇拜所期望之留學生。乃亦如是而已。而使一團體之聲價爲之頓減焉。則是障礙我國進步之前途。豈淺尠也。某願諸君於今日而先圖所以自處也。抑猶有欲陳者。內地人之崇拜諸君期望諸君也。重個人乎。重團體耳。何以知其然也疇昔未嘗無學生疇昔之學生未嘗無英秀者而顧不見重則今之所以重重此葱葱鬱鬱千數百人有加無已之團體明也既以是見重則諸君所以自重者宜如何於此點三致意焉殆無俟旁觀之詞費也而至今未能於精神上結一完全鞏固之法團此吾所不解又一也今形式上之團則既有之矣雖然團之所恃以結集非形式而精神也夫人之地位各不同人之經歷各不同人之希望各不同以千數百之人而欲使有同一之精神吾固信其難也雖然有鏈而結之者一物焉則諸君皆帶有同一之天職是也天職既同所以求盡此天職者其手段雖千差萬別而精神皆可以一貫故某以爲今日諸君所急者在認定此天職講明此天職而已苟不自知其天職或知矣而甘自放棄焉雖形式上日日結集猶之無益也今諸君中或主溫和或主激烈或慕爲學者而孳孳伏案或慕爲政治家而汲汲運動凡此皆可以爲盡我天職達我目的之一手段一法門也人之性質各不同人之境遇各不同我之所能他人未必能我之所宜他人未必宜而凡一團體之所以有力必恃其中種種色色之人莫不皆有各盡其才各極其用所謂同歸而殊途一致而百慮善之大者也但求同歸但求一致不必以途之殊慮之百爲病也而諸君或以手段之差別而互相非焉此吾所不解又一也嘻吾知之矣其相非者以爲必如我所持之主義所由之手段乃可盡其天職而他則爲天職之蟊賊也以某計之諸君所以盡此天職者必非可以一途而滿足大黃芒硝時亦療病矣間諜藥引時亦需人矣竹頭木屑時且爲用矣而何必自隘以自水火也故苟以他人爲未解此天職也則苦口而强聒之熱心而發明之諸君之責也從而怒之從而排之吾未見其有利也凡欲就大業者莫急於合羣此諸君所同認矣然合羣之道有學識者易無學識者難同一職業者易不同一職業者難同一目的者易不同一目的者難諸君同在學界同爲青年同居一地同一天職其學識之

程度亦當不甚相遠。此而不合羣。則更無望他羣之能合矣。外人之誚我中國也。曰灘邊亂石。曰一盤散沙。某深望諸君一雪此言。組織一嚴格完備堅固之團體。以爲國民倡也。某聞奧大利人之能逐梅特涅也。曰由學生。意大利人之能退法軍也。曰由學生。俄羅斯人之能組織民黨也。曰由學生。今日全地球千五百兆人中。其個人之權力最大者。宜莫如俄皇矣。俄皇他無所畏。而惟畏學生。畏者何。畏其團體也。故雖謂學生團體爲世界無上之威權可也。諸君之天職不可不盡也。既若彼。其勢力之可以利用也又若此。此而自放棄焉。以伍於尋常人。某不得不爲諸君惜也。抑某聞之。天下惟盡義務者爲能享權利。諸君毋曰吾黨千數百人中。其能提挈是而擴張是者。不知幾何。吾一人無足重輕焉。羣者衆人之積也。一人放棄其義務。則羣之力量減其一。十人放棄其義務。則羣之力減其十。如是則其羣終爲人弱而已。某見夫內地志士。疇昔屬望於學生團體最殷者。今則漸呈失望之色有焉矣。某敢信諸君必非辜天下之望者。然其望之也愈益切。則其責之也愈益嚴。責之也愈益嚴。則其失望也愈益易。某願諸君日採輿論爲監史。而因以自課也。某所欲爲諸君忠告者殆盡於此矣。雖然。猶有重要之一言。某以爲中國今日不徒無才智之爲患。而無道德之爲患。朝廷所以日言維新而不能新者。曰惟無道德。故民間所以日言救國而不能救者。曰惟無道德。故今日諸君之天職。不徒在立國家政治之基礎而已。而又當立社會道德之基礎。諸君此之不任。而更望諸誰人也。任之之道奈何。曰其在他日。立法設教。著書演說。種種手段。吾且不必豫言。其在今日。則先求諸君之行誼品格。可以爲國民道德之標準。使內地人聞之。以爲眞摯勇敢厚重慈愛者。海外之學風也。從而效之。毋以爲輕佻涼薄驕慢放浪者。海外之學風也。從而效之。由前之說。則海外學風。將爲一世功。由後之說。則海外學風。將爲一世罪。嗚呼。三十年前之海外學風。其毒中國也至矣。彼輩已一誤。

某祝諸君毋再誤也。若夫有借留學爲終南捷徑、語言文字、一八股也、講堂功課、一苞苴也、卒業證書、一保舉單也、若是者非徒汚辱學生之資格而已、且汚辱國民之資格、莫此爲甚也、亡中國之罪魁、舍彼輩莫屬矣。某祝諸君中無此等人、苟其有之、則某之言非爲彼輩言也。凡茲所陳、諒諸君所熟知、顧不避駢枝而縷縷有所云者、昔吳王常使人呼其側曰、夫差而忘越人之殺而父乎、則應曰不敢忘、南泉大師常使人呼其側曰、主人翁常惺惺否、則應曰常惺惺。蓋晨鐘遒鐸、固有發人深省者焉。竊附斯義、聒諸君之側而進一言、儻願聞之。某頓首

敬告當道者

某頓首上書於國民公僕當道諸君閣下、某今者欲有所陳說於諸君、而先冠以『公僕』二字之名詞、諸君勿以某爲相褻也。某聞美國大總統下敎書於國中、必於其名之前冠以 Servant 字樣、譯言『僕人』也。凡以公事致書於人民、其自署名處、必曰 Your servant……… 譯言『君之僕某某』也。泰西各國大臣及公使皆稱 Minister 亦服役之意也。夫美國今日最強盛文明之國也、大統領代表一國主權之人也、而其所以自稱者乃若是、若是乎某之非以此名相褻也明矣。某常言人各有天職、若此二字者、正諸君之天職、而某所欲敷衽陳詞者、舍此亦更不能進一解也。某竊計諸君中其無心肝無腦筋者、固十之八九、其非無心肝非無腦筋者、猶十之一二、彼無心肝無腦筋者、吾蓋不屑與之言、吾之言殆亦彼之所不屑聽也。雖然以大多數之腐敗、而並其少數之可與言者而決絕之、非士君子、吾故欲爲諸君中之稍有心肝稍有腦筋者進一言。

某竊覩一二年以來、諸君中仰首伸眉言維新言改革者踵相接、吾不禁躍然以喜、乃日日延頸以企、拭目以俟、

一一詳考諸君所行維新改革之實際吾不禁盡然以憂此一喜一憂諒非獨某一人之私言當亦舉國之所同感矣顧吾所最不解諸君之日日爲此言者其果何所爲耶爲富貴耶君既有之爲權力耶君既尸之爲買洋人之歡心耶則縱拳之首領今猶可靦然握一國之實權而諸君何有也爲結人民之聲望耶諸君心目中恐未必以輿論爲可敬可畏可奉承也吾意諸君必有答我之一言曰『出於愛國心』某平心論之諸君之所以言維新言改革者其原因甚複雜不可一概論而愛國心亦當與居一焉諸君而既略有此心也且自言有此心也則吾將與諸君論愛國之道

某聞改革者以實不以文以全不以偏以決斷不以優柔苟文而不實偏而不全優柔焉而不斷則未有不爲大亂之階者也謂余不信請讀世界史昔者英王查理士第一嘗改革矣當千六百二十八年批准『權利請願』The Petitions of Right 予民以權後乃背之十一年不開國會民乃大憤國會軍起克林威爾振臂一呼全國響應卒俘查理士而戮之改立共和政治英國長期國會之革命實查理士第一之僞改革爲之也昔者法王路易第十六嘗改革矣卽位之始下詔更新百度當千七百九十二年盡罷斥誤國舊臣而代之以民黨名士組織政府然而優柔不斷彌縫爲務羅蘭夫人瞋目一喝新政府紛紛辭職卒乃帝后對簿貴族駢首白虹貫日紅血成河演出有史以來空前絕後之慘劇法國之大革命實路易第十六之僞改革爲之也昔者奧王腓的南第五嘗改革矣當一千八百四十八年許匈加利自治其民間志士所擬改革案悉予裁可予之以自立政府之權乃未幾而悔之陰煽其民使自相鬩冀收漁人之利卒乃內亂蠭起全國彫敝終失其國權之大半與大利之擾亂實腓的南佛蘭西士兩代之僞改革爲之也昔者意大利之諸侯王嘗改革矣當千八百四十六年羅馬教皇皮

阿士第九。改政體。開會議。頒憲法。而達士卡尼倫巴的諸王。及其餘諸小國。爭躡繼之大改行政制度。然皆迫於不得已耳。事過境遷。則食言而肥。腐敗猶昔。卒爲公敵所鉗制者數十年。待撒的尼亞之四傑起。始復見天日。而諸小國之王統俱絕矣。意大利諸侯王所以滅亡。羅馬教皇權力所以墜地。皆由其僞改革之爲之也。昔者日本大將軍德川氏嘗改革矣。天保十二年（道光二十一年）水野越前守執政。更張百度。法令如雨。其後幕府末葉。而阿部伊勢井伊直弼。猶支持危局。條理整然。徒以不順輿情。所改革者偏而不全。卒至國論洶湧。浮浪四起。三百年幕府之威嚴。掃地以盡。德川氏之亡。皆由其末葉諸臣之僞改革爲之也。昔者俄皇亞歷山大第二嘗改革矣。千八百六十一年。下詔放免奴隸。越三年開地方議會。令民選議員。又改司法制度。全國耳目一新。徒以臣下奉行不力。有名無實。民心大怨。於是虛無黨始起。而皇卒以刺死。俄國虛無黨之猖獗。實亞歷山大第二時代之僞改革爲之也。由此言之。僞改革之成效。章章可覩矣。吾有一言。敢斷言之而不疑。曰『僞改革者革命之媒。自古及今。天下萬國。未有能避者也。』今試問諸君之所謂改革者。其有能如英王之許民以權利。奧王之許民以自治者乎。無有也。其有能如路易十六時代盡退位以讓賢路者乎。無有也。其有能如意大利諸國發布憲法者乎。無有也。其有能如俄皇之開地方自治者乎。無有也。其有能如水野越前井伊直弼之鞠躬盡瘁。百廢具舉者乎。無有也。質而論之。則諸君所謂改革者。以視吾前所列舉諸國。其程度殆尚下十數等。而未有已也。而彼諸國者。以十數倍於諸君之改革。徒以文而不實。偏而不全。優柔而不決斷。而其改革之結果。遂不免若此。嗚呼諸君。諸君可以鑒矣。

諸君而欲以此道愛國也。則某爲諸君計。莫如勿談改革。何也。勿談改革。則革命之風潮。猶不至如是其速也。吾語及此。吾不得不服剛毅。剛毅當戊戌五六月間。皇上言改革。舉朝言改革。民間紛紛言改革。而彼獨悍然曰。吾嘗不改革。何其强立也。剛毅嘗言學堂爲養漢奸之地。何其聰明也。夫學堂則何至養漢奸。然使諸君而眞改革也。則學堂中人皆爲諸君用。使諸君而僞改革也。則學堂中人皆爲諸君敵焉矣。此乃剛毅所謂漢奸也。夫敵守舊敵也。敵僞維新亦敵也。剛毅知其將爲敵而鋤之。諸君不知其將爲敵而養之。則諸君之智不如剛毅遠矣。然則諸君今日而師法剛毅可乎。曰是惟諸君。雖然吾有以知諸君之不敢。且有以知諸君之不能也。今者中國改革之動力。非發自內而發自外。自哥侖布開闢新陸以來。麥志倫周航全球以後。世界之風潮由西而東。愈接愈厲。十八九世紀所演於歐美之壯劇。勢必趨而集於亞東。天之所動。誰能靜之。豈惟諸君。雖周公管仲復起。其無奈此風潮何也。利而導之。則功成焉。名立焉。國家安焉。逆而拂之。則身敗焉。名裂焉。國家危焉。剛毅之術。是見洪水之來而欲堙之搏之也。其勢必橫決而倒行。今者諸君之術。則築短堤柔堤以障之也。其勢非泛溢而出焉。則刷落而潰焉。其無救於時一也。嗚呼諸君。諸君可以擇矣。

西人有恆言曰。『改革之業。如轉巨石於危崖。非達其目的地則不止。』至哉言乎。天下大勢不動則已。動則未有能靜者也。諸君既無力以制之於先。使動機不發。既發矣。而袖手觀之。時而以間接之力助之。又時而以直接之力排之。某以爲諸君之失計。莫此爲甚。今日迫於內者之有改革。猶四五十年前迫於外者之有通商也。彼其時持閉關絕市之論者有人矣。使果其能閉之能絕之。不亦善乎。而大勢固不許爾爾。千回百折。而遂不得不出於通商。夫通商則何害。而當時之人若曰。『爲見迫於萬不得已而姑通商焉。通其一二以謝外人足矣。』此一念乃其所以爲害也。今之改革亦然。諸君若能制改革之論。使永不能起。則以數千年來之政體治天下。何嘗不可以小康。而大勢固不許爾爾。千回百折。而遂不得不出於改革。夫改革則何害。而諸君若曰。『吾見迫於萬不得已而姑改革焉。改其一二以掩耳目足矣』此一念乃其所以爲害也。諸君毋以國民爲易欺也。易制也。譬有人於此。生而置諸闇室之中。未嘗一見天日。則亦相與習而安焉。若開一窗隙。使之窺見外界之森羅萬象焉。而復從而閉之。甚者導之一度出游。使之領略良辰美景大塊文章之滋味。而復從而錀之於此。而猶不毀瓦破壁以思突出者。吾未之聞也。今中國之窗隙既已開矣。諸君之所望改革者。且導之一出游矣。而今猶欲再扃之再幽之。其可得耶。其可得耶。願諸君熟思之。

詩曰。鼓鐘於宮。聲聞於外。孔子曰。草上之風必偃。感召之理。有不期然而然。且毫無所假借者。竊嘗靜觀之。我國民間破壞之思想。起點不過數年。而波折者亦數次。甲午敗後。迫於國恥。憤於朝局。異論始起。至膠威旅大割據時而漸盛。及戊戌百日維新。莫不拭目望治。顒顒焉矣。戊戌政變。天下失望。破壞主義又起。至己亥立儲而愈盛。至庚子縱拳而極盛。出狩居鄭之後。忽下罪己之詔。布更始之諭。人心又一靖。疇昔之主破壞者。皆戢然般然若有無限希望。及回鑾後。一脫假面而直回復以守光緒二十四年以前之舊。於是天下絕望於政府。而破壞之思想復大起。大抵愈波折一次。則其思想之傳布也愈廣遠。而其蘊蓄也愈劇烈。諸君知之乎。今也諸君之言論行事。既已不爲國民所信矣。曰。『是將餂我焉。是將圈我焉。吾此後終不能倚賴彼等以再造我國。吾毋寧自爲計也。』嗚呼。諸君諸君。此論今徧國中矣。謂余不信。其何不聽輿人之誦也。而況乎過此以往。其日劇日亟。更不知其所終極也。

諸君勿以國民爲好亂也。觀吾所述前此數次之波折。而知今日舉國人忽懷此思想者。非國民自發起之。而諸君實孕育之也。夫既爲國民矣。則豈其亂之是好。苟其無愛國心者。則何不飽食焉。晝寢焉。嬉游焉。遂什一以自封殖焉。叩侯門以求貴顯焉。擁嬌妻美妾以極耳目之欲焉。而何必哀哀長號。汗且喘走天下。舍人生之娛樂。而冒萬險犯萬難。以言非常之言。事非常之事也。苟其有愛國心者。則必欲其國之安而不危也。治而不亂也。又豈樂流千萬人之血。招數十國之忌。而易其將來不可必得之業哉。毋亦見夫以今日之當道處今日之時局。更閱歲年。而無形有形之瓜分。遂終不可免。忍之無可忍。望之無可望。不得不思鋌而走險也。夫意大利之瑪志尼。法蘭西之羅蘭夫人。日本之吉田松陰。豈非近世破壞家之最激烈者耶。然瑪志尼固嘗上書於撒的尼亞王矣。羅蘭夫人固嘗譏麵包亂黨爲輕暴矣。吉田松陰固嘗持公武合體之論也公武合體者當時之一名詞也公指王室武指幕府也合體者調停其天皇與大將軍之間也矣。使阿爾拔路易第十六井伊直弼之改革。而能使瑪志尼羅蘭夫人吉田松陰躊躇滿志也。吾信其不惟盡化其激烈危險之手段。而且必大有所贊助於彼等。有斷然也。而竟使之若此。是豈瑪氏羅氏吉田氏之所欲也。其揮淚飲血之苦。誰則知之。宋華元之言曰『過我而不假道。鄙我也。鄙我亡也。殺其使者必伐我。伐我亦亡也。亡一也。不如殺之。』吾見今日志士。其拚於存亡孤注一擲之思想。有類於是。此實世變最慘最劇之現象。而戎首之咎。諸君實尸之。諸君如全無心肝。全無腦筋也。吾則何責焉。若稍有一二者。是安可以不深長思也。吾度諸君之意必曰『是區區者何足慮。吾力足以禁壓之夷滅之。』嘻。諸君誤矣。吾固言苟無愛國心者。必不肯言非常之言。事非常之事。苟其有愛國心者。則當此國家多難而乏才之日。而諸君亦儼然以愛國自命者。乃忍摧萌拉蘗以斲國家之元氣也。若以爲此國家之蟊賊也而去之。則誰爲蟊賊。誰非蟊賊。恐非今日之所能論定也。但吾不欲與諸君語此。諸君自覺其力之甚大。足與今後大勢相抗。某竊以爲誤之誤矣。夫其人苟畏禁壓長夷滅。則必其無理想無氣力不足以爲諸君之敵者。雖不禁壓之不夷滅之。猶無能爲也。若其有理想矣。有氣力矣。又豈諸君所得禁壓而夷滅者。彼其理想能傳熱於百千萬人。彼其氣力能引線於百數十年。夫誰得而禦之。諸君自視其才略。視奧相梅特涅何如。其威權視俄羅斯今皇何如。以梅特涅之才略。而不能止歐洲中原之民變。卒身敗名裂以死。以俄皇之威權。而不能解散虛無黨。今乃不得不交驩於學生。而諸君乃曰吾欲云云。所謂捧土以塞孟津。多見其不知量也。諸君如不信。請懸吾言以俟諸十年之後。看豎降旛者出於誰氏矣。諸君之意必又曰『若奧若俄。皆其勢已成者耳。中國則未也。吾及今鋤之。則其謬種可以不殖。如某人某人者。最生事者也。吾錮之。戮之。某報某書者。最倡異論者也。吾燒之禁之。如是而其勢必當殺。』嘻。諸君而欲爾爾也。則好自爲之。雖然。吾有以知其必無效也。是義和團欲閉關絕市而殺一二洋人之類也。欲閉關則宜閉之於舉國無一洋人之時。欲窒新說。則宜窒之於舉國無一思想之際。而今晚矣。諸君欲行僞改革。而不能不求人才以相助也。於是乎派學生於外國。凡人之思想。莫患夫長困於本社會。苟使之入他社會而與之相習。則雖中下之材。其思想亦必一變。今吾青年之在海外者。已千餘人矣。拔十得五。則其力已足動全國之思想界而有餘。而諸君豈其於此輩歸國之後。而一一囚之。一一屠之也。而況乎其來者之正未有艾也。於是諸君中之頑鈍無恥者。倡爲阻止派學生之說。夫不派則不派耳。今日海外學生千餘人。而諸君所派者不及三之一。將來之思想界。豈其以此區區小數爲輕重也。諸君勿以爲一切風潮。皆由一二人所能煽動也。苟非時勢之所趨迫。雖孔子釋迦必不能煽動一人。時勢既已趨迫。而偶爾借一二人之口以道破之。彼一二人直時勢之傀儡而已。使無此一二人。亦必有他之一二人。衆生芸芸。安所往而不得傀儡。雖然。彼一二人固傀儡也。而時勢則神聖也。諸君敵傀儡易。敵神聖則吾信其難矣。若夫禁書也。禁報也。則吾以爲操術之拙。未有過此也者。凡人於其所愈難得之物。則其欲得之之心愈切。幸而得矣。則其寶之之心愈甚。此情之常也。吾月前過日本書肆。見有一書題曰『日清戰爭外交史』者。吾略繙之。覺其無異於尋常。未之購也。閱數日。聞日本政府以恐洩外交祕密下令禁此書。則欲得之之心若渴。使有肯畀我者。吾十倍其值弗吝矣。不寧惟是。尋常之書盈案堆架。終卷者寥寥。若得此書。吾知必窮日夜之力以盡讀之。且一字不肯放過矣。何也。默忖其中之必有祕密不可思議者存也。凡禁書皆然。書愈禁則求之者愈切。讀之者愈熟。而感受者愈深。夫思想之感人。不惟其多也。而惟其堅。苟其人聞有禁書而不求者。則雖授以書。而所開導之者亦僅矣。故禁而求。求而讀者。得十百人焉。以視不禁而讀者得千萬人。其力量尙或過之。此一定之比例也。俄羅斯最束縛言論自由出版自由之國也。吾聞俄羅斯之學生常相語曰。天下之樂。莫樂於雪夜二三同志聚密室。扃重鍵以讀禁書。又聞俄羅斯鐵路之接他國境者。其出境之第一二車站。必有估客攜各國哲學家之書籍。及俄國志士在外國所出之報章。伺車門以售之。必獲倍蓰利。蓋俄國青年一出境則急欲見此。雖重貲不惜也。此亦可爲禁書之明效矣。夫以俄國法令之嚴明也如彼。而無術以窒新思想也如此。而諸君乃又曰吾欲云云。毋乃徒叢一世之唾駡。而於諸君所懷之目的一無濟乎。盍亦廢然返矣。

某請以一言正告諸君曰。時勢者。可順而不可逆者也。苟其逆之。則愈激而愈橫決耳。機會者。可先而不可後者也。苟其後之。則噬臍而悔無及耳。某嘗爲諸君思所以自處矣。某說部嘗言『有狂生夜坐。鬼來瞰之。面淡黑而目眈眈。舌懸脣外。狂生乃抹硯中餘墨自塗其面。伸舌寸許。圓其目與之相對。鬼慚而退。』諸君畏後生乎。則何不以此術對付之。吾知必有慚而退者。抑某之爲此言。非欲使諸君附和後生小子之言破壞也。後生小子之言破壞。非所欲也。非所忍也。諸君導之使然耳。諸君不愛國。而使彼後生小子獨愛之。彼等不破壞諸君。而何從行其愛也。諸君而眞能與後生小子共愛此國也。則無復有當破壞者。亦無復有能破壞者。諸君若猶未喻耶。吾更請譬之。數十年前西人之來通商也。所求者不過通商而已。而我拒之若祓厲鬼卒至破壞我廣東。破壞我江口。破壞我京津。而何嘗見其能拒也。使吾於彼時不惟不拒之。且從而通商於彼國。以與之爭利。則彼雖不慚而退。然亦必汲汲然講求所以聯絡我應對我之策焉矣。此卽塗其面伸其舌圓其目與鬼相對之術也。請諸君一熟思焉。今日民間志士所攘臂以爭稽顙以求者其爭焉求焉在何物。彼東西各國號稱忠君愛國之名臣。其用塗面伸舌之術。以與敵己之人民相對。而因以成功名者。不知幾何人矣。諸君果何所憚而不爲此。

諸君又將有辭矣。曰吾非不欲之。顧種種掣肘。權不足。無能爲也。斯言也。某能爲諸君諒。然恐天下萬世之人。不能爲諸君諒也。夫天下豈有無阻力之事哉。以云掣肘也。則宜莫如撤的尼亞之見掣於奧大利。而加富爾何以成功焉。宜莫如日本諸藩之見掣於幕府。而薩摩長門各藩士何以成功焉。今者徧國中多少無權無勇之匹夫。猶且不敢妄自菲薄。而思爲國家有所盡。顧乃獨諸君而謝不能也。諸君如自認無愛國心也。則吾復何言。吾之此言。將拉雜之摧燒之。若其不肯認也。則請諸君於晨鐘一吼時。將息其平旦之氣。統籌全局。撫心一自問曰。吾今所由之道。能厝國家於治安乎。能進國家於富强乎。吾知諸君之天良必代致答詞曰。不能也。（或有至冥頑不靈而自信力甚足者悍然應曰能焉亦未可知若此者吾亦無從開導之吾惟有使之觀京朝及各省宦海之情狀與夫全國人民之生計可耳）旣曰不能。當由何術以使之能。而諸君則又曰無術。然則坐視國之亡焉已乎。諸君坐視其亡。恐有他人焉不能坐視者。不能坐視。而諸君又欲强之坐視。其勢將不免破壞諸君。破壞諸君。固非諸君之福。亦非彼輩之福。而又豈國之福也。諸君不務造福。而必舉己之身己之友己之敵乃至己之國而一切納諸禍海之中。吾不知諸君究何樂也。吾非敢謂諸君全無愛國心也。雖然。愛國之外又愛名焉。又愛位焉。又愛身焉。而愛國不如其愛名。愛名不如其愛位。愛位不如其愛身。某以爲愛國心者。絕對而無比較者也。宜純白而忌攙雜者也。苟有分其愛者。則其愛國心已銷盡而無所餘。吾於是欲以論理學三斷法演一式曰。『有他愛者非愛國心也（一）諸君愛國而又他愛者也（二）故諸君無愛國心也（三）』諸君其肯認此判決乎。若其怒我。我甚望之。若其忍我。我甚悲之。

然則某所責所求於諸君者何在乎。曰吾不必言。請諸君一讀十九世紀史。觀現世所謂數强國者所以立國之由。足矣。吾不敢勸諸君讀克林威爾傳。吾不敢勸諸君讀西鄉隆盛傳。恐諸君掩耳卻走。吾請諸君一讀德國前大宰相王爵俾斯麥傳。一讀意國前大宰相侯爵加富爾傳。一讀日本前內務大臣伯爵板垣退助傳。吾意諸君聞此言。必又將惶恐遜謝曰。『某何人。敢將衰朽較前賢。』然諸君雖自菲薄。我不欲菲薄諸君。且吾非欲諸君學彼輩之全部。而欲諸君學其一節也。諸君而猶有絲毫之愛國心也。苟一讀之。其或有所會耶。其或有所會耶。雖然。吾知吾言之必無效也。吾作此書竟。一覆讀。輒欲摧燒之。再覆讀。則又姑存之。姑布之。孔子曰。不可與言而與之言。失言。吾自知失言。

吾固失言。雖然。吾國民一分子也。凡國民皆有監督其公僕之權利。吾不敢放棄此權利。吾又業報館也。凡報館皆有代表國民監督其公僕之責任。吾不敢放棄此責任。抑吾猶望其失於百而得於一焉。失於今而得於後焉。則吾之言。其亦不可以已也。雖然。吾非欲吾儕小民不展一籌。而專以屬望於諸君也。諸君盡諸君所能盡。吾儕盡吾儕所能盡。如斯而已。

報曰新民則報之言非爲諸公言也雖然民亦有廣狹二義以狹義言之則諸君官也民之對待也故本報之論著向不欲與諸君有一語之交涉以廣義言之則諸君亦國民之一分子也而烏可歧視之故不辭唐突進一言焉若諸君不願聞則請非諸君者一聞之某頓首

敬告我同業諸君

某頓首上書於我同業諸君閣下嗚呼國事不可問矣其現象之混濁其前途之黑暗無一事不令人心灰望絕其放一線光明差强人意者惟有三事曰學生日多書局日多報館日多是也然此三者今皆在幼稚時代中其他日能收極良之結果歟抑收極不良之結果歟今皆未可定而結果之良不良其造因皆在今日吾儕業報館請與諸君縱論報事某以爲報館有兩大天職一曰對於政府而爲其監督者二曰對於國民而爲其嚮導者是也

所謂監督政府者何也世非太平人性固不能盡善凡庶務之所以克舉羣治之所以日進大率皆藉夫對待者旁觀者之監督然後人人之義務乃稍完監督之道不一約而論之則法律上之監督宗教上之監督名譽上之監督是也法律監督者以法律强制之力明示其人曰爾必當如此爾必不可如彼苟不爾者將隨之以刑罰此監督權之最有力者也宗教監督者雖不能行刑罰於現在而曰善不善報於而身後或曰善不善報於而後身而使中人以下咸有所警焉（報於身後之說中土宗教家言是也所謂積善之家有餘慶積不善之家有餘殃皆言因果之在子孫也報於後身者西方宗教家言如佛如耶皆是也謂人雖死而魂不滅因果業報應之來生也此兩義皆監督人類之一大法門今以非本論目的不詳論之）此亦監督權之次有力者也名譽監督者不能如前兩者之使人

服從使人信仰使人畏憚然隱然示人曰爾必當如此爾必不可如彼苟不爾者則爾將不見容於社會而於爾之樂利有所損此其監督之實權亦有不讓於彼兩途者此種監督權誰操之曰輿論操之輿論無形而發揮之代表之者莫若報館雖謂報館爲人道之總監督可也政府者受公衆之委託而辦理最高團體（今世政學家謂國家爲人類最高之團體）之事業者也非授以全權則事固不可得舉然權力既如此重且大苟復無所以限制之則雖有聖智其不免於濫用其權情之常也故數百年來政治學者之所討論列國國民之所競爭莫不汲汲焉以確立此監督權爲務若立法司法兩權之獨立政黨之對峙皆其監督之最有效者也猶慮其力之薄弱也於是必以輿論爲之後援西人有恆言曰言論自由出版自由爲一切自由之保障誠以此兩自由苟失墜則行政之權限萬不能立國民之權利萬不能完也而報館者即據言論出版兩自由以龔行監督政府之天職者也故一國之業報館者苟認定此天職而實踐之則良政治必於是出焉拿破侖常言『有一反對報館則其勢力之可畏視四千枝毛瑟槍殆加甚焉』誠哉報館者摧陷專制之戈矛防衞國民之甲胄也在泰西諸國立法權司法權既已分立政黨既已確定者而其關係之重大猶且若是而況於我國之百事未舉惟恃報館爲獨一無二之政監者乎故今日吾國政治之或進化或墮落其功罪不可不專屬諸報館我同業諸君其知此乎其念此乎當必有瞿然於吾儕之地位如此其居要吾儕之責任如此其重大者其尚忍以文字爲兒戲也抑吾中國前此之報館固亦自知其與政府有關係焉矣然其意曰吾將爲政府之顧問焉吾將爲政府之拾遺補闕焉若此者吾不敢謂非報館之一職雖然謂吾職而盡於是焉非我等之所以自處也何也報館者非政府之臣屬而與政府立於平等之地位者也不寧惟是政府受國民之委託是國民之雇傭也而報館則代表國民發公意以爲公言者也故報館之

視政府當如父兄之視子弟其不解事也則教導之其有過失也則扑責之而豈以主文譎諫畢乃事也夫吾之爲此言非謂必事事而與政府爲難也教導與扑責同時並行而一皆以誠心出之雖有頑童終必有所感動有所忌憚此乃國家所以賴有報館而吾儕所以盡國民義務於萬一也抑所謂監督云者宜務其大者遠者勿務其小者近者豺狼當道安問狐狸放飯不懲乃辨齒決苟非無識其必有所規避取巧矣某以爲我同業者當糾政府之全局部而不可挑得失於小吏一二人當監政府之大方針而不必摭獻替於小節一二事苟不爾者則其視獻媚權貴之某報亦百步與五十步耳吾儕當盡之天職此其一

所謂嚮導國民者何也西哲有言『報館者現代之史記也』故治此業者不可不有史家之精神史家之精神何鑒既往示將來導國民以進化之塗徑者也故史家必有主觀客觀二界（參觀卷三十四新史學史學之界說）作報者亦然政府人民所演之近事本國外國所發之現象報之客觀也比近事察現象而思所以抽繹之發明之以利國民報之主觀也有客觀而無主觀不可謂之報主觀之所懷抱萬有不齊而要之以嚮導國民爲目的者則在史家謂之良史在報界謂之良報抑報館之所以嚮導國民也與學校異與著書亦異學校者築智識之基礎養具體之人物者也報館者作世界之動力養普通之人物者也著書者規久遠明全義者也報館者救一時明一義者也故某以爲業報館者既認定一目的則宜以極端之議論出之雖稍偏稍激焉而不爲病何也吾偏激於此端則同時必有人焉偏激於彼端以矯我者又必有人焉執兩端之中以折衷我者互相倚互相糾互相折衷而眞理必出焉若相率爲從容模棱之言則舉國之腦筋皆靜而羣治必以沈滯矣夫人之安於所習而駭於所罕聞性也故必變其所駭者而使之習焉然後智力乃可以漸進某說部嘗言有宿逆旅者夜見一婦人摘其頭置案上而

梳掠之。則大驚走。至他所。見數人聚飲者。語其事。述其異。彼數人者則曰。是何足怪。吾儕皆能焉。乃各摘其頭置案上以示之。而客遂不驚。此吾所謂變駭爲習之說也。不寧惟是。彼始焉駭甲也。吾則示之以倍可駭之乙。則能移其駭甲之心以駭乙。而甲反爲習矣。及其駭乙也。吾又示之以數倍可駭之丙。則又移其駭乙之心以駭丙。而乙又爲習矣。如是相引。以至無窮。所駭者進一級。則所習者亦進一級。馴至舉天下非常異義可怪之論。無足以相駭。而人智之程度乃達於極點。不觀夫病海者乎。初時渡數丈之澗。猶或瞑眩焉。及與之下三峽泛五湖。則此後視横渡如平地矣。更與之航黄渤之海。駕太平大西之洋。則此後視内河亦如平地矣。國民之智識亦然。勿徵諸遠。請言近者。二十年前聞西學而駭者。比比然也。及言變法者起。則不駭西學而駭變法矣。十年以前聞變法而駭者。比比然也。（王安石變法爲世詬病數百年來變法二字爲一極不美之名詞吾於十年前在京師猶習聞此言今則消滅久矣）及言民權者起。則不駭變法而駭民權矣。一二年前聞民權而駭者。比比然也。及言革命者起。則不駭民權而駭革命矣。今日我國學界之思潮。大抵不駭革命者。千而得一焉。駭革命不駭民權者。百而得一焉。若駭變法駭西學者。殆幾絕矣。然則諸君之所以嚮導國民者可知矣。諸君如欲導民以變法也。則不可不駭之以民權。欲導民以民權也。則不可不駭之以革命。當革命論起。則並民權亦不暇駭。而變法無論矣。若更有可駭之論倍蓰於革命者出焉。則將並革命亦不暇駭。而民權更無論矣。大抵所駭者過兩級。然後所習者乃適得其宜。（如欲其習甲則當先駭之以乙繼駭之以丙然後其所習者適在甲當其駭乙時駭乙者十之七而駭甲者猶十之三及駭之以丙則彼將以十之七駭丙以十之三駭乙而甲已成爲習矣）某以爲報館之所以導國民者。不可不操此術。此雖近於芻狗萬物之言乎。然我佛說法。有實有權。衆生根器。既未成熟。苟不賴權法。則實法恐未能收其效也。故業報館者。而果有愛國民之心也。必不宜有所瞻徇顧忌。吾所欲實行者在此。則其所昌言者不可不在彼。吾昌言彼。而他日國民所實行者不在彼而在此焉。其究也不過令後之人笑我爲無識，訾我爲偏激而已。笑我訾我，我何傷焉。而我之所期之目的則既已達矣。故欲以身救國者不可不犧牲其性命，欲以言救國者不可不犧牲其名譽。甘以一身爲萬矢的，曾不於悔，然後所志所事，乃庶有濟。雖然，又非徒恃客氣也。而必當出以熱誠。大抵報館之對政府，當如嚴父之督子弟，無所假借；其對國民，當如孝子之事兩親，不忘幾諫，委曲焉，遷就焉，而務所以喻親於道。此孝子之事也。吾儕當盡之天職，此其二。

以上所陳，我同業諸君其謂然也，則願共勉之。其不謂然耶，則請更攄鴻論，有以教我。吾儕手無斧柯，所以報答國民者惟恃此三寸之舌，七寸之管。雖然，既儼然自尸此重大之天職而不疑，當此中國存亡絕續之交，天下萬世之功罪，吾儕與居一焉。夫安得不商榷一所以自效之道，以相勸勉也。由幼稚時代而助長之，成立之，是在諸君矣。某再拜。

答飛生

『浙江潮』第八期有自署飛生者著『近時二大學說之評論』一篇，於鄙人之持論加是正焉。大率以倒果爲因一語爲本論之總批評。一年以來，海內之以筆墨相非難者，往往而有，顧其言如村嫗之口角，不能有相商榷之價值。飛生之文則眞吾所樂聞而樂與語者也。乃錄其原文，更爲答辯之如下。

（原文）新民氏之言曰：苟有新民，何患無新制度、新政府、新國家。而問其若何而可得新民，則曰新民云者，非新者一人而新之者又一人也，則在吾民之各自新而已。茲言也，則吾之所最不敢贊同者也。夫論民族興亡之原而歸乎其性質則性質云者有秉之自天然者有受之於地理歷史之遺傳影響者遠者且在不可窮詰之種種近者亦積自千年百年之前亦既習之成性矣一旦而欲改革之固非一議論之所能奏功亦斷非十年數十年之所能見效獨不見夫歐洲之改革乎夫社會者國家之母也則社會改良國家自能變易面目而何以百年來政治之改革痕跡顯然而社會改良則至今尚百口沸騰而莫得其端倪也故自理論上言則有新民固何患無新政府而自事實上言則必有新政府而後可得新民也何者政府者民之代表也代表其羣者必其賢智之過於其羣者也賢者敎不肖智者敎愚則政府者固有新民之天職在也夫使政府而果賢且智焉則政府之敎民也固當如新民氏之言矣若曰爾其自助爾其自新今政府既不能擔任其天職而乃不思易而置之而仍敎之以自新不敎之以變少數短年易變之政府而敎之以新多數積重之民俗吾知其事之萬不可期而又不得不代此蚩蚩者向新民氏一訴寃也夫治治國則當用繁賾之法治亂國則當用單簡之法敎文明强悍之國民則當平心靜氣以立其遠大之基敎野蠻柔弱之國民則當單易直捷以鼓其前進之氣反其道而用之未有能濟於事者也

新民氏曰今之動輒責政府者抑何不智又曰責人不責己此中國所以不能維新之大原又曰各委棄其責任而一望諸家長吾以謂國民者對於國家而負其監督政府之責任者也舍此之外吾未見有責任之更大於此者矣吾正患其不能責政府耳苟其能也則中國何至於今日也且夫吾中國之政府則又與外國異譬之甲乙二人有二事焉甲以事委諸丙而從而指導之焉監督之焉乙以事委諸丁悉與之權而不顧問也苟二事悉敗則丙之責任爲重乎丁之責任爲重乎中國之政府丁之類也四萬萬人悉舉其權而委之其責任

愈重則責之宜愈嚴。理勢之必然也。

夫變俗之事。亦未始不可期。雖然有其道也。則有一震撼雷霆之舉。足以使沈睡之腦一震。而耳目能一新是也。善夫嚴子原强之言也。歸其本於智德力。而救急則歸於一震。蓋深知智德力之進之有道。而救時之要當在是也。新民氏之宗旨。與嚴氏同。而於篇末一節未嘗留意焉。所以言焉而不免有病也。(中略)要之。新民說者史論也。非政論也。教育家之言。非新聞記者之言也。勿以政論視新民說。則新民說固近今有數之文字也。新民氏聞我言。其以爲何如。

答曰。飛生謂當敎以變少數短年易變之政府。而不當敎以新多數積重之民俗。此其言似也。曾亦思歐美民族。皆能自變置其惡政府。而吾民獨不能者。其原因何在乎。彼非有所倖。而我非有所不遭也。大抵有新政府而後有新民歟。抑有新民而後有新政府歟。此二說者。殆與「時勢造英雄英雄造時勢」之語同一理論。互相爲因。互相爲果。强畸於一焉。均之非篤論也。飛生欲直捷以新彼政府。我之欲此。誰不如飛生。雖然飛生何以能作此想。能作此言。則以飛生固已自新者也。使飛生而爲十年以前之飛生。則政府之惡縱十倍今日。而烏能新之。使四萬萬人而皆如十年以前之飛生。則政府之惡雖百倍今日。亦誰與新之。然則新民之爲緩爲急。可以見矣。飛生又言使戊戌變法能如彼日本之所謂大政維新。則今日新民說(與夫立憲說)誠可爲根本之理論云云。見原文前簡不全引以鄙人所見。則正反是。使戊戌變法而收全功也。則利用數千年來莫大之政權。擧一國而鼓鑄之。民之能自新者上也。其不能。則干涉以新之而已。雖不能新其全。猶新其半。不能半。猶新其半之半也。國如是。固不能專以責任委諸民。彼時而專爲敎民自新之言。是反爲政府卸其責也。惟今之政府。則固不足以受責者。乃始不得不還責望於吾民之自身。鄙人之爲新民說豈徒欲吾民讀之。成一如歐美現今之善良市民而已。其意亦將以爲階梯而有所變置。此必當爲飛生所能知而公認者也。而飛生必曰無須新民而惟變置政府。試問非從新民處下一番工夫其孰從而變置之。且所以必須變置之理由。謂其爲舊政府耶。謂其爲惡政府耶。如欲變惡者以置於良也。而曰無須新民。此吾所未解也。飛生謂吾新民說倒果爲因。吾亦欲以此語還贈飛生焉。爾且言固不可以若是其幾也。曰有新民而後有新政府者。豈其取四萬萬人爲前提而盡新之。而乃希望此黃金世界之政府湧於其後也。夫孰不知新民說之所能灌注者萬人中不得其一也。而飛生必强以新民說與社會改良問題同一視。亦已過矣。

吾讀飛生引嚴氏一震之語。吾知飛生之意所存矣。此亦可謂近來最有力之一學說也。若謂鄙人於此一節。未留意焉。則固非所敢受。去年一年之新民叢報。其與『震』主義之關係深淺若何。讀者皆能言之。今勿具論。但吾儕今日所同禱祝同歡迎者『震』也。而「震」之實行當從何塗望得。獨一無二之豪傑以自震之乎。抑望得多數無名之豪傑以共震之乎。如望彼多數者。則新民之論烏可以已。如望彼獨一者。則其人之智力必遠在吾與飛生之上。而又何勞吾輩以區區之筆舌震彼。而彼乃始有所藉以震他也。飛生謂新民說爲非新聞記者之言。吾以爲言與行固異物也。語夫實行。何取於言。微特吾言可以已。即飛生亦可以已也。以云言也。則爲一般人說法也。吾以爲新聞記者之責任。其必在於新民也已。

至其所駁『責己不責政府』一言。則言各有當而已。使之自責。正乃使之自認天職。豈有以飛生而猶不解此義者。吾知其本意非相駁。直假此爲棒喝而已。抑曾思新民說者。非與政府言。與國民言也。不責國民則嘵嘵多言胡爲者。

吾非欲强護吾前說。與飛生競口舌也。飛生之論本無一不與吾同。但其歸宿在『單易直捷以鼓其前進之氣。』此實飛生全論之主腦。亦近時報界之趨向也。吾嚮者固亦最主張『鼓氣』主義。乃最近數月間幾經試驗。而覺氣之未盡可以恃。氣雖揚上。而智德力三者不能與之相應。則不旋踵而癟矣。或者又以爲吾之『震』主義。只以用之於一時。乘氣之忽揚而便用之。既震之後。雖癟何害。庸詎知震雖簡單。而震之前提。卻有不得不複雜者存。飛生知改良社會。非一議論所能奏功。豈謂變置政府。遂僅一議論所能奏功耶。短時間之客氣。其必不足以濟大事明甚矣。然則鼓氣主義竟不可用乎。曰可偶用而不可常用。而用之又必以其時。曷爲不可常用。曰有二義。其一則用之多而力量反醇。司空見慣。變爲口頭禪。而將不足以動人心也。大黃附子。劇劑也。日日而服之。失其效矣。驪山烽燧。及其時而或反喪其用。是不可不謹也。其二則今日欲改造我國家。終不得不於民智民德民力三者有所培養。苟非爾者。非惟建設不可期。卽破壞亦不可得也。而偏持鼓氣主義。其結果也。則往往於養成智德力三者之事業。無端而生出許多魔障。□君□□爲余言。自蘇報學界風潮一門立。不能破壞一書院。而惟破壞許多學堂。自東京學生運動之義倡。不能損滿洲政府一分毫。而惟躭閣自己功課。或鼓其高志棄學而歸。歸而運動。運動而無效。無效而懼喪。懼喪而墮落。問所贏者幾何。曰廢學而已。此雖青年諸君逆耳之言乎。顧亦安可以不深察也。甚矣。立言之難也。朱子曰。敎學者如扶醉人。扶得東來西又倒。以數千年無動爲大之中國。稍有志者。疾心痛首。恨不得日旋雷霆於其頂上以撼之。吾去年爲『敬告同業諸君』文。意亦有在矣。顧氣衰者不得不激之使揚。而氣太盛者又不可不歛之使靜。何也。欲民之有氣者。非欲其囂然塵上而已。將以各任一二實事也。乃一語於任事。則徒氣不足以自行矣。故鼓氣主義者。藥也。而非粟也。藥也者。當適其時而用之。日而藥焉。不治而已矣。何謂適時。夏間蘇報之僞造上諭。彼其意欲以激動學生及一般國民也。使其時國民之實力既已充。預備既已足。如六軍秣馬。待將令而行。如爆藥成陵。待火線而迸。則蘇報之藥爲適時矣。奈誤認時勢。故其藥力全消耗於無用之地。而反以生他病。則不適之爲害也。孟子曰。予豈好辯哉。予不得已也。一年以來。東京學界之雜誌。彬彬輩起。突飛進步。然跡其趣旨。似專以鼓氣爲唯一法門。此傾向日甚一日。其發論之太軼於常軌者。往往有焉矣。夫以此對於社會一部分之鄙人以立言。豈曰無益。然鄙人所陳二流弊。亦不可不深長念也。因答飛生。難牽引冗沓。下筆不能自休。讀者平心以察其意之所存。庶不以我慢見罪。還質飛生。以爲何如。

答和事人

頃有自署和事人者。頗以近日新民叢報主義相詰責。茲錄而答之。

閱新民叢報三十八九號。得讀大作。知從美洲回來。宗旨頓改。標明保王。力闢革命。且聲言當與異己者宣戰。吾知足下素來强辯。未易與言。但欲不言而仍不能止者。正以於心有所不安耳。（中略）足下力闢革命。亦自成其說。吾不能與之深辯。但試問命則不能革。而王則可以保乎。大抵保王與革命兩黨之手段不同。其目的未嘗有異也。今日新學中人由革命而生出排滿。蓬蓬勃勃。一發而不可制。推原其始。亦由救國來也。痛宗國之淪喪。而在上者仍不振。於是思所以革命。革命之說一起。而思滿人平日待我之寡恩。而排滿之念又起焉。事本相因。而又相成。何者。一朝起事。勢必有謂爲無父無君之邪說。以搖惑人心。中立者必將解體。蓋排滿所借其主人之尊嚴以爲尊嚴也。是非吾國民所能知也。今論者動憂爲外國之奴隸。而不知外國曾不屑以我爲奴隸。而必以我爲其奴隸之奴隸。爲奴隸則尚或知之。尚或憂之。尚或救之。爲奴隸之奴隸。則冥然而罔覺焉。帖然而相安焉。栩然而自得焉。嗚呼。此眞九死未悔。而萬劫不復者矣。滅國新法之造妙入神。至是而極矣。雖然。惟蝍蛆爲能甘糞。惟蠚臼爲能受辛。彼列國亦何足責。亦何足怪。彼自顧其利益。自行其政略。例應爾爾也。而獨異乎四百兆蚩蚩者氓。偏生成此特別之性質。以適足供其政略之利用。而至今日。已奔走相慶。趨蹌恐後。以爲列强愛我恤我撫我字我。不我瓜分。而我保全。我中國億萬年有道之長。定於今日矣。此則魔鬼所爲掀髯大笑。而天帝所爲愛莫能助者也。

凡言保全支那者。必繼之以開放門戶。（OPEN THE DORE IN CHINA）譯意謂將全國盡開爲通商口岸也。）夫開放門戶。豈非美事。彼英國實門戶全開之國也。而無如吾中國無治外法權。凡西人商力所及之地。即爲其國力所及之地。夫上海漢口等號稱爲租界者。租界乎。殖民地耳。舉全國而爲通商口岸。即舉國而爲殖民地。西人之保全殖民地。有不盡力者乎。其盡力以保全支那。固其宜也。保全支那者。必整理其交通機關。今內河既已許外國通行小輪。而列國所承築之鐵路。必將實施速辦。而此後更日有擴充矣。夫他人出資以代我築當築之鐵路。豈不甚善。而無如路權屬於人。路與土地有緊密之關係。路之所及。即爲兵力之所及。二十行省之路盡通。而二十行省之地已皆非吾有矣。保全支那者。必維持其秩序。擔任其治安。和議成後。必有爲我國代興警察之制度者。夫警察爲統治之要具。昔無今有。寧非慶事。而無如此權委託於外人。假手於頑固政府。施德政則無寸效。挫民氣則有萬能。昔波蘭之境內。俄人警察之力最周到焉。其福波蘭耶。其禍波蘭耶。又今者俄國本非直不欲實不能也此則其一貫者也。辛壬之間。師友所以督責之者甚至。而吾終不能改。及一旦霍然自見其非。雖欲自無言焉。亦不可得。吾亦不知其何以如是也。故自認爲眞理者。則舍己以從。自認爲謬誤者。則不遠而復。如惡惡臭。如好好色。此吾生之所長也。若其見理不定。屢變屢遷。此吾生之所最短也。南海先生十年前。卽以流質相戒。諸畏友中亦頻以爲規焉。此性質實爲吾生進德修業之大魔障。吾之所以不能抗希古人。弊皆坐是。此決不敢自諱。且日思自克。而竟無一進者。生平遺憾。莫此爲甚。若云好名。則鄙人自信此關尙看得破也。至立言者必思以其言易天下。不然則言之奚爲者。故鄙人每一意見。輒欲淋漓盡致以發揮之。使無餘蘊。則亦受性然也。以是爲對於社會之一責任而已。至云兩黨之人。互相水火。互相唾駡。互相攻訐云云。此誠最可痛心之事。若鄙人之尙知自重。而不肯蹈此惡習。此亦當爲一國所共諒者。試觀去年春夏間。報界之所以相誣攻者若何。吾黨曾一置辯否。又如香港某報。每一日照例必有相攻之文一篇。認列强爲第三敵。認滿洲政府爲第二敵。認民間異己之黨派爲第一敵。其所以相唾駡相攻訐者。亦云至矣。夫使以筆墨挑戰也。則吾輩亦何患無辭。試觀鄙人及我親友曾爲一應敵之師否。非直不屑爲。亦以義固不可也。且如頃者章鄒最後之供詞。各報館之嘖有言者亦衆矣。而本報並其原語亦不肯錄入。誠以敬其初志也。吾謂『和事人』以此相慮。則可慮者其必不在吾輩矣。若夫吾發表吾現在之所信。而不能自已。則吾旣言之矣。吾今後更將大有所發表焉。然此非唾駡之謂也。非攻訐之謂也。吾所謂與輿論挑戰者。自今以往。有以主義相辨難者。苟持之有故。言之成理。吾樂相與賞之析之。若夫軋轢嫚駡之言。吾固斷不以加諸人。其有加諸我者。亦直受之而已。寄語和事人。可無慮此。抑吾亦欲徧國中志士。皆率和事人之教也。至吾之所以不能已於言者。則本報前號中鄙著『論俄羅斯虛無黨』『答飛生』兩篇。亦可略見其用意之所存。毋亦如和事人所謂欲兩黨合力以思挽回之術云爾。願和事人平心靜氣一省覽焉。而更有以辱教。固所望也。怱怱不具。

答某君問德國日本裁抑民權事

（問）盛丞堂近奏有云『德意志自畢士麥以來。尊崇帝國。裁抑民權。劃然有整齊嚴肅之風。日本法之。以成明治二十年以後之政績。日德國體與我相同。亟宜取法。』其說然否。且所謂尊崇裁抑之實若何。乞登報示復以祛疑竇。

（答）此誠我國今日第一重要之問題。亟宜研究者也。雖靡盛公之奏。雖無足下之疑。固應發摘其底蘊。以與我國民共相商榷。今承明問。其敢有所隱。請竭所聞以對焉。雖然。鄙人今在旅行中。經月未讀內地報紙。於盛奏原文未獲見。未知其全體命意如何。僅就足下所徵引數言折駁之耳。抑鄙人聞之。凡論事理者不可挾意見。苟挾意見。則其論雖是。而人不樂聞。鄙人論此。不欲事持吾素昔所持之宗旨。爲一筆抹煞之言。惟平心觀察德日兩國政體所由來。及其國政之實狀。以與我中國國體相比較。想盛丞堂此摺主稿之人。必曾稍讀他國歷史者。鄙人此文所徵引。無一字無來歷。在彼當能知之。則請平心一靜察。儻鄙言亦有可採者乎。如不謂然。請賜駁義。若有一二可採也。則請其以後慎於立言。勿徒執偏端。爲模棱疑似之語。以誤國計也。且吾尤望盛丞堂及當道中與丞堂同地位同意見者。一讀此焉。苟其無愛國心。徒借此以保位固寵也。則吾亦何責焉。苟眞欲於國家前途有所布置也。則芻蕘之言。固不可以不留意也。

論德國之政治。不可不先明德國國體之特色。德意志者。聯邦之帝國也。故向論德國政治者。必分爲帝國政治聯邦政治二項。聯邦二十餘。而普魯士最大。今以普代表聯邦。以下請分德意志帝國政治普魯士王國政治兩種而論之。德意志帝國之皇帝。語其實際。雖謂今世列國中元首之權之強盛者以彼爲最可也。何也。彼非如英國皇帝之徒擁虛位。彼非如美法各國之大統領對於議會而負責任。彼實掌握全帝國大小政務一切實權者也。雖然。此權何自而來。及其權限之有無。不可不證諸彼國之黨法。德意志憲法。首證明其爲聯邦國。Federal State 所以示別於合衆國 Unitary State 也。故德意志帝國之主權。非在皇帝。而在其聯邦之諸王侯及三自由市府。皇帝不過其政治團體之長官。此德國憲法精神所明示也。故其君權非無限而有限也。限之者何。卽其憲法之意。明言德意志帝國。非以皇帝之特權而統治之。實以法律之力而統治之也。鄙人今在旅行中。篋中無各國憲法正文。故不能具引原文加以解釋。惟就所記憶而略述之耳。他日更當據正文而補論之。讀者諒焉。法律何自始。卽各聯邦之公意是也。然則德國固亦有限君權之國。而其皇帝之權。實由各聯邦賦畀之。明也。然則其皇權以何因緣而能得如此之強大。曰是有頗奇妙不可思議者。德國之主權。全在其『聯邦參議院』Bundesrath 而皇帝實以普魯士王之資格。德國皇位由普王世襲。讀史者當能知之。不必贅述。爲此參議院之議長。皇帝非親爲議長。實委大宰相爲之。而因以行用此主權者也。聯邦參議院者何。由各聯邦政府派出代表人以結成此團體也。其議員共五十七人。內普魯士十七人。巴巴里亞六人。索遜及華丁比爾各四人。巴典及黑遜各三人。迷克靈卜梭威靈布蘭士域各二人。其餘十七邦各一人。凡議事時之投票。不論其邦議員之數爲一人爲多人。但一邦之投票。皆須同一樣蓋以其合體以代表本邦政府也。以此之故。故普魯士邦之意見。常得制勝於參議院。何以故。聯邦參議院之議長。必以普魯士王國之宰相卽德意志帝國宰相充之議事時。若可否投票兩兩相等。則取決於議長。而議長一人之意見。卽普魯士代表員十七人之意見也。故議長（卽帝國宰相兼普魯士宰相）所發議。不待開議時。而贊成之者已定有十七人。此普魯士所以能握大權於此參議院。而亦卽德皇皇權所以獨鞏固之由也。一國之主權在聯邦參議院。聯邦參議院之權在帝國大宰相所兼任之議長。而任免此大宰相之權在皇帝。故德國皇帝得以此間接力而握一國之實權也。但觀於此亦可知其權之有所受之。而非如古代所謂天賦神權者之無理取鬧亦明矣。德國大宰相之職權與其餘各立憲國之宰相大有所異。其名雖爲『責任大臣』Responsible Minister 其實非如英法等國有所謂『對國會之責任』Parliamentary Responsibility 者存也。英法之政府大臣。其所建政策。必須求協贊於國會。若國會反對者居多數。則大臣不可不引責而辭職。德國不然。政府之政策雖不可不報告於國會。然國會雖反對。而宰相可以不去其位。質而論之。則德國宰相乃對於法律而負責任。非對於議院而負責任也。世人所謂德國君權特强者。卽在此點。然德國何以如是。何以不得不如是。則亦有故。德意志帝國者。新造之國也。前此固未嘗有此國存也。前此日耳曼皇帝之位屢爲異族所據。而十九世紀上半紀奧大利猶握其實權。至畢士麥起始屛奧大利於日耳曼國（卽德意志）以外。而新造此雄邦。德意志帝國之所以能立。皆普魯士王國之力也。故普魯士人常欲占大權於此國之中。苟其皇與宰相對於國會而負責任。則爲宰相者安能保其必爲普魯士人。如是則普魯士之威權將漸墜矣。故德國之所以獨尊君權。爲普魯士計也。然則普人私乎。曰以正理論不得不謂之私。（吾意數十年或一二百年之後。德國主權必有變動。但今非其時也）以今日國勢論之。義固不可不出此。何也。無普魯士。則無德意志也。自餘各國。若非藉普魯士之餘蔭。則至今仍爲他族所軛制。終不能爲一獨立國。又安能坐享『世界第一等國國民』之資格也故諸聯邦之所以得有今日也諸聯邦之公民所以得有今日也皆食普魯士之賜也故普魯士宜握帝國之大權者一也又使今日普魯士而將此特權抛棄讓與他小邦則他小邦無可以保持此龎大帝國之力量則帝國將被侵削而仍復千八百六十六年以前之舊觀固非普之利亦豈他邦之利也故普魯士宜握帝國之大權者二也由此言之則德國君權所自來可以見矣

盛奏謂德國尊崇帝國斯固然矣至謂其裁抑民權則吾不知何據也凡其國苟無國會者則民權必裁抑其有完全之國會者則民權未有不能伸者也今且勿論其聯邦仍論其帝國德意志之立法部以聯邦參議院及代議院 Reichstag 兩者組織而成即所謂國會者也據其憲法所規定則代議院者實代表德意志全國人民以監督政府者也監督之道奈何凡帝國大臣不可不對於法律而負責任而法律之頒定不可不仰代議院之贊成是即監督權之最大者也一國民但得有此權則他權之得與不得猶無害也吾聞德意志之民權可以裁抑政府矣未聞政府可以裁抑民權也至宰相之去就非議院所能左右此其權固稍遜於英國然彼有特別原因而出於此前節言之詳矣而豈畢士麥以裁抑民權爲治國之策也

至語其聯邦政治則雖謂德國民權不讓英國焉可也據其帝國憲法言德意志帝國有立法上之主權聯邦各州惟有自治 Antonomy 之權而已雖然徵諸實際其帝國雖承各聯邦賦與此重大無上之權然其實行之者不過一小部分耳小部分者何即監督諸邦是也帝國所布之法律諸聯邦所以實行之者其範圍如何其方法如何一仍聽聯邦之自爲也（據憲法則凡民法刑法皆由帝國頒立實則今者私法上立法之大權仍由各邦自掌之）聯邦之自爲奈何一皆取決於其本邦之議會實則德意志帝國除外交軍事郵運財政（專指帝國政府之財政）數大端外其餘政權仍皆在各聯邦

政府之手。各聯邦政府之權。又在各聯邦公民之手。於此而猶謂德意志公民之權被裁抑也。吾不得不駭此摺捉刀人之固陋。而疾其武斷矣。

抑民權之有無。不徒在議院參政也。而尤在地方自治。地方自治之力强者。則其民權必盛。否則必衰。法國號稱民主。而其民權反遠遜英國者。以其地方自治之力微也。至於德國。則今日全世界上號稱地方制度最完備之國也。餘邦勿徧論。請專論普魯士。日耳曼人素以自由種子著聞。（西人常言自由種子從日耳曼森林中發榮滋長出來。遂漸徧於全世界）其歷史上之成蹟。既歷歷不可掩。及士達因 Baron Von Stein 相普。（十九世紀初葉）而制度益鞏固。及一千八百七十二年之改革。而權力益擴張。今請言其略。普國地方機關分爲五種。一曰『蒲羅溫士』Province（假名曰省）二曰『的士得列提』Districts（假名曰府）三曰『梭克里』Circle（假名曰縣）四曰『倫治米因德』Landgemeinde（假名曰鄉）五曰『士他治米因德』Stadtgemeinde（假名曰市○案此省府縣鄉市之名非譯也但假以爲名下文便於措詞耳讀者勿泥）此五者之中。惟府非自治體。其餘皆自治體。而縣實統於省。鄉市實統於縣。一省之中。其政治機關有二。一曰專掌行政。代表國家及其監督權者。巡撫（原名 Superor President 今亦假中國之名以名之耳讀者勿泥）主之。二曰專掌立法。代表本省及其自治權者。省長及省立法院 Provincial Ranbtay 主之。二者權限劃然。絲毫不能侵越。普魯士憲法云。『省也者。一省之人相結合。而凡關涉於本省之事務。皆得有自治權利者也。』其語意可謂分明。一省之立法院。（即議院）自其省中各縣之人分區選出議員而組織之。又由此立法院公舉省長。（一省之長）及省行政會會員。（此專理自治範圍內之行政者）其民權之完備如此。其餘縣鄉市之制度。亦大略相同。特有大小之殊耳。由此言之。普國地方自治之權。與英國殆不相上下矣。（其餘各聯邦亦大略相類）夫地方自治者。民權之第一基礎也。今德國之尊重自治權也如彼。而盛摺乃謂其裁抑民權。吾誠不知其所指者何事。而所據者何史也。

至於日本。其文明程度。殊屬幼稚。遠下於歐洲數等。但今且勿具論。日本之崇拜德國。固也。雖然。亦未見如盛摺所云云也。謂日本尊崇君主則可。謂日本尊崇君權有語病矣。至謂其裁抑民權。又夢囈之言也。日本之君權稍優於英國。而遠遜於德國。何以言之。君權之輕重。一視其政府大臣對於議院所負之責任何如。英國政府大臣對於議會而負完全之責任。苟不能制多數者。決不得尸其位。大臣去就之權。一在議院。故英之君權幾於無。德國反是。故德之君權爲各立憲國君主之冠。若普王之權則已不如德皇矣同一人也其所代表者異故其權限亦異若日本憲法。則英國之類。而非德國之類也。日本之例。凡政府政策。如在議院被反對者。則可以請天皇解散議會。命再選舉。再選舉而再被多數之反對。則可爲政府大臣不孚輿望之證。必引責辭職。此英國之先例。各國所踵行。而日本亦無以易者也。英國舊例必待再選舉開院後果遇反對然後大臣辭職自格蘭斯頓的士黎里兩大政治家抗爭時代每於解散議會後待其再舉時視議員中屬於我黨者幾何人苟察其不能制多數則不俟再開院便先行辭職此後以爲常例日本當明治三十一年伊藤博文爲宰相時以還遼之舉大爲議院所反對伊藤乃解散之及再選舉時而民間自由進步兩黨合而爲一以抗政府改名憲政黨伊藤察其必再被反對遂引責去而憲政黨首領繼爲宰相卽行英國格的兩相之成例也宰相及各部大臣爲一國行政之長官。而黜陟此長官之權。一在代表民意之議院。於此而猶謂之裁抑民權。吾不知如何而始爲伸也。但日本民智尙狹。民德未醇。故其民間所立之政黨。殊未完備。不能與藩閥老輩代興。此其所以下於英國一等也。雖然。此由其自力不足使然。優勝劣敗之公例。不得不爾。而非在上者從而裁抑之也。彼其自開國會以來。至今凡爲政黨內閣者兩次。一曰明治三十一年憲政黨之大隈內閣。一爲明治三十三年立憲政友會之伊藤內閣。然皆不過半年。遽爾崩潰。其崩潰也。皆非由反對黨推倒之也。其黨內自訌使然也。此可以爲日本政黨內力不完之明證矣。政黨不完。亦卽民智民德不完之表記也。故日本民權之不逮歐美也。非有裁抑之者也。初萌始達。而未能一蹴以臻於完備之域也。然其民日斯邁而月斯征焉。吾信其此後必有能如英國之一日也。彼爲盛挺刀者。徒見日本憲法有『天皇無責任』『天皇神聖不可侵犯』『天皇有種種特權』之文。而遽曰日本尊崇君權。裁抑民權。抑何不考其立法之精神。察其現行之情實也。

又彼有『以成明治二十年以後之政績』一語。吾不知其所指者爲何。推其語意。殆以明治二十年以前。法國學派極盛。二十年以後德國學派代興也。果爾則此公必嘗稍讀日本書。略知其情者也。則吾更欲與彼一言。公所謂明治二十年以後之政績者。則孰有過於二十三年之開國會者乎。開國會爲伸民權乎。爲抑民權乎。公當能自辨。無待余喋喋者。公必以爲二十年以前則民氣囂張。以後則民氣馴靖。以是爲德國學派之明效也。不知前此之囂張。爲求民權耳。求而既得之。更何囂張之與有。雖無德國學派代興。猶之馴靖也。抑前此之囂張。其爲益於日本乎。其爲害於日本乎。吾則曰其益無量也。苟非有此。則日本至今猶未開國會焉。未可知也。自板垣退助副島種臣等請立議院。不報。（旅行無書可察不能確記其年份大約在明治十年前後）全國議論洶湧。廬梭民約等類之書。幾於家絃戶誦。政府至將民黨中錚錚者十餘人放逐於外。而明治十三四年間。其風潮正達最高點。政府亦不得不從民欲。遂於十四年下詔。許以二十三年開國會。自是以後。舉國晏然矣。故明治二十年以後之政績。實由明治七八年至十三四年間所鼓吹之孕育之而得此者也。而要其最大關目。則不過定君權使有限。伸民權使同治而已。而盛摺之爲此言。抑何其與情實正相反背也。

盛摺又謂日德國體與我相同。吾滋惑焉。德爲聯邦之國。我爲大一統之國。德爲新造之國。我爲四千年古國。

是皆正相反對者。其相同之點在何處。吾苦不能得也。日本宜稍相近者。然日本之王室。自二千五百年來。未嘗易姓。（吾昔嘗戲號爲地球第一大世家）彼都人士。日沾沾焉翹以示人。自謂皇統萬世一系。其國體爲地球萬國所無。而我國則四千年來。征誅篡禪。自秦以後。未有五百年無新王興者。謂其與日本國體正同。誰能信之。推盛摺之意。必以爲同爲君主國。故曰相同。然世界中君主國亦多矣。何必偏舉此絕相反對之德日以爲比例。且公之意欲尊君權耳。然則何不舉俄羅斯。俄羅斯國土之大與我同。王統之屢易與我同。專制之久與我同。誠哉其同也。然公殆知俄羅斯政體之野蠻。不敢舉。不忍舉也。是則盛丞堂之差强人意也。然則何不舉英吉利。吾以爲君主之尊榮者。莫如英吉利。君位之鞏固者。莫如英吉利。故欲尊其君者。不可不學英吉利。欲安其國者。不可不學英吉利。吾國國民程度。雖與英吉利大相遠。至如公之所謂國體者。則與德日大異。而與英吉利不甚相遠。公胡不舉英吉利。

至所引盛摺末一語。謂亟宜取法德國日本。則富哉言矣。犖公如皆同此心。我后而肯採此言。斯眞中國之福也。雖然。苟其法之必當似之。法其一二而遺其十百。法其小節而遺其大端。而曰我法日本我法德國。日德不任受也。法日德奈何。亦曰法其伸民權以護君權而已。盛摺之不言法俄羅斯也。蓋猶知俄羅斯之君權非可高枕爲樂之君權也。言國體而知日德之當法。不可不謂思想之一進步。炙手可熱之當道。而有此思想。此吾所歡喜無量也。雖然。其必標明裁抑民權四字。則何也。得毋以民權與君主不兩立耶。今且勿論英國。卽以彼所舉之日本德國論證。以鄙人所徵引。其兩立耶。其不兩立耶。是亦可以鑒矣。平心論之。謂民權興而君權必無所損。此自太過之論。在專制政體之國。而興民權。則必不可不將前此固有之君權。割出一部分以讓之於下雖鄙人亦無容爲諱者也然究其實則所損者果爲君權乎是亦不然專制國之君主實非能有完全之大權也其權或在朝臣或在外戚或在宦寺我國數千年歷史如貉一邱矣即在今日君權之蝕於官者幾何君權之蝕於胥吏者幾何質而言之則一國之主權君主所能有者不過十分之二三耳苟開國會與民權之後而君主所能有之主權斷不止二三也（大抵今日德國君主有一國主權十之六七日本君主有一國主權十之四五）所割出之一部分不過自朝官胥吏之手而移諸民非自君之手而移諸民也然則雖謂伸民權而君權反增可也雖然其所異者在一有限一無限君權而無限也則有英明仁武雄才大略之主出焉而善用之可以驟進其國於富强雖然此等君主間世而不一遇者也苟易葉焉傳諸其子孫則必有濫用此權而致一國之民不聊生者雖然此又豈君主之利也既以一身攬其全權則不可不以一身負其責任雖法律上無責任之明文而一國人民心目中固不得不以此責任科君主此事所必至理所固然欲避而不能者也責任既集於一身矣其有失政則怨毒歸之此革命之禍所以不絕於四千年史冊中也而君主究何利焉故人臣之愛其君者苟能保其君之子孫人人皆放勳重華代代皆漢文唐太則雖不言君權之有限可也而不然者則惟其限之乃所以保之爲君者亦然苟欲自愛護其大位以傳諸無窮也舍伸民權以自限而限其子孫其奚術哉其奚術哉且人亦奚必以無限之權爲樂若今日英國之君主日本之君主豈非享盡天地間第一奇福者耶以視俄羅斯皇之朝避猛虎夕避長蛇何如哉此義今在我國青年學界中稍知外事者皆能言焉而當道有力者猶夢夢然語及民權二字則畏之如蝎如蛇是眞可歎可憐者也至如盛丞堂此摺之主稿者謂其絕不知外事焉不可也度其人必嘗游日本或嘗讀日本書數種而乃爲此影響失實之言以惑人心而阻一國之進步吾不知其誠何心也其不知

而誤會耶。是可恕也。讀鄙人茲篇。請君改之。其不肯服耶。請君駁之。而不然者。則必昧良心。造謠言。媚當道以取富貴者也。是則可誅也。吾且更爲當道諸公一言。公等而有一二分之忠君愛國心也。則宜速擲棄其裁抑民權一語。勿使置之念頭。不然。民權之大勢。終非公等之所能敵也。昔魯仲連亦一匹夫耳。猶言吾寧蹈東海而死。吾不忍爲之民。今國中四萬萬人。寧無魯仲連其人者。公等其熟思之。善處之。辱承下問。本擬略復數語以釋尊疑。但一執筆則如有鯁在喉。非吐之不快。故不覺縷縷數千言矣。想不厭其詞費也。十月初三夜九點鐘屬稿。寫至此已子正兩點。尚未盡言。姑止於斯。

再者。盛摺又有『劃然有整齊嚴肅之風』一語。甚然甚然。非整齊嚴肅。則無以爲國也。然整齊嚴肅。豈俟裁抑民權而後得此乎。吾中國現今無民權。所謂整齊嚴肅者安在乎。英國民權最盛。其整齊嚴肅。又豈讓德日乎。惟『法治國』爲能整齊嚴肅。法治國者。一國之人各有權。一國之人之權各有限之謂也。故無憲法之國。斷不能整齊嚴肅。有法焉。則自由固可也。專制亦可也。人民行其自由於法律之下。則自由而非暴。政府行專制於法律之下。則專制而非苛。專制而非苛者有諸乎。曰。有。古代之斯巴達是已。斯巴達專制若彼。而民無怨者。上下有權限。而政府一切舉動。皆在法律範圍內也。中國如能有法乎。有權限乎。則雖學斯巴達可也。豈惟日本。豈惟德意志。十月四日晨起綴此數言。